사회적 갈등
해결하기

사회적 갈등 해결하기

초판 1쇄 발행	2016년 7월 15일
원 제	Resolving Social Conflicts
지은이	쿠르트 레빈
옮긴이	정명진
펴낸이	정명진
디자인	정다희
펴낸곳	도서출판 부글북스
등록번호	제300-2005-150호
등록일자	2005년 9월 2일
주소	서울시 노원구 공릉로 63길 14, 101동 203호(하계동, 청구빌라)
	01830
전화	02-948-7289
전자우편	00123korea@hanmail.net
ISBN	979-11-5920-038-0 03180

Resolving Social Conflicts

사회적 갈등
해결하기

쿠르트 레빈 지음　**정명진** 옮김

차례

파트 3

집단 사이의 갈등과 집단 소속감

미국심리학회(American Psychological Association)에서 발행하는 계간지 '리뷰 오브 제너럴 사이콜로지'(Review of General Psychology)가 2002년에 미국심리학회 회원들을 대상으로 실시한 설문조사와 논문 인용 횟수 등을 바탕으로 영향력 있는 심리학자를 선정 발표한 자료에 따르면, 쿠르트 레빈(Kurt Lewin)은 열여덟 번째에 이름을 올리고 있다. 그 정도로 심리학 발전에 지대한 공을 세웠고 또 그의 '장이론'이 종종 거론되고 있음에도 불구하고 국내에서 그의 글을 접하기는 쉽지 않았다.

레빈이 심리학 분야에 기여한 많은 것들 중에서 가장 두드러진 것은 다양한 분야의 개념을 빌리면 개인과 집단의 상호의존성 같은 추상적인 것까지도 과학적으로 연구하는 것이 가능하다는 점을 보여주었다는 점이다. 그의 대표적 이론으로 꼽히는 장이론은 한마디로 말해 인간의 행동은 개인과 환경이 상호작용한 결과라는 것이다. 이렇듯, 레빈은 구체적인 것과 추상적인 것을, 사회적 행위와 사회 이론을 서로 연결시키려는 노력을 많이 폈다.

당연히 레빈은 사회 현상을 분석하는 것만 아니라 사회를 보다 나은 공간으로 바꿔나가는 일에도 관심이 많았다. 2차 세계대전 후 독일의 문화를 민주적으로 바꿔놓는 길에 대해서도 깊이 고민했다. 그 결과 나온 글을 보면 우리에게도 많은 것을 생각하게 만든다.

사회를 변화시키는 문제가 대두되면, 가장 먼저 아이들의 교육부터 떠올리는 것이 우리 현실이다. 그러나 집단역학의 거장인 레빈의 생각은 완전히 다르다. 물론 교육도 장기적으로 중요하지만, 교육은 어디까지나 그 나라의 문화를 비추는 거울에 지나지 않는다는 것이다.

"한 나라의 문화가 바뀌려면, 삶의 모든 영역에 걸쳐서 리더십에 변화가 일어나야 한다. 처음부터 특별히 중요한 것은 권력의 관점에서 봐서 핵심적인 사회 영역들의 리더십이다. 이데올로기와 권력 문제는 서로 밀접히 연결되어 있다. 그러므로 정치권력이 인구의 다른 계급으로 이동해야 하고, 또 정치와 법, 법집행, 경제 분야의 리더십의 기술에도 변화가 일어나야 한다. 문화가 민주주의 쪽으로 변화하고 또 그 변화가 영속적으로 이어지는 것은 오직 그런 정치적 변화의 일부로 일어날 때에만 가능하다."

"사람이 옛날의 가치체계와 새로운 가치체계의 경계에 설 만큼만 재교육이 성공한다면, 의미를 부여할 만한 재교육은 전혀 이뤄지지 않았다고 봐야 한다."

집단역학을 고려할 경우에 변화는 위에서부터 시작되어야 한다는데, 대중매체에 비치는 우리 사회는 암울하기만 하다. 심리학 관련 책이 당당하게 베스트셀러 리스트에 오르는데도 왜 우리 사회는 조금도 더 나아지지 않는지 정말 궁금하다.

귀담아 들어야 할 것이 한 가지 더 있다. 한 분야씩 차례로 바꿔나가려 해서는 원하는 목표를 절대로 이루지 못한다는 점이다. 한 분야가 변화를 성취한다 하더라도 다른 분야들이 서로 함께 작용하면서 그 분야를 금방 옛날의 모습으로 되돌려놓을 것이기 때문이다. 그래서 중요한 것은 사회의 전반적인 분위기라는 것이 레빈의 핵심 주장이다.

레빈은 생전에 심리학 학생을 위한 교과서를 쓰지 않았다. 자신의 이론을 전달하는 데에는 짧은 에세이가 더 적절한 형태라고 생각했던 것 같다.

여기 실린 글들은 레빈이 사회학 분야의 연구로 지평을 본격적으로 확대하기 시작한 이후 나온 에세이들이다. 시간적으로는 1935년과 1946년 사이에 발표된 글이다. 이 글들을 관통하는 주제는 개인의 지각과 감정, 행동은 개인이 속한 집단을 바탕으로 하고 있다는 것이다.

옮긴이

문화를 변화시키는
노력에 따르는 문제들

1장

미국과 독일의
사회심리학적 차이들(1936년)

교육은 본질적으로 사회적 과정이다. 거기엔 어떤 때는 어머니와 아이 같은 작은 집단들이, 또 어떤 때는 학급 또는 여름 캠프의 공동체 같은 보다 큰 집단들이 참여한다. 교육은 대상으로 삼은 아이들이나 어른들이 특정 유형의 행동이나 태도를 발달시키도록 하는 경향이 있다. 교육이 발달시키고자 하는 행동이나 태도의 종류, 그리고 교육의 수단은 추상적인 철학이나 과학적으로 개발한 방법에 의해 결정되지만, 기본적으로 교육이 일어나고 있는 집단의 사회학적 특성들의 결과물이다.

　사람들은 사회집단이 교육제도에 미치는 효과를 고려하면서 대체로 그 집단 안에서 널리 통하고 있는 이상(理想)과 원칙, 태도 등에 대해 생각한다. 정말로, 이상과 원칙은 교육에서 중요한 역할을 한다. 그러나 "공식적으로" 인정받는 이상이나 원칙을 사회집단 안에서 사건들을 실제로 지배하고 있는 법칙과 구별해야 할 것이다. 교육은 교육이 이뤄지고 있는 사회집단의 진정한 상태와 성격에 좌우된다.

가족 같은 아주 작은 교육 단위 안에서조차도, 교육 과정은 가족 구성원들이 살고 있는 보다 큰 사회집단의 정신에 따라 달라진다. 국가 같은 큰 집단의 정치적, 경제적, 사회적 구조에 일어나는 모든 변화는 교육 조직뿐만 아니라 교육의 정신과 방법에도 깊은 영향을 미친다.

물론 같은 국가 안에서도 가족과 학교에 따라 교육 체계가 많이 다를 수 있다. 그럼에도 불구하고, 모든 구체적인 상황의 "배경"에 '전반적인 문화적 분위기'가 공통적으로 깔려 있다.

심리학에서와 마찬가지로, 사회학에서도 어떤 영역의 상태와 사건은 그 영역이 속한 전체에 좌우된다. 그러므로 전반적인 문화적 분위기는 모든 사회학적 단위 안에서 이뤄지는 교육에 직접적으로 영향을 미치게 되어 있다. 이 영향의 강도(强度)는 주로 교육 단위(특정한 가족 혹은 학교)가 그보다 더 큰 교육 단위와 역학적으로 분리되어 있는 정도에 따라 달라진다.

지난 수십 년 동안에, 정치권력의 분배에 일어나는 변화가 교육의 목표와 관행을 엄청나게 바꿔놓는다는 사실을 보여주는 놀라운 예들이 목격되었다. 학교 선생들(예를 들면, 독일의 경우 1917년과 1933년 사이, 특히 1931년과 1933년 사이에 활약한 선생들이 있다)의 행동을 면밀히 관찰할 기회를 가진 사람들은 전반적인 정치 상황에 일어난 아주 작은 변화까지도 교사들이 매일 가르치는 이상(理想)뿐만 아니라 선생들이 채택하는 교육 방법(처벌의 유형과 빈도, 군사 훈련의 양, 학습의 자유와 독립의 정도)에도 영향을 미친다는 사실을 쉽게 확인할 수 있었다. 정치적 격변기는 교육의 거의 모든 측면이 집단의 사회 구조에 크게 좌우된다는 사실을 아주 인상적으로 보여준다. 교육이 사회를 변화시키는 것보다 사회가 교육을 변화시키는 것이 훨씬 더 쉬워 보인다.

방법론적 고려

　사회 상황이 교육에 미치는 영향이 아무리 명백하고 또 교육이 사회의 작은 변화에 아무리 민감하게 반응하더라도, 교육에 영향을 미치는 변화들이 어떤 것인지를 결정하고 또 그 변화들을 적절히 설명할 개념을 찾아내는 것은 어려운 과제이다. 사회 상황의 변화가 교육에 미치는 영향은 프로그램과 조직의 변화에 관한 설명만으로는 적절히 규명되지 않는다. 이유는 프로그램과 조직의 변화 같은 사실들이 교육 상황의 역학적인 요소들을 밝혀내지 못하기 때문이다. 말하자면 교육이 자라나는 아이의 행동과 인격, 이상에 영향을 미치는 요소들을 충분히 담아내지 못하기 때문이라는 뜻이다. 대체로 보면, 아이가 받는 압박의 강도가 구체적인 교육적 조치나 교육 관련 법령보다 더 중요하다.

　"자유"나 "권위", "사회 분위기" 같은 일반적인 특징들은 너무 모호하고 미묘하기 때문에 엄밀한 사고 과정으로는 좀처럼 이해되지 않는다는 반론도 제기될 수 있다. 그럼에도, 이런 일반적인 용어들은 구체적인 어떤 교육의 특징을 규정하는 데 널리 쓰이고 있을 뿐만 아니라 실제로 모든 사회심리학적 상황의 가장 중요한 특징들이라는 점을 인정해야 한다. 예를 들어, "인간 본성"은 어딜 가나 어느 정도는 똑같으며, 소위 말하는 "서양 문화" 안의 모든 자본주의 국가들을 보면 일부 사회적 특징은 아주 유사하다.

자유로운 이동 공간

어떤 상황을 역학적 관점(즉, 최종적으로 예측을 허용하는 관점)에서 설명하려 한다면, 누구나 그 상황을 가능한 사건들 혹은 행위들을 두루 포함하는 하나의 전체로 이해해야 한다. 사회적 지위에 일어나는 모든 변화, 이를 테면 이 계급에서 그 다음 계급으로 올라가거나 아이들의 집단과 친구가 되거나 가족의 부(富)가 증대되는 등의 변화는 어떤 사물이나 사람 혹은 활동에 대한 접근이 가능해지거나 더 이상 가능하지 않게 된다는 것을 의미한다. 여기서 '자유로운 이동 공간'(space of free movement)과 그 경계들에 대해 논할 수 있을 것이다. 이 이동은 육체적 이동뿐만 아니라 사회적, 정신적 이동까지 의미한다. 이 3가지 종류의 이동은 서로 다소 다르지만, 심리학과 사회학에서 진짜 사건들로 여겨지고 있다.

어떤 사람 혹은 사회집단의 자유로운 이동 공간은 위상수학(位相數學: 길이나 크기 같은 양적인 부분을 무시하고 도형을 이루는 점의 위치와 관계를 중시하는 기하학의 한 분야로, 생활공간의 구조와 위치를 다루는 데 적합하다/옮긴이)을 빌려서 하나의 영역으로 표현될 수 있다. 이 영역은 접근 불가능한 다른 영역들로 둘러싸여 있다. 이 영역들에 접근하지 못하도록 막는 요소는 주로 두 가지이다. 하나는 능력의 결여, 예를 들면 기술의 결여나 지능의 결여이다. 다른 하나는 사회적 금지 또는 온갖 종류의 터부인데, 이 금지 또는 터부는 사람과 그 사람의 목표 사이에 하나의 역동적인 "장벽"으로 우뚝 서 있다. 아이가 사과를 움켜쥘 수 있는데도 어머니가 그렇게 하지 못하도록 금지할 수도 있는 것이다.

교육적 상황에 대해 말하자면, 자유로운 이동의 범위가 가장 근본적인 특징으로 꼽힌다. 예를 들어, 어떤 시설 안에 있으면 가족의 품에 있을 때보다 자유로운 이동의 범위가 대체로 제한을 더 많이 받게 된다. 지난 25년 동안 교육에 일어난 진보적인 운동이 자유를 강조했다면, 이 자유는 주로 두 가지를 의미했다. 아이 본인의 욕구와 의지를 인정하고, 지나치게 많은 금지를 배제하려 노력했다는 뜻이다. 그런 경향은 아이의 자유로운 이동 공간을 넓혀 놓았을 것임에 틀림없다.

 히틀러가 등장하기 이전의 독일과 미국의 평균적인 아이가 실제로 누린 자유로운 이동 공간을 서로 비교하는 것은 쉬운 작업이 아니다. 예를 들어, 교사들에게 전달된 일반적인 지시사항을 서로 비교하는 것도 그다지 큰 성과를 내지 못한다. 왜냐하면 같은 단어도 나라에 따라 다른 의미로 쓰일 수 있고 또 교육 과정이 따르는 척 흉내내고 있는 이상과 실제 교육 과정 사이의 간극이 종종 크기 때문이다. 이보다 더 신뢰할 만한 지표는 선생들이 따르는 기술적 절차인 것 같다. 예를 들면, 선생이 학생들을 간섭하는 빈도나 선생이 큰 소리나 나직한 소리로 간섭해야 하는 사태들이 있다.

 이런 비교에 따르는 두 번째 어려움은 양국 모두에서 아이들에게 아주 적은 자유만 허용하는 가족과 기관이 있는가 하면 아이들에게 상당히 많은 자유를 주는 가족과 기관도 있다는 사실이다. 게다가, 미국과 독일 안에서도 지역에 따라 교육기관들 사이에 차이가 나고 또 다양한 사회계급들 사이에도 차이가 있다. 따라서 두 국가를 비교할 때에는 가능한 한 비슷한 계층의 아이들과 동등한 지위에서 똑같은 기능을 맡고 있는 교육기관을 서로 비교해야 한다. 미국에서의 나의 경험은 대부분 중산층 사람들과 관련 있기 때문에, 나는 주로 이 집단에 대해 언급할 것이다. 그럼에도, 양국의 다른 사회 계층들 사이에도 다소 비슷한 차이가 발견될 것이다.

독일에서 미국에 처음 온 사람에게, 미국의 아이들과 청년들이 누리는 자유와 독립의 폭은 매우 인상적이다. 특히 아이가 어른에게, 학생이 교수에게 맹종하지 않는다는 사실은 놀라움으로 다가온다. 어른도 아이들을 평등한 바탕에서 대한다. 반면 독일을 보면 지배하는 행위는 마치 어른들의 타고난 권리인 것 같고 복종하는 것은 아이들의 의무인 것 같다. 미국에서 어른과 아이의 자연스런 관계는 상관과 부하의 관계로 여겨지지 않고 원칙적으로 똑같은 권리를 가진 두 개인의 관계로 여겨진다. 부모는 자식들을 존중하는 것 같다. 대체로 보면, 어른들도 아이에게 물건을 갖다 달라고 부탁할 때 정중하게 말하려고 조심한다. 독일 부모라면 그저 명령만 내리고 말 상황에서도 미국 부모는 아이가 부모에게 호의를 베풀고 있다는 느낌을 받도록 만든다. 미국에서 아이들이 심부름을 하면 부모가 아이에게 고맙다는 뜻을 전하는 것이 보통이다. 미국의 부모는 자식이 자신의 말을 듣도록 하기 위해 상당한 압력을 가했을 때조차도 그런 식으로 고맙다는 뜻을 표현한다. 독일에서 똑같은 상황이 벌어진다면, 부모는 아마 "다음부터는 즉각 말을 듣도록 해!"라고 꾸짖을 것이다. 독일의 어른은 아이를 복종 상태에 두려는 경향을 보인다. 그러나 미국인들은 아이를 가능한 한 동등한 바탕 위에 놓기를 원한다.

미국인은 아이에게 종종 이런 식으로 말한다. "내가 너라면, 나는 그 일을 하겠어." 미국의 성인이 이런 식으로 말하는 상황에서, 독일 어른은 "지금 당장 해."라고 말할 것이다. 물론 이런 차이는 단지 언어적 차이의 문제일 수도 있다. 왜냐하면 미국인이 대체로 정중한 언어를 사용하는 경향이 강하기 때문이다. 그러나 그런 언어적 차이도 그 자체로 매우 중요하다. 어쨌든, 아이를 독립적인 개인으로 보고 아이의 권리와 의지를 존중하는 태도에는 양국 사이에 정말 뚜렷한 차이가 있는 것 같다. 미국에서도 아이와 함께 여행할 때 어른이 이방인들이 아이를 껴안거나 뽀뽀를 하지 않도록 보호하지만, 그 빈도는 독일에서보다 훨씬 덜하다.

학교와 유치원에서도 아이와 선생 사이의 근본적인 관계에 똑같은 차이가 확인된다. 독일에서 온 사람은 미국의 유치원 선생이 아이들의 싸움에 아주 천천히, 마지못한 듯 끼어든다는 사실에 강한 인상을 받을 것이다. 얼핏 보면 그처럼 느린 절차가 선생이 아이들에게 관심을 제대로 쏟지 않는 것처럼 비칠 수 있다. 그러나 미국 유치원 선생은 느린 절차를 따르도록 교육을 받았다. 아이의 활동에 끼어들고 싶어질 때마다, 선생은 아이에게 서서히, 그리고 점진적으로 접근해야 한다. 선생이 없는 가운데서 문제가 해결될 가능성이 조금이라도 있을 것 같으면, 선생은 가능한 한 개입을 피해야 한다. 히틀러(Adolf Hitler) 이전의 진보적인 독일 탁아소에서는 아이의 독립이라는 관념이 지나치게 강조되었다. 특히 몬테소리 탁아소에서 그런 현상이 강했다. 그러나 실제 절차에 나타나는 차이는 감각이 아주 무딘 사람의 눈에도 보이지 않을 수 없으며 심지어 탁아소 선생을 양성하는 가장 대표적인 학교에서조차도 쉽게 눈에 띄었다.

미국 탁아소 선생이 지켜야 하는 두 번째 규칙, 즉 아이의 반응과 상관없이 아이에게 다정하게 대하고 부드러운 목소리로 말을 해야 한다는 규칙에도 이와 비슷한 차이가 있다. 독일에서는 어른의 간섭이 잦을 뿐만 아니라 그 간섭도 일반적으로 보다 큰 소리로, 또 돌발적으로 이뤄지고 있다. 또 어른의 간섭은 복종을 요구하는 명령의 차원에서 훨씬 더 자주 일어나고 있다. 나치 통치 하에서, 독일의 탁아소 선생을 양성하는 유명한 한 학교는 학생들에게 아이가 이유를 이해할 수 있을 때조차도 명령에 대한 이유를 설명해서는 안 된다고 가르쳤다. 이런 식으로, 탁아소 아이들은 이성적인 판단에서가 아니라 믿음 혹은 사랑 때문에 맹목적으로, 또 절대적으로 복종하는 습관을 들였다. 이 원칙은 전체주의 국가가 특히 통치 초반에 거듭 선언하는 기본적인 원칙과 일치한다. 윗사람은 아랫사람들에게 지시를 내리고 아랫사람들은 윗사람에게 무조건 복종해야 한다는 원칙 말이다. 분명, 유치원 선생들에 대한 이 같은 조언은 히틀러가 등장하기 전의 독일에서 행해졌던 조언에 비해 훨씬 더 심하다. 그럼에도, 그 절차를 어른과 아이의 관계를 극단적으로 표현한 것으로 볼 수 있으며, 이런 식의 관계는 미국과 비교할 때 언제나 독일에서 더 두드러졌다.

전체주의 국가가 이성과 지적 토론을 무시하는 것은 꽤 필연적이다. 왜냐하면 추론 자체가 관련 당사자 모두를 평등한 바탕 위에 올려놓기 때문이다. 따라서 교육 과정에 이유들을 제시하는 것은 "민주적인 절차"이다.

아이의 권리에 대한 존중은 아이가 모든 면에서 가능한 한 빨리 독립적인 존재로 성장하도록 도우려는 미국 교육의 경향과 밀접히 연결되어 있다. 미국에서는 아이가 스스로 옷을 입고, 음식을 먹고, 일상의 반복적인 일을 하도록 돕는 수단과 기술을 개발하려는 노력이 전개되고 있다. 모든 국가들의 진보적인 교육에도 이와 비슷한 경향이 공통적으로 나타나고 있다. 그러나 실질적인 선택의 자유와, 어른이 의도하고 아이들이 실제로 이룬 독립의 정도는 미국이 독일보다 상당히 더 큰 것 같다.

　이 모든 사실들은 미국 교육이 아이들에게 허용하는 자유로운 이동 공간이 독일 아이들이 히틀러 이전의 교육에서 누린 자유의 공간보다 더 크다는 점을 암시한다. 그럼에도 이 같은 결론을 의문스럽게 만들 수 있는 사실들이 있다. 미국 교육은 아이의 권리를 더 많이 인정하고 있지만, 미국의 교육자들이 독일 교육자보다 더 고분고분하다고 말하기는 어렵다. 나는 앞에 언급한 규칙을 따르는 미국 보육원들이 어떤 절차를 집행할 때 보이는 그 엄격성에 간혹 강한 인상을 받았다. 미국 대학생, 심지어 대학원생까지도 상당한 독립을 누리고 있음에도 불구하고 여러 측면에서 보면 독일 학생에 비해 학교의 규제를 더 많이 받는다. 그러므로 두 나라의 교육 상황에 나타나는 차이는 자유로운 이동 공간의 크기에 나타나는 차이일 뿐만 아니라 구조적인 차이이기도 하다.

자유의 정도와 경계의 선명성

　생활공간 안에서 사람이 완전히 자유롭게 이동할 수 있는 영역과 이동이 금지된 영역뿐만 아니라 중간 유형의 영역들까지 구분해야 한다. 중간 유형의 영역은 어떤 행동이 철저히 금지되지 않는데도 사람이 다소 억제되고 방해받고 있다는 기분을 느끼는 곳을 말한다. 아이가 소속된 다양한 사회집단과 여러 선생들이 진행하는 수업의 다양한 분위기, 아이가 참여하는 다양한 사회 활동 등은 자유가 허용되는 정도가 서로 다른 영역들이다.

서로 이웃한 영역들 사이에 점진적 이동 혹은 돌발적 이동이 일어나는 것이 확인된다. 생활공간은 전반적으로 다양한 정도의 동질성을 보인다. 이를테면, 거의 모든 영역들에서 중간 정도의 자유가 주어지는 것이 특징인 그런 교육 환경이 있다. 예를 들어, 기숙학교의 학생은 강하게 압박을 받지 않음에도 불구하고 언제나 다소 통제를 받고 있다고 느낄 수 있다. 다른 경우를 보면, 생활공간이 자유를 매우 많이 부여하는 영역들과 자유가 극히 제한적인 영역들을 동시에 포함할 수 있다. 예를 들면, 학교는 규율이 엄격하고 자유의 폭이 좁은 곳인 반면에 가족생활의 분위기는 부드럽고 많은 자유를 부여할 수 있다. 아버지가 독재적인 반면 어머니가 부드러운 가정에서 자라는 아이의 경우엔 가족생활에서도 이와 비슷한 대조를 경험할 수 있다. 아이의 생활공간이 어느 정도의 동질성을 유지하는가 하는 문제는 아이의 행동과 발달에 역학적으로 대단히 중요하다.

생활공간 안에서 서로 이웃한 영역들 사이에 점진적 이동이 자주 일어나는가 아니면 갑작스런 이동이 자주 일어나는가 하는 문제는 생활공간이 동질성을 유지하는가 하는 문제보다 더 중요하다. 두 어린이의 자유로운 이동 공간은 그 범위와 구조에서 서로 비슷할 수 있다. 그럼에도, 한 아이에겐 허용되거나 금지된 영역들 사이의 경계가 분명하게 정해져 있고 또 거의 불변하고 엄격히 지켜지는 한편, 다른 아이에겐 이 경계가 날마다 달라지고(그래도 평균적으로 따지면 이 아이도 첫 번째 아이만큼 자유의 폭을 누린다) 분명하게 정해져 있지 않을 수 있다. 이런 경우 두 번째 아이의 시간표는 엄격히 지켜지지 않을 것이다. 잠자리에 들 때에도 아이는 음반을 틀어도 좋다는 허락을 쉽게 받을 것이고, 그런 다음에도 꾸물거리다가 놀림의 소리를 몇 마디 듣고 나서야 겨우 잠들 것이다. 아이들에게 허용되는 예외의 빈도와 종류도 서로 많이 다르다. 아이의 요구에 대한 부모의 반응도 다 다르다. 어떤 아이의 경우에는 부모로부터 긍정이나 부정의 말을 분명하게 듣는 반면, 어떤 아이는 부모로부터 어중간한 대답을 듣는다. 달리 표현하면, 서로 이웃한 영역들 사이의 경계의 선명도도 환경에 따라 다 다르다는 뜻이다.

미국의 교육적 상황은 독일에 비해 영역들에 따라 자유가 허용되는 정도가 많이 다르고 또 영역들 사이의 경계가 매우 선명하다는 점이 특징으로 꼽힌다(〈도표 1a〉와 〈도표 1b〉). 예를 들어, 독일의 프뢰벨 보육원에 다니는 독일 아이는 놀이와 야외 활동을 할 때 미국 보육원에 다니는 미국 아이에 비해 대체로 지도와 통제를 더 많이 받고 있다. 반면, 미국의 보육원은 일상적인 일에서, 예를 들어 식사 시간 같은 때에 엄격한 규칙을 더 많이 강조한다. 대체로 보면, 독일 가정뿐만 아니라 독일 교육기관들의 분위기도 미국의 가정이나 교육기관들보다 더 동질적이며, 자유의 폭을 넓게 보장하는 영역도 더 적고 자유의 한계도 더 흐릿하게 그어져 있다. 당연히, 전체주의를 택한 새로운 독일은 다른 분야에서뿐만 아니라 교육 분야에서도 동질성을 확대하기 위해 결정적인 조치를 취했으며, 따라서 매우 포괄적이고 쉽게 통제할 수 있는 상황을 창조해내고 있다.

<도표 1> 미국(a)과 독일(b)의 전형적인 교육 상황

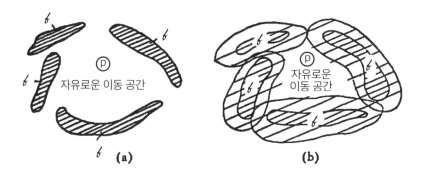

P: 사람   f: 금지된 영역

(a) 생활공간 안에서 서로 이웃한 영역들 사이의 경계가 뚜렷하고 질적 차이가 분명하다.

(b) 생활공간 안에서 서로 이웃한 영역들 사이의 경계가 분명하지 않고 질적 차이가 상대적으로 적다.

빗금 친 부분의 밀도는 제약의 정도를 나타내고 있다.

    미국의 교육 상황이 허용하는 생활공간을 보면, 이질성이 더 뚜렷하게 보임과 동시에 다양한 영역들 사이의 경계도 훨씬 더 선명해 보인다. 미국의 교육은 아이가 일상생활에서 시간을 엄수하는 습관을 길러주는 것을 중요한 임무로 여기고 있다는 점은 이미 앞에서 강조한 바 있다. 이는 곧 아이의 생활공간 안에서 일상적으로 일어나는 행위들 중에서 중요한 것들을 골라 하나의 집단으로 묶는다는 것을 암시한다. 서로 비슷한 시간적 구조를 갖고 있는 것도 미국 학생들의 특징이다. 미국 대학생은 독일 대학생에 비해 훨씬 더 긴 기간의 시간표를 미리 정해 놓고 있으며, 시간표도 훨씬 더 세부적으로 짜여 있다. 미국 대학생은 6개월 동안 매주 탐구에 쏟을 시간을 미리 정할 수 있다. 탐구에 쏟을 시간의 양을 미리 정하는 횟수도 미국 대학생이 비슷한 사회적 및 과학적 위치에 있는 독일 대학생에 비해 더 잦다. 학생이 시간적 제한을 잊고 공부에 몰입하는 경우는 미국보다 독일에서 더 자주 일어나는 것 같다(그 이유가 미국 학생이 경제적 압박을 더 강하게 받는 때문은 아니다). 미국 대학이 독일 대학과 달리 적어도 반년마다 시험을 치고 있다는 사실은 미국 대학의 공부를 분명한 영역들로 나누는 데 큰 도움을 준다.

미국의 교육 구조는 미국적 삶의 양식의 표현

서두에서 나는 교육 상황과 교육 과정은 대체로 그 나라의 사회적 상황에 크게 좌우된다는 점을 강조했다. 물론 유망한 선생은 자신이 적용할 기술을 교육학적으로 배운다. 또 아이의 발달에도 그런 기술이 이로운 것으로 여겨진다. 실제로, 미국의 훌륭한 보육원은 교육학적으로 따져도 다른 어느 나라의 보육원보다 낫다. 그럼에도, 미국 보육원이 채택한 교육 과정은 대개 과학적 심리학의 연구 결과를 반영한 것이 아니라 미국적 삶의 양식과 경험적인 방법을 반영한 것이라는 점을 알아야 한다. 그렇기 때문에 미국인들이 영위하는 삶의 모든 분야에서 아마 교육적 상황의 중요한 특징들이 두루 발견될 것이다.

유럽에서 미국을 두고 하는 표현 중에서 가장 흔하게 들리는 말이 "극도로 대조적인 것들이 함께 공존하는 나라" 혹은 "무한한 가능성의 나라"이다. 끊임없이 바뀌는 변경(邊境)은 자신이 사는 곳이 마음에 들지 않으면 언제든 떠날 수 있는 가능성과 자유를 제공했다. 지금까지도 미국 시민은 가정을 새로운 곳으로 옮기려는 경향을 비슷한 사회집단의 독일인보다 더 강하게 보이고 있다. 예를 들어, 이처럼 언제든 타지로 이동하려는 의지는 미국 농민이 미국에 비해 국토가 좁고 인구가 많은 독일의 농민과 뚜렷이 구별되는 특징이다.

평균적인 미국인이 매우 자유롭게 활동할 수 있는 넓은 영역들이 있다. 그럼에도, 평균적인 미국인은 비교적 선명하게 그어진 경계를 넘을 때에는 자신이 꽤 껄끄럽게 다뤄진다는 사실을 깨달을 것이다. 미국 교육 분야의 영역들 사이에서 목격되는 갑작스런 전환은 사회생활의 다른 분야에서도 관찰된다. 예를 들어, 정치인의 경우에 상황에 따라 극도로 정중하게 처신하기도 하고 극도로 거칠게 행동하기도 한다. 미국의 경제생활 및 사회생활은 미국의 기후처럼 양쪽 극단을 다 보이고 있다. 심지어 범죄에 있어서도 가장 심한 지역과 가장 양호한 지역이 공존하고 있다. 미국인은 극단에 개의치 않으며 오히려 극단에 가까운 쪽을 선호하는 모습을 보이기도 한다. 경제생활을 보면, 미국인은 상품을 대규모로 사고팔면서 위험을 감수하는 것 같다. 미국인은 다른 사람이 하루아침에 부자가 되거나 빈털터리가 되는 일에도 아주 익숙하다.

미국의 사회생활 안에 존재하는 다양한 활동 영역들은 독일에 비해 경계가 더 분명하고, 구분이 더 뚜렷한 것 같다. 미국의 경우 2명의 과학자 혹은 정치인이 이론적 혹은 정치적 투쟁을 치열하게 벌이면서도 서로 허물없는 관계를 유지한다. 그러나 독일의 경우에는 정치적인 이슈나 과학적 이슈를 놓고 불화를 빚는 사람 사이에 대개 도덕적 불일치도 나타나는 것 같다. 대통령 선거에서 치열하게 경쟁한 뒤에 낙선한 후보가 당선자에게 전하는 축하의 메시지는 독일에선 다소 이상하게 들릴 것이다. 어떤 사회집단이 정치와 비즈니스에서 서로를 동등한 존재로 여기면서도 사회생활에서는 거의 아무런 연결을 갖지 않는 것도 활동 영역의 구분을 보여주는 또 다른 측면일 것이다.

미국인은 시간 관리를 세분화하는 경향을 보인다. 미국인은 유럽인에 비해 시간을 더 잘 지키고 또 시간을 엄수하는 것을 더 중요하게 여긴다. 비공식적인 만찬에 오후 7시에 초대를 받은 12명의 손님이 7시 정각부터 7시 8분 사이에 모두 도착한다는 이야기는 독일에선 들리지 않지만 미국에선 자주 들린다. 강연이나 접대 목적의 오찬 모임은 미국에선 아주 흔하지만 독일에는 거의 없는데, 이런 모임도 미국 대중이 시간을 엄수하지 않았다면 불가능했을 것이다. 미국인들 사이에 흔한 표현인, "이 일은 제 시간을 몇 분 잡아 먹습니다."라는 식의 말은 독일에선 거의 들리지 않는다. 독일인은 일이나 놀이에 참여할 경우에 곧잘 시간을 잊어버린다. 미국의 일부 대중 잡지들은 기사마다 맨 앞부분에 기사를 읽는 데 소요되는 시간을 적고 있다.

아이를 존중하는 마음이 강한 것도 미국의 전반적인 사회생활에 두드러지게 나타나는 특징인 것 같다. 평균적인 미국인은 다른 사람의 일에 간섭하기를 주저하는 성향이 훨씬 더 강한 것 같다. 독일의 상점이 손님들로 붐빈다고 가정해보자. 그런 경우에 상점 점원은 손님들을 빨리 처리하려고 서두를 것이다. 점원은 이 손님의 물건 값을 계산하면서 다른 손님의 질문을 받을 것이다. 미국 상점의 점원은 그런 상황에서도 대체로 각 손님에게 여유를 갖고 결정할 시간을 충분히 줄 것이다. 그 사이에 다른 손님들도 줄을 서서 인내심 있게 기다릴 것이다. 이런 식으로 모든 사람들에게 똑같이 공정하게 대하려는 태도는 손님들로 붐비는 시간에 은행이나 우체국에서도 목격된다. 평균적인 운전자가 길을 횡단하는 행인이나 저속으로 달리는 자동차를 두고 하는 행동에도 이와 비슷한 태도가 작용하고 있다. 독일에서 그런 상황이 벌어지면 운전자는 인내심을 잃고 공격적으로 변할 가능성이 있다. 행인이 길을 건너려 하는데도 자동차를 멈추지 않는 행위는 미국에서 무모하거나 적어도 예의 없는 짓으로 여겨질 것이다. 그러나 독일에서는 습관으로 통할 것이다. 독일에서 자동차를 탄 사람은 "당연히" 자신이 행인보다 우월하다고 느끼면서 행인이 기다려주길 원한다. 길을 건너는 행인도 "당연히" 이런 감정에 동의하면서 미국 행인과 반대로 자동차가 지나갈 때까지 기다려준다.

이런 예들은 미국인이 다른 나라 국민들에 비해 타인을 더 많이 배려하도록 만드는, 아주 작지만 중요한 규범들이다. 이 규범들은 미국 교육 분야에서 확인되는, 아이들에 대한 간섭을 최소화하려는 태도가 미국인 개인들 사이의 기본적인 관계를 반영한 것에 지나지 않는다는 점을 보여주고 있다. 물론 독일인 개인들 사이의 기본적인 관계는 미국인 개인들 사이의 기본적인 관계와 다르다. 이 차이는 민주주의라는 미국의 이상(理想)과 밀접한 관계가 있다. 또 사람은 부유하든 가난하든, 대통령이든 평범한 시민이든 기본적으로 다 똑같은 권리를 누린다는 사상과도 밀접한 관계가 있다. 아이와 어른의 사이가 복종 관계가 아니라는 사실은 미국 근로자들이 고용주를 대하는 태도와 학생들이 교수를 대하는 태도에도 그대로 반영되고 있다.

예를 들어보자. 미국 주재 독일 영사관에서 말단직으로 근무하고 있는 독일인이 있다. 이 독일인은 전후에 독일로 돌아가 행정부에서 말단직으로 근무했다. 그때 그는 동료들로부터 상급자에게 "적절히 처신하지 않는다."는 지적을 자주 받았다. 그렇게 하지 않으려고 최대한 노력했음에도, "무례한 실수"는 거듭되었다. 그러자 그는 예전에 근무하던 미국으로 돌아가는 길을 택했다. 그는 "미국에서도 독일에서와 마찬가지로 모든 명령을 충실하게 따르고 있다. 그럼에도, 미국에서는 의무만 다하면 열등감 같은 것은 별로 느껴지지 않는다."고 말한다. 히틀러가 등장하기 전의 일이다.

전차 안에서 독일 아이들은 어른들에게 자리를 양보해야 하는데, 이 시대의 미국 아이들에겐 더 이상 요구되지 않는 이런 행동은 개인들 사이의 기본적인 관계가 서로 다른 데에서 비롯된 많은 예 중 하나이다. 군주제에서 파시즘으로 바뀐 짧은 기간에조차도 독일인들은 상하관계의 영향을 미국인들보다 훨씬 더 지속적으로 받았다.

미국에는 평등권이라는 민주주의 이상이 아주 널리 펴져 있다. 그렇기 때문에 모든 사람이 똑같은 능력을 소유한 것으로 여겨지고, 따라서 성공을 거두지 못하는 것은 도덕적으로 열등한 증거로 여겨지기도 한다. 모든 개인은 자급자족할 수 있다는 이상도 마찬가지이다. 이런 이상이 작용하기 때문에, 미국 성인은 독일 성인에 비해 가능한 한 빨리 독립하려는 열망을 더 강하게 보인다. 이것이 미국의 부유한 아버지들이 공익 재단에 거액의 돈을 내놓으려 하는 이유 중 하나인 것 같다. 이런 관용은 독일에선 거의 보이지 않는다. 독일 아버지들은 자식들을 위해 가능한 한 많은 것을 지키려 드는 모습을 보인다.

명백한 대조

내가 지금까지 언급한, 교육과 전반적인 사회생활에 나타나는 특성들은 서로 잘 맞아떨어지는 것 같다. 적어도 서로 모순되지 않는다는 점에서 보면 그렇다. 그러나 교육과 다른 사회 분야들에서 서로 반대 방향을 가리키는 일부 경향들을 언급하지 않을 경우에 오해를 부를 수 있다. 미국 헌법에서 선언하고 있듯이 모든 사람들이 평등하다는 민주적인 이상이 기본 원칙의 하나로 받아들여지고 있음에도 불구하고, 스포츠나 영화 등 모든 분야에 걸쳐서 개인의 성취에 미국인들만큼 큰 관심을 두고 있는 국민도 없다. 또 미국인들은 어느 분야에서든 탁월한 성취를 이룬 개인들을 존경할 준비가 늘 되어 있다. 개인적 차이에 대한 관심은 독일보다 미국 교육에서 훨씬 더 두드러지게 나타나고 있다. 개인적 차이를 측정하는 테스트도 미국에서 훨씬 더 잘 개발되어 있고 다른 어떤 나라보다 더 광범위하게 적용되고 있다. 이 같은 사실은 주로 교육 제도와 일반 대중이 "인물"에 관심을 많이 쏟은 결과이다. 신문마다 명사들의 모임 관련 뉴스와 사교계에 데뷔한 사람들이나 신부들의 사진, 지도자들의 사진, 대학교와 고등학교에서 두각을 나타내는 학생들에 관한 기사로 넘친다. 소도시의 신문들은 철자와 산수에 큰 성취를 이룬 학생들에 관한 이야기를 싣고 있다. 이런 것들은 독일에서는 거의 보이지 않는다. 개인의 성취에 관한 관심은 미국에서 심리학이 발달하는 데 큰 역할을 했으며, 심리학이 독일에서보다 미국에서 더 높은 "사회적 지위"를 누리게 된 이유이기도 하다. 독일에선 철학이 심리학보다 훨씬 더 중요하게 여겨지고 있다.

앞에서 언급한 사실들과 맞아떨어지지 않는 것처럼 보이는 두 번째 사항은 미국 사회생활의 동질성이다. 앞에서 우리는 경계가 분명하고 또 서로 대조적인 영역들에서 확인되는 교육 및 전반적인 사회적 상황의 차이에 대해 논했다. 그럼에도 어떤 측면에서 보면, 미국의 사회생활이 독일의 사회생활보다 훨씬 더 동질적인 것 같다. 도시와 마을의 건축과 특징을 보면, 독일이 미국보다 훨씬 더 다양하다. 독일의 국토가 훨씬 더 작고 또 미국이 새로운 이민 집단을 받아들이고 있음에도 불구하고, 나라 안의 다양한 지역에 사는 주민들의 언어와 습관에 나타나는 차이는 독일이 미국보다 더 큰 것 같다. 사회계급들과 역사적으로 결정된 다른 사회집단들 사이의 차이는 독일이 훨씬 더 크다는 점에 대해서는 앞에서 이미 언급한 바 있다. 미국에서는 어느 마을을 가나 똑같은 체인스토어가 보인다. 미국의 호텔들은 독일 호텔들에 비해 서로 많이 비슷하다. 미국에서 표준화가 더 발달한 것이다. 미국의 전체적인 사회생활은 어떤 통일성을 보여주고 있다.

역사적 및 체계적 설명

미국과 독일의 사회생활에 나타나는 다양한 특성은 역사를 바탕으로 설명이 가능하다. 미국과 독일이 지금과 같은 특성을 가진 사회로 발달하도록 만든 역사의 각 단계를 살피는 것도 의미 있는 일이다. 그러나 구체적인 어떤 문화가 성장하는 아이들에게 미치는 영향과 같은 문제에 대한 대답을 제시하려면, 이와 다른 어떤 문제부터 먼저 살펴야 한다. 온갖 사회적 및 문화적 영향력을 두루 내포하고 있는 교육적 상황을 하나의 구체적이고 역동적인 전체로 직시할 수 있어야 한다는 뜻이다. 그러기 위해선, 교육적 상황의 다양한 부분들과 아이가 살고 있는 상황의 특성들 사이의 역동적인 상호관계를 이해해야 한다. 달리 말하면, "역사를 바탕으로 한" 설명 외에도 체계를 바탕으로 한 설명, 즉 이런 다양한 부분들과 특성들이 구체적인 사회 안에 어떻게 존재하게 되었는지에 대한 설명도 있어야 한다는 뜻이다. 심리학에서와 마찬가지로, 사회학에도 어떤 일의 역사와 체계에 관한 질문이 중요하다. 역사에 관한 질문과 체계에 관한 질문은 똑같이 다른 쪽 질문에 대한 대답을 얻지 못한 상태에서는 절대로 풀리지 않을 것이다. 그럼에도 역사에 관한 질문과 체계에 관한 질문은 논리적인 관점과 꽤 다르며, 종종 보면 체계에 관한 설명이 먼저 이뤄져야 한다.

어떤 상황의 부분들과 특성들 사이의 상호관계, 또 이 부분들과 특성들의 상호공존의 가능성과 그 상황이 다양한 부분들에 미치는 영향을 이해하길 원하면, 상황을 분석하는 작업이 먼저 선행되어야 한다. 그러나 이 분석은 "게슈탈트(Gestalt) 이론(독일어인 '게슈탈트'는 사람이 사물이나 현상을 지각할 때 그 사람의 머리에 떠오르는 형태를 의미한다. 이 이론은 '전체는 부분의 합과 다르다'라는 말로 요약된다/옮긴이)을 바탕으로" 이뤄져야 한다. 왜냐하면 사회적 상황도 심리적 상황처럼 하나의 역동적인 전체이기 때문이다. 이는 곧 부분들 중 어느 하나가 변한다는 것은 다른 부분들의 변화를 암시한다는 뜻이다.

한 사람의 사회적 존재로서 미국인과 독일인의 차이에 관한 어떤 가설을 출발점으로 이용하면, 미국과 독일의 사회생활의 특징 중 몇 가지를 서로 비교하며 설명하는 것이 가능해진다. 이런 식으로 접근하면, 집단들의 차이는 논리적으로 그 구성원들의 어떤 차이에서 비롯되는 것으로 여겨질 수 있다.

나는 그런 작업에 따를 수 있는 오해를 사전에 차단하고 싶다. 개인들에 관한 어떤 주장을 출발점으로 삼는다고 해서, 개인들의 차이가 집단과 집단의 사회생활에 나타나는 차이의 원인이라는 뜻은 아니다. 반대로, 독일과 미국에 사는 개인의 구조에 나타나는 차이는 서로 다른 역사 때문에 달라진 사회적 상황에서 살게 된 결과라는 것이 나의 믿음이다. 이 믿음을 뒷받침하는 증거는 아주 많다.

미국과 독일에서 확인되는 개인들 사이의 사회적 거리

논의의 출발점으로 삼을 가설은 이렇다. 개인의 구조를 하나의 사회적 존재로 고려한다면, 전형적인 미국인과 전형적인 독일인 사이에 다음과 같은 차이가 있는 것 같다. 다양한 개인들 사이의 평균적인 "사회적 거리"(social distance)는 표면적인 영역에 관한 한, 즉 성격의 "주변적 영역"에 관한 한, 미국이 더 가까운 것 같다. 타인에게 자기 자신을 개방하고 또 타인과 어떤 상황을 공유하려 하는 마음을 보면, 미국인이 독일인보다 더 강하다는 뜻이다.

미국의 길거리에서 이방인들끼리 서로 미소를 지으며 인사를 나누는 장면이 심심찮게 눈에 띈다. 독일에서는 보기 힘든 행동이다. 버스를 기다리는 사람들도 서로 날씨에 관한 이야기를 나누고, 기차 안에서도 이방인들 사이에 대화가 독일에서보다 훨씬 더 쉽게 시작된다. (미국에서나 독일에서나 똑같이 큰 도시와 작은 도시에 사는 사람들 사이에도 차이가 있다. 영국인은 적어도 영국 밖에서 그런 상황에 처하면 독일인보다 더 서먹해할 것이다.) 미국인은 보다 다정하고 이방인을 도울 마음의 준비도 더 잘 되어 있다. 미국에서 개인적 친분이 없는 방문객을 점심이나 집에 초대하는 일이 독일에서보다 더 흔하게 일어난다. 미국으로 이민 오는 거의 모든 독일인은 새로운 땅을 찾아오는 사람들이 겪을 사소한 어려움을 돌봐주는 미국인들의 태도에서 편안함과 효율성을 확인하면서 감탄을 금치 못한다.

하숙집에 가 보면, 모두가 방 안에 앉아 있으면서도 문을 활짝 열어놓은 채 누구나 들어올 수 있도록 하고 있다. 미국인은 삶의 일부 영역에서 프라이버시의 필요성을 덜 느끼는 것처럼 보인다. 대학 총장실의 문이 하루 종일 활짝 열려 있는 것도 예삿일이다. 그렇기 때문에 누구나 총장이 누구와 대화를 하고 있는지, 또 총장이 어떤 식으로 행동하는지를 훤히 들여다볼 수 있다. 독일에서 그런 행동은 상상조차 불가능하다. 지위가 낮은 관리들에게도 그런 행동을 기대하기 어렵다. 독일 관리들은 자신이 존경을 받고 있다는 사실을 과시하고 또 자신이 중요한 존재라는 점을 입증하는 한 방법으로 사람들이 닫힌 문 앞에서 오랫동안 기다리게 만든다. 미국에선 사회적 지위의 고하를 불문하고 다른 사람을 기다리게 하는 것은 악취미로 지탄을 받는다. 미국인과 독일인 사이에 나타나는 이 차이는 매우 두드러진다. 미국인의 태도에는 모든 사람이 평등한 권리를 누리고 전반적으로 접근의 권리를 누려야 한다는 인식이 보인다.

평균적인 미국인은 평균적인 독일인보다 더 낮은 목소리로 말을 한다. 사적인 대화에서도 그렇고 공적인 대화에서도 그렇다. 이는 U-유형(미국인의 생활공간을 일컫는다/옮긴이)의 주변부 영역들에 접근하는 것이 보다 용이하다는 사실 때문일 수 있다. 게다가, G-유형(독일인의 생활공간을 일컫는다/옮긴이)은 보다 감정적이고 보다 공격적인 행동을 보이는 경향이 있다(〈도표 3〉 참조).

　그럼에도 불구하고, 미국에서 사람들 사이의 평균적인 "사회적 거리"는 모든 측면에서 가까운 것이 아니고 주변적인 층에 한해서만 가까운 것 같다. 성격 중에서 보다 친밀한 "중심적인" 영역들은 사람들 사이에 뚜렷이 분리되어 있고 적어도 독일인들 사이에서만큼 접근이 어렵다. 예를 들어, 미국에서 소년들과 소녀들의 관계는 어느 선까지는 훨씬 더 쉽게 발전하는 한편, 어느 단계를 넘어 친밀한 관계로 이어지기까지는 독일에서보다 더 까다로운 것 같다. 독일에서는 사회적 관계가 주변적인 관계에서 매우 친밀한 관계로 발전해가는 과정이 미국에서보다 더 점진적이다. 미국으로 이주하는 독일인들은 대체로 자신이 새로운 시민으로서 몇 주일 만에 누리는 우정과 친밀한 관계의 정도가 독일에서 비슷한 상황에 처했을 때보다 훨씬 더 강하다는 사실을 깨닫는다. 독일인들과 비교할 때, 미국인들은 초반에 더 많은 사람과 우정의 관계를 재빨리 형성하는 것 같다. 그럼에도 우정의 발달은 종종 어느 지점에서 멈추며, 이처럼 급속도로 친해진 친구들은 몇 년 동안 비교적 친한 관계를 유지한 뒤에도 몇 주일 알고 지내던 사람들만큼이나 쉽게 이별을 고한다.

사회적 거리에 대한 조작적 정의

　이 같은 사실들을 위상수학적이고 역동적인 개념으로 표현하길 원한다면, 사람들 사이의 사회적 거리가 의미하는 바가 무엇인지를 조작적(操作的) 관점에서 물어야 한다.

사회적 거리를 조작적 관점에서 정의하는 데 도움이 될 만한 사실들은 두 집단으로 나뉜다.

1. 사람이 가진 영역들 중에서 보다 "주변적인" 영역들과 보다 "중심적인" 영역들의 차이를 갖고 시작할 수 있다. 어떤 행위와 이런 다양한 층들의 관계가 대단히 중요하다는 점을 증명한 많은 종류의 실험들(심리적 포만, 감정, 준(準)욕구에 관한 실험)을 바탕으로 조작적 정의(어떤 사물이나 현상을 객관적이고 경험적으로 표현하기 위한 정의로, 실용주의적 측면이 강조된다/옮긴이)를 끌어내는 것이다. 중심에 가까운 영역일수록 보다 친밀하고 개인적인 영역으로 정의된다. 사람은 대체로 중심적인 영역들 안에서 주변적 영역 안에서보다 더 민감해진다.

2. 두 번째 정의는 사회학에서 일반적으로 사회적 거리를 증명하는 방법을 이용할 수 있다. A라는 사람에게 B라는 사람과 어떤 상황(같은 자동차로 여행을 하거나, 함께 게임을 하거나, 함께 춤을 추거나, 결혼하는 등의 상황)을 함께할 수 있는지를 묻는다고 가정하자. 이때 사회적 거리의 차이는 그 사람이 다른 사람과 공유하려는 상황의 친밀도 차이로 정의될 수 있다.

따라서 역학적으로 말한다면 사회적 거리는 A라는 사람이 B라는 사람의 어떤 상황이나 활동에 접근할 수 있을 가능성을 의미함과 동시에 친밀한 상황에 접근하지 못할 가능성을 의미한다. 어떤 상황 혹은 활동에 대한 접근성은 B라는 사람이 A라는 사람의 어떤 층과 소통할 가능성을 뜻한다.

A라는 사람의 상태를 놓고 말하자면, B와의 사회적 거리가 C와의 사회적 거리보다 짧다는 것은 A의 중심적인 영역이 C보다 B에 더 많이 열려 있다는 것을 의미한다. 전형적인 미국인과 전형적인 독일인을 비

교하며 설명한다면, 이는 미국인의 주변적 층들이 다른 사람들의 커뮤니케이션에 저항을 덜 한다는 뜻이다.

주변적인 층들과 그 경계를 외부의 커뮤니케이션에 저항을 덜 하는 것으로 그림으로써, "개방성"이 더 강하다는 점을 표현할 수 있다. 〈도표 2〉는 전형적인 미국인의 상태(U-유형, 〈도표 2a〉)를 전형적인 독일인(G-유형, 〈도표 2b〉)과 비교하고 있다.

<도표 2> 성격 구조

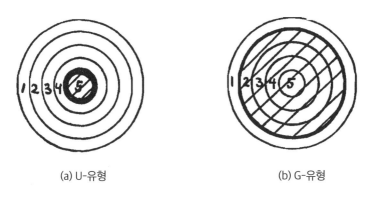

(a) U-유형   (b) G-유형

성격의 층들 사이의 진한 경계선은 접근성의 차이를 나타내고 있다. 빗금 친 부분은 그 사람의 "사적" 영역에 해당한다.

이 도표에서, 외부 커뮤니케이션에 대한 저항의 강도는 해당 층을 표시하고 있는 선의 짙거나 옅은 정도로 표시되고 있다. 나는 편의를 위해 사람의 내면에 똑같은 수의 층이 있다고 간주한다.

이 방법을 이용하면 U-유형을, 쉽게 침투 가능한 경계를 가진 4개의 주변적 영역을 가진 그런 유형으로 상징적으로 그릴 수 있다. 이 유형의 경우에 오직 한가운데에 있는 영역(다섯 번째 영역)만 외부 커뮤니케이션으로부터 꽤 고립되어 있다. 한편, G-유형의 경우엔 가장 바깥에 있는 영역(첫 번째 영역)만 접근이 가능하다. 중심에 위치한 영역은 비교적 접근이 어렵다. 중요한 경계가 이미 1번 영역과 2번 영역 사이에 놓여 있다(도표 2b).

현재까지 확보 가능한 사실들을 근거로 하면, 각 영역들의 상대적 침투성에 대한 논의는 아직 가능하지 않다. 그럼에도 외부의 침투에 대한 주요 저항이 처음 일어나는 위치에 대한 논의는 가능할 것 같다.

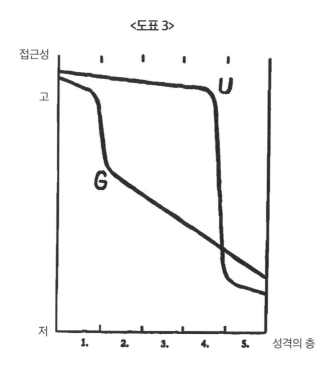

<도표 3>

만약에 어떤 상황에서 G-유형의 1영역과 커뮤니케이션을 하는 데 필요한 노력으로 U-유형의 4영역에 닿을 수 있다면, 다음과 같은 등식이 가능할 것이다. $W(1+2+3)_U = W(1)_G$ (W는 어떤 영역의 저항을 의미하고, 작은 대문자 U는 미국인을 의미하고, 작은 대문자 G는 독일인을 의미한다). 더 나아가 $W(1+2)_U \langle W(1+2)_G$로 표현할 수도 있다. 이는 주어진 수의 주변적인 층들이 일으키는 저항은 G-유형에서보다 U-유형에서 더 약하다는 뜻이다.

몇 가지 사실들은 가장 친밀한 영역(다섯 번째 영역)에 접근하기는 대체로 G-유형보다 U-유형이 더 어렵다는 점을 암시하는 것 같다. 이것을 등식으로 표현하면, $W(1+2+3+4)_U \rangle W(1+2+3+4)_G$가 될 것이다. 어쨌든, 가장 친밀한 영역(다섯 번째 영역)의 접근성의 정도가 거의 똑같을지라도($W(1+2+3+4)_U = W(1+2+3+4)_G$), 영역 4_U와 5_U 사이의 역동적인 경계는 아마 1_G와 2_G 사이의 경계보다 훨씬 더 튼튼할 것이다.

대체로, 주변적 영역으로부터 중심적 영역 쪽으로 가면서 나타나는 접근성의 하락은 독일의 경우에 곡선 G(도표 3)를 더 많이 닮았고 미국의 경우엔 곡선 U를 더 많이 닮았다.

사적 및 비(非)사적인 개인의 영역

다양한 영역들의 접근성을 두 개인의 관점이 아니라 집단의 관점에서 고려한다면, 개인의 공개적이고 공통적인 "공적인" 삶의 분야를 주변적인 영역으로 여기고 개인의 사적인 삶의 분야를 중심적인 영역으로 여겨야 할 것이다. 이런 식으로 볼 수 있다면, 우리의 기본적인 가설로부터, 사람들의 내면에 있는 영역들 중에서 공적 관심의 대상으로 여겨지는 영역들이 독일보다 미국이 훨씬 더 많다는 결론을 끌어낼 수 있다.

내가 볼 때, 이 같은 주장은 미국 신문들이 어떤 인물의 만찬에 초대받은 손님들의 의상에 관한 묘사나 테이블 장식에 관한 기사를 많이 싣는다는 사실로도 뒷받침되는 것 같다. 앞에서 이미 언급했듯이, 미국 신문들은 독일 신문들이 공적 관심을 전혀 보이지 않으면서 사적인 영역으로 치부했을 사실들에 관한 기사들을 아주 많이 싣고 있다. 미국 신문들은 심지어 비공식적인 모임에까지도 사적인 성격을 독일 신문들에 비해 덜 부여한다. 여자들의 화장술조차도 미국 신문에서 더 자주, 더 세세하게 다뤄지고 있다.

감정, 우정, 충돌

똑같은 구조적 차이와 다소 관계있는 두 번째 사실이 있다. 미국인은 일상의 사소한 일에 분노하거나, 적어도 공개적으로 분노를 표현할 확률이 크게 떨어진다는 점이다. 몇 가지 사실들이 함께 작용하면서 이런 효과를 발휘하는 것 같다. 미국인들은 당혹스런 일 앞에서 대체로 행동의 관점에서 반응하고(미국인들은 이런 상황을 해결하기 위해 다음에 취해야 할 행동에 대해 생각한다), 독일인들은 도덕적 관점에서 반응한다(독일인들은 그것이 누구의 잘못인지를 따진다). 게다가, 그런 일이 미국인의 중심적인 영역들을 건드릴 확률은 낮다. 다시 말해, 주변적이고 비개인적인 영역들에 해당하는 사건들의 범위는 미국인이 비교적 더 넓은 것 같다는 뜻이다. 이는 우리의 기본적인 주장과 완전히 일치한다. G-유형의 경우 사적 분야에 층들이 더 많다. 따라서 G-유형이 감정적으로 행동할 확률이 더 높아진다.

이 같은 사실은 소수의 몇 사람 사이의 상호관계에 특별히 중요하다. 두 사람(〈도표 4〉의 A와 B)의 층들 중에서 서로 "사적" 영역을 건드리지 않고 접촉할 수 있는 층이 몇 개인지를 볼 수 있다. 영역들 간에 일어나는 커뮤니케이션은 중복되는 부분으로 표시할 수 있다. 우리의 기본 가설로부터, 개인적인 영역들이 건드려지기 전까지 G-유형보다 U-유형에서 더 많은 영역이 겹쳐질 수 있다는 결론이 나온다. 예를 들어, U-유형이라면 3개의 외부 층이 겹쳐져도 사적인 영역들 사이의 커뮤니케이션으로 이어지지 않지만(도표 4a), G-유형의 경우엔 3개의 외부 층이 겹쳐지면 사적인 영역들이 건드려질 것이다(도표 4b).

〈도표 4〉 커뮤니케이션 중인 두 사람(A와 B)

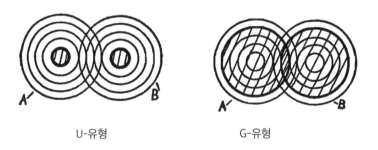

U-유형   G-유형

이는 두 가지 결과를 낳는다. U-유형의 사람들 사이에선 깊은 개인적 우정이 없이도 비교적 친한 관계가 가능하다. 그런 한편 이 사람들은 개인적 갈등을 빚을 위험이 덜하다. 개인적 갈등은 개인적인 영역들이 건드려질 때 쉽게 일어나기 때문이다. 앞에 언급한 사실들은 이 두 가지 결론 모두와 맞아떨어지는 것 같다.

행동과 이상

"사적"인 것으로 여겨지지 않는 영역들이 미국인에게 더 많다고 해서, 곧 주변적인 영역들이 미국인에게 덜 중요하다는 의미는 아니다. 그와 반대로, 사람의 구조를 하나의 전체로 고려한다면, 우리의 기본적인 가설은 비사적인 영역들의 상대적 비중이 G-유형의 사람보다 U-유형의 사람에게 더 크다는 점을 암시한다. 앞에서 언급한 사실들도 이미 이쪽 방향을 가리키고 있다.

여기서 두 번째 사실을 언급할 수 있다. 성격의 주변적인 층들은 그 사람의 "집행" 영역이라 불릴 수 있는 영역을 포함하고 있다. 이 영역은 그 사람의 외부 층, 말하자면 외부 환경과 가장 밀접한 층이다. 이 영역은 그 사람의 외양이나 행동과 일치한다. U-유형에게 외양의 비중이 상대적으로 더 커 보인다는 사실은 앞에서 언급되었다. 행동도 U-유형에게 상대적으로 더 중요하다. 미국인은 독일인에 비해 이데올로기나 지위보다 성취를 더 강조한다. 미국은 과학에서 이론보다 실습을 더 중요하게 여긴다. U-유형은 경험을 통해 사실들을 많이 축적하는 쪽을 선호한다. 중심적인 영역들, 다시 말해 이상들과 "실재하지 않는" 다른 사실들이 독일인에게 상대적으로 더 큰 비중을 갖는다는 사실은 미국의 실용주의와 대비되는 관념론이 독일에 팽배한 배경을 설명해준다. 독일인들과 미국인들의 태도에 나타나는 이런 차이는 정치와 종교 분야에서도 두드러지게 드러나고 있다.

집단의 동질성

만약에 중심적인 영역들이 그 사람의 사적인 삶과 일치하고 또 주변적인 영역들이 그 사람의 "공적" 삶과 일치한다면, 같은 사회집단의 개인들 사이에 "공적" 삶이 사적 삶보다 더 비슷해야 한다. 왜냐하면 집단 구성원들 대부분이 상호 접근 가능한 영역들이 서로 충분히 비슷하지 않은 상태에서는 공통적인 교류와 공통적인 사회생활이 불가능할 것이기 때문이다(어느 정도만 맞는 말이다).

가장 친밀한 영역들은 인간의 일반적인 본성 중 아주 많은 부분을 포함하고 있다. 그렇기 때문에 이 영역들은 개인들 사이에 비교적 비슷할 수 있다. 그렇다면 한 집단에 속한 개인들 사이에 가장 두드러진 차이점은 중간 정도의 사적인 영역에 존재할 것이다.

이 정도의 유사성을 보여주는 영역들의 총합은 독일인 1,000명의 샘플보다 미국인 1,000명의 샘플에서 대체로 더 클 것이다. 이는 다음과 같은 방법으로 추론할 수 있다. U-집단(도표 5a)의 구성원들 사이에 영역(1+2+3)의 평균 유사성(DS)은 DS_U^3로 나타낼 수 있다. G그룹 사이에 같은 영역(1+2+3)의 평균 유사성 DS_G^3는 더 작게 나타날 것이다($DS_U^3 > DS_G^3$). 왜냐하면 이 영역이 G-유형(도표 5b)의 경우에 이미 부분적으로 사적 영역 안에 자리 잡고 있지만 U-유형의 경우에는 그렇지 않기 때문이다. 달리 말해, 주어진 어떤 정도의 유사성(DS)

을 충족시키려면 U-유형이 G-유형보다 더 많은 영역을 공개해야 한다는 뜻이다. 그 집단 안에서 이 정도의 유사성(r^{DS})에 이르기까지 영역들(r)의 총합(Σ)은 G-유형의 샘플보다 U-유형의 샘플이 더 크다($\Sigma r_U^{DS} > \Sigma r_G^{DS}$). 이는 성격 중에서 동질적인 영역들이 G-집단보다 U-집단에서 더 많다는 뜻이다.

<도표 5> 집단의 동질성

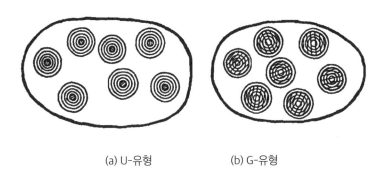

(a) U-유형   (b) G-유형

어느 한 집단의 구성원들의 동질성에 관한 주장은 그 집단의 전반적인 조직에 관한 명확한 주장을 담고 있지 않다는 점을 지적할 필요가 있다.

군이 세부적으로 파고들 필요도 없이, 기하학적 설명(〈도표 5a〉와 〈도표 5b〉)만 참고해도 다양한 성격 구조들에 관한 우리의 근본적인 주장으로부터 똑같은 결론을 끌어낼 수 있다. 다수의 개인 a와 b, c, d 등이 있을 경우에, 그 집단 안에 있는 사적인 영역들의 숫자는 대체로 G-집단이 U-집단보다 더 크다. 이 같은 결론은 우리가 앞에서 언급한, 보다 높은 동질성에 관한 직접적인 관찰과 잘 맞아떨어진다.

다양한 집단의 구성원들 사이에 나타나는 유사성의 정도

같은 나라 안에 두 개의 집단이 있다고 가정하자. 각 집단은 자체로는 동질적이지만 서로 다르다. 미국과 독일에 그런 집단이 2개 있다고 한다면, 그 집단의 구성원들 사이의 유사성은 어느 정도일까?

각 집단 안에서 완전한 동질성이 이뤄진 극단적인 예를 고려할 경우에 이 질문에 대한 최선의 대답이 나올 수 있다. 이 경우에, 한 집단(A)의 구성원들($a^1, a^2, a^3, ...$)은 모두 똑같을 것이다($a^1 = a^2 = a^3 = ...$). 두 번째 집단(B)의 구성원들($b^1, b^2, b^3, ...$)도 마찬가지일 것이다($b^1 = b^2 = b^3 = ...$). 〈도표 6a〉와 〈도표 6b〉는 각각 미국과 독일의 이상적인 집단을 나타내고 있다. 이 도표들은 또 두 집단의 구성원들 사이의 차이는 독일에서 더 클 것이라는 점을 보여주고 있다. 이는 두 집단 사이에 비슷한 성격 영역들의 수가 미국이 더 많기 때문이다. 달리 말하면, 동질적인 두 개의 집단들 사이의 차이는 미국보다 독일에서 더 클 수 있다는 뜻이다.

실제 관찰도 이 같은 결론을 뒷받침하는 것 같다. 일반적으로 인정받는 사회적 지위를 가진 "계급들"이 미국보다 독일에서 더 뚜렷하게 드러난다는 소리가 자주 들린다.

집단의 크기

집단 구성원들의 성격 구조로부터 끌어내는 집단의 두 번째 특징은 앞의 추론과 밀접히 연결되어 있다.

어떤 사회집단의 구성원들 사이에 가장 적절한 유사성이 어느 정도

인가 하는 문제를 놓고 일반적인 주장을 제시하는 것은 아마 불가능할 것이다. 적절한 유사성의 정도는 집단에 따라 다 다르다. 기본적으로 서로 연합하려는 구성원들의 의지에 바탕을 두고 있고 또 그 의지에 의해 지탱되는 사교 클럽의 유사성은 상관의 명령에 의해 지탱되는 군사 집단의 유사성과 절대로 같을 수 없다. 그럼에도, 구성원들 사이에 충분한 유사성을 전제로 하는 유형의 집단들이 있다. 그런 집단 안에서 개인적 차이가 지나치게 커지면, 그 집단은 쪼개질 것이다. 만약에 어느 예비 회원이 평균적인 구성원과 지나치게 큰 차이를 보인다면, 그 사람은 그 집단에 들어가지 않는 것이 바람직할 것이다.

<도표 6> 서로 다른 집단 두 A와 B의 구성원들 사이의 유사성의 정도

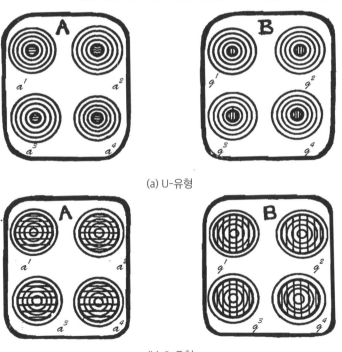

(a) U-유형

(b) G-유형

우리의 기본적인 가설로부터, 그런 집단에 들어갈 수 있는 사람들의 수는 독일보다 미국에 더 많다는 결론을 끌어낼 수 있다. 클럽이나 정당에 들어간다는 것은 곧 다른 구성원들과 어떤 행동을 같이 하겠다는 뜻이다. 앞에 제시한 주장들에 따르면, 어떤 행동 분야에서 서로 협력하겠다는 구성원들의 수는 무작위로 선택된 G-유형의 사람 1,000명 중에서보다 U-유형의 사람 1,000명 중에서 더 많이 나와야 한다. 〈도표 6〉을 참고한다면, 새로운 사람을 한 사람 더 더할 경우에 집단 내의 개인적 차이의 전체 합계가 U-집단보다 G-집단에서 더 커진다. 그러므로 만약에 어느 집단이 견뎌낼 수 있는 차이의 총합이 정해져 있다면, G-집단 안에서 그 지점에 더 빨리 이르게 될 것이다.

이 같은 결론은 현실의 사실들과 아주 잘 맞아떨어지는 것 같다. 실제로 미국에는 정당이 큰 것 2개밖에 없다. 반면에 독일의 정당은 12개도 넘는다. 독일인들의 이런 개인적인 경향은 자주 강조되어 왔다("독일인 3명만 모이면, 결사가 4개 조직된다.").

비교적 작고 서로 구별되는 집단으로 갈라지는 두 번째 이유는 행동보다 관념을 더 강조하기 때문이다. 예를 들어, 1932년에 실시된 미국 대통령 선거에서 사회주의자의 표가 적게 나온 이유는 부분적으로 사회주의자들 사이에 나타난 경향, 즉 승리하지 못할 후보에게 "표를 낭비하지 않으려는" 경향 때문이었다. 이런 "실용적인" 태도에 관한 언급은 독일보다 미국에서 더 자주 들린다. G-유형의 사람은 이와 비슷한 상황에 처하면 행동보다는 자신의 이상에 따라 투표하는 경향을 더 강하게 보인다.

G-유형의 개인주의적인 경향은 사교적인 모임에서도 관찰된다. 이 같은 사실도 G-유형의 영역(1+2+3+4) 안에 나타나는 개인적 차이의

합계가 더 큰 결과로 이해될 수 있다. 영역들(2+3+4) 사이의 개인적 차이의 합계가 더 크고 영역들에 대한 접근성이 떨어지기 때문에, G-유형들 중에서 모임에서 편안한 마음을 느낄 사람들의 숫자가 작다.

다양한 상황에 처해 있는 사람들

여기서 U-유형과 G-유형이 상황 변화의 영향을 어느 정도 강하게 받을까, 하는 물음을 던질 수 있다. 이 질문은 서두에 언급한 물음들과 연결되어 있지만, 우리의 기본 가설로부터 명쾌한 대답을 끌어내기는 쉽지 않다.

A라는 사람의 상황이 상황 1에서 상황 2로 바뀔 수 있다(도표 7). 이 때 A가 이 변화로 인해 받을 영향의 정도는 상황 1과 상황 2의 차이뿐만 아니라 상황의 종류, 더 나아가 "사람의 변화"라는 말이 의미하는 바에 따라 달라진다.

<도표 7> 상황의 변화

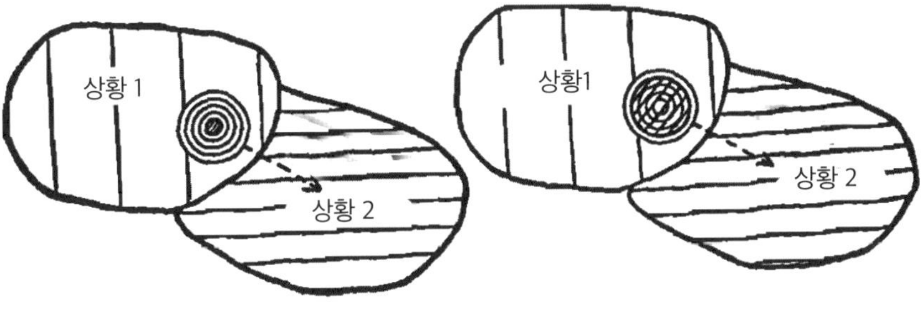

(a) U-유형   (b) G-유형

이 같은 사실들에 따른 한계까지 감안한다면, 이런 식으로 말할 수 있을 것이다. 평균적으로 봐서, U-유형이 비교적 접근이 용이한 층들을 더 많이 갖고 있기 때문에, 상황 변화의 영향을 받는 층들의 수는 U-유형이 G-유형보다 많을 것이다(도표 7a). 이것은 U-유형(도표 7a)이 상황에 맞춰 하는 행동의 폭이 G-유형보다 더 클 것이라는 뜻이다. 정말로, 독일인 추밀고문관은 모든 상황에서 추밀고문관처럼 행동한다. (게오르게 그로츠(George Grosz)가 그린 만화를 보면, 독일 공무원 2명은 수영복을 입은 상태에서 만나도 행동에 예절을 갖추고 있다. 미국이라면 이런 행동은 적절하지 않은 것으로 여겨질 것이다.) 이런 점을 뒷받침하는 몇 가지 사실들에 대해 이미 앞에서 언급한 바가 있다. G-유형의 사적 영역들이 더 넓다는 것은 이 유형의 사람은 자신의 개인적 특성 중 많은 것을 모든 상황에 끌고 다닌다는 것을 의미한다. 따라서 G-유형의 행동은 상황이 달라져도 별로 변화하지 않을 것이다. U-유형의 행동이 삶의 다양한 분야들을 더 분명하게 분리시킨다는 사실도 언급했다. U-유형이 이처럼 보다 유연한 "유동성"을 보이고 또 이쪽 극단에서 저쪽 극단으로 쉽게 옮겨가는 경향은 상황에 대한 의존성이 크다는 사실로 설명된다. 왜냐하면 행동에 나타나는 이런 변화들이 대체로 상황 변화에 대한 반응으로 일어나기 때문이다.

　소위 말하는 미국인의 엄격한 개인주의도 이와 똑같은 원칙을 적용한 결과이다. U-유형이 타인의 접근을 쉽게 허용하고 다른 사람들과 접촉을 아주 쉽게 하는 한편 타인에 대한 간섭을 극도로 피하려 드는 경향이 겉으로 보기에 모순처럼 보인다는 사실에 대해 언급했다. 조금 더 깊이 생각해보면, 이 같은 불일치도 어떤 상황에 대한 강력한 반응의 또 다른 예로 이해될 수 있다. U-유형인 A가 자신의 눈으로 볼 때 B

의 사적 영역에 속할 어떤 상황의 밖에 서 있다고 가정하자. 그러면 A는 그 상황으로 들어가는 것을 G-유형 사람보다 더 꺼릴 것이다. 이유는 A가 이 상황들의 차이를 더 존중하기 때문이다.

서두에서, U-유형의 경우에 주변적인 층들에 접근하기는 용이하지만 사적이고 중심적인 층들에 접근하기는 결코 용이하지 않다는 점에 대해 언급했다. 다른 사람의 사적 영역에 속하는 상황들을 존중해 주는 한편으로 자신의 사적 영역들을 엄겨히 지키고자 하는 경향은 이 사적 영역에 속하는 상황과 대상, 사건들도 서로 크게 다르다는 점을 보여주고 있다. 미국과 독일의 권력 분배를 논하는 대목에서, 이 문제를 다시 돌아보게 될 것이다.

미국의 사회생활은 보다 동질적인 것처럼 보이는 한편으로 다양한 영역들이 서로 분명하게 분리되어 있는 것 같다. 얼핏 보면 다소 모순처럼 보이는 이 사실도 이제 서로 조화를 이루는 것으로 이해될 수 있다. 미국의 사회집단은 독일 사회집단보다 동질성을 더 강하게 보인다. 이는 사회집단의 하위집단이나 그 구성원 사이에도 차이가 덜하다는 뜻이다. 그러나 똑같은 하위집단 혹은 똑같은 개인의 행동도 다양한 상황들을 기준으로 하면 독일보다 일관성을 덜 보일 것이며, 따라서 미국의 사회생활이 훨씬 더 "유동적"이다.

그럼에도 이 주장에 약간의 단서가 붙는다. U-유형의 주변적인 층들이 상황의 영향을 받을 가능성이 더 크다. 그러나 우리의 기본 가설로부터, U-유형의 "사적인" 층들이 개입될 확률이 G-유형의 "사적인" 층들이 개입될 확률에 비해 떨어진다는 결론이 가능하다. 사실, U-유형은 감정적으로 반응할 확률이 낮다. 이는 U-유형이 상황과 자신의 관계를 주변적인 "행동"의 층들 안에 묶어둘 수 있기 때문이다. U-유형은 개인적으로 깊이 말려드는 일을 G-유형보다 쉽게 피할 수 있다. U-유형의 경우에 친밀한 중심적 영역을 상황의 밖에다가 쉽게 놓을 수 있기 때문이다. U-유형이 시간을 잘 지키고 자신의 행동을 잘 조직할 수 있는 것은 부분적으로 이 같은 사실 때문이다.

여기서 경계의 선명성과 경계의 역학적 엄격성을 서로 혼동해서는 안 된다는 점을 강조하고 싶다. 하나의 필드(field: 어느 한 순간에 어떤 개인의 행동을 결정하는 심리적 요인들의 총합을 뜻한다. 장(場)이라고도 부른다/옮긴이)는 대조적인 영역들로 나뉠 수 있고, 대조적인 이 영역들은 서로 바로 옆에 자리할 수 있다(〈도표 2a〉처럼). 이런 경우에, 선명한 경계를 다뤄야 한다. 그럼에도 불구하고 필드 자체가 쉽게 변화할 수 있다는 사실을 고려한다면, 필드는 유동적인 것으로 여겨져야 할 것이다. 필드의 경계들과 필드의 전체 구조가 변화하는 데는 그야말로 약간의 힘만 있으면 된다. 선명한 경계들은 변화하려는 힘에 강하게 저항할 수도 있고 저항을 안 할 수도 있다. 달리 표현하면, 경계들은 엄격할 수도 있고 그렇지 않을 수도 있다는 뜻이다.

한편, 덜 대조적인 영역들과 덜 선명한 경계들을 가진 필드(도표 1b)는 동시에 덜 유동적일 수 있다. 그럼에도, 덜 선명한 경계들도 넘기 어렵고 또 엄격할 수 있다. 물론 이 경계들은 유동적일 수도 있다.

미국인은 "견디는 능력"을 자랑스러워한다. 독일인도 마찬가지로 진정한 사나이이고 투사라면 결정적인 타격을 견딜 수 있어야 한다고 배웠다. 그럼에도, 참는 능력을 발휘하는 방법은 서로 다른 것 같다. G-유형은 그 일을 자신의 최고 의무로 받아들이고, 그 임무에 자신의 모든 것을 던짐으로써 참아낸다. 이와 반대로, U-유형은 자신의 개인적인 층들을 최대한 밖으로 내어놓음으로써 그것을 참아내려고 노력한다. 달리 표현하면 그것을 하나의 스포츠로 편안하게 받아들임으로써 참아낸다는 뜻이다. 이 차이는 미국과 독일 사회가 권리와 의무를 대하는 태도가 다르다는 점과 밀접히 연결되어 있다.

여기서 오해를 불식시키기 위해, 이 글을 쓰면서 절대로 간과하지 않았던 몇 가지 목적에 대해 언급해야 한다. 미국과 독일의 특징으로 여겨지는 것들은 오직 잠정적인 설명으로만 받아들여져야 한다. 여기에 언급된 차이는 모두 정도의 차이에 지나지 않는다. 이 차이는 같은 국가 안에서도 다양하게 나타나며, 어쩌면 일부 집단에만 해당될 수도 있다. 흑인의 문제와 다른 소수 집단의 문제들은 고려 대상에 포함되지 않았다.

이 설명은 오직 현재의 상황만 다루고 있다. 따라서 상황이 지속된 기간이나 역사에 대한 언급은 전혀 없다. 사회집단들의 특징과 사회적 존재로서의 집단 구성원들의 특징 사이의 상호관계를 논리적으로 밝히려는 노력은 인과관계를 묻는 역사적 질문들에 대한 대답을 내놓지 못한다. 단지 체계와 관련 있는, 역동적인 상호관계의 문제들만을 다룰 수 있을 뿐이다.

2장

문화적 재건
(1943)

적어도 "이전보다 더 나은" 세계라는 이름에 걸맞은 그런 평화의 세계를 건설하려면, 당연히 많은 문제들이 해결되어야 한다. 정치적, 경제적, 문화적 문제들을 해결해야만, 그런 세계의 건설이 가능할 것이다. 각각의 문제를 해결하는 데에는 많은 어려움이 따르기 마련이다. 그럼에도 평화의 세계를 향한 걸음을 성공적으로 떼려면, 이 문제들 모두를 하나의 역동적인 필드의 상호 의존적인 여러 측면들로 함께 고려해야 하고 또 동시에 공격해야 한다.

이 중에서 문화적 측면이 의미하는 바가 특별히 모호한 것 같다. 독일인과 일본인, 영국인 혹은 중국인의 문화가 그 민족이 침략자로서 무력을 들 가능성과 어떤 관계가 있는가? 이 문화적 차이가 문화 간의 협력에 중요한가?

그동안 문화적 측면에 대한 논의가 철학적 및 정치적 정서 때문에 지체되었던 것 같다. 민족들 사이의 차이가 지나치게 중요하게 여겨지면서 그 민족 고유의 특징으로 다뤄지든가, 아니면 인간의 평등권이라는 민주적 원칙에 대한 오해 때문에 지나치게 중요하지 않게 여겨지면서 본질적이지 않은 것으로 다뤄져 온 것이다. 현실적이고 과학적인 접근이라면, 현대의 문화들 사이의 차이를 "원시" 문화들의 차이와 똑같은 성격을 지닌 사실로 고려할 수 있어야 한다. 이런 과학적인 접근은 문화적 특징들을 원칙적으로 변화 불가능한 것으로 여기기를 거부할 것이며, 대신에 경험적 측면에서 이런 질문을 던질 것이다. 어느 정도의 문화적 변화를 보다 쉽게 이루려면 어떤 방법을 동원해야 하며, 또 그런 변화는 어느 정도 지속성을 지닐까?

이런 질문들에 대한 명확한 대답은 특별히 설계된 조건에서 문화적 변화를 체계적으로 연구하는 "실험 문화인류학"을 통해서만 나올 수 있다. 불행히도, 문화인류학은 지금도 여전히 "기술적"(記述的)인 단계에 머무르고 있으며, 현대의 문화를 적절히 관찰하고 묘사하는 방법을 발견하는 과제에 매달리고 있다. 그런 가운데서도 문화인류학에서 문화를 바람직한 방향으로 변화시킬 방법에 관한 실험들이 시작되려는 기미가 보이고 있다.

이 전쟁이 끝나고 나면, 대부분의 나라에서 어느 정도의 문화적 재건이 필요할 것이다. 전시(戰時) "문화"에서 "평시" 문화로 전환해야 할 것이기 때문이다. 대부분의 국가들은 외부 도움을 받지 않고 이 일을 해낼 수 있을 것이다. 전시 문화로부터 평시 문화로 전환하는 일은 현재 증오의 골이 깊은 상태에서 생각하는 것만큼 그렇게 어렵지는 않다. 평화 조약이 국제적인 정치 조직을 창설한다면, 문화적 변화는 훨씬 더 쉬워질 것이다.

지난번 세계대전 후에 대부분의 국가들에서 인구 중 상당수가 급진적인 평화주의자로 바뀌었다. 이 경험에 비춰볼 때, 어떤 문화적 정서의 폭력성을 깊이와 영속성으로 착각하는 일이 있어서는 안 된다. 미국에서, 지난번 전쟁 후의 허탈감이 재빨리 고립주의로 바뀌었고, 그리하여 이 전쟁이 일어날 무대를 세우는 결과를 낳게 되었다. (미국에서 이 전쟁 후에 그와 비슷한 반작용이 일어날 위험은 제국주의적인 군국주의의 위험보다 더 클 것이다.) 독일에서조차도 지난번 전쟁 직후에 인구 중에서 평화주의자가 된 사람들의 비중이 아마 복수를 위해 즉각 국가 부흥을 외치며 그 첫 조치로 '배후단도설' (Dolchstosslegende: 1918년 패전 후 독일 내 우파들 사이에 널리 믿어지던 '신화'로, 독일군이 전쟁에서 패배한 것이 아니라 민간인들, 특히 카이저를 전복시킨 공화주의자들에게 배신당했다는 주장이다/옮긴이)을 퍼뜨렸던 집단보다 더 컸을 것이다. (독일의 '국내전선'이 군부의 등에 칼을 꽂은 것으로 여겨졌으며, 이런 식으로 독일 군대의 체면은 지켜졌다.)

그러나 한 나라 안에서 폭력적이면서 피상적인 문화적 정서가 아주 빨리 변할 수 있다고 해서, 한 민족의 깊은 문화적 특징만큼 변화하기 어려운 것도 없다는 역사학자들의 주장이 틀렸다는 말은 절대로 아니다. 영구한 평화의 문화적인 측면들에 대해 고려할 때, 우리가 생각해야 하는 것은 바로 이런 깊은 문화적 특징들이다. 독일을 보면, 제1차 세계대전 후부터 히틀러가 등장하기 오래 전까지 평화주의적인 정서가 있었음에도 불구하고, 모든 아이들은 다시 장난감 병정을 갖고 전쟁놀이를 하고 있었다. 그러다 얼마 지나지 않아, 군국주의자들이 마치 오랜 전통을 따르듯 다시 득세를 하고 있었다. 그런 한편에선, 베니토 무솔리니(Benito Mussolini)가 제1차 세계대전을 거치면서 분명히 결여된 것으로 확인된 군인다운 특징들을 이탈리아인들의 내면에 불러일으키기 위해 10년 이상 동안 노력하고 있었다. 아주 어린 아이들까지 포함하는 거의 모든 연령층을 대상으로 매우 철저히 노력했음에도 불구하고, 무솔리니는 이 문화적 특징들을 바꿔놓는 데 실패한 것 같다. 마찬가지로, 러시아인이나 영국인의 성격의 특징도 거의 변화하지 않은 것 같다. 이런 영속적인 특징들이 민족적이라기보다 문화적이라는 점은 이 나라에서 다른 나라로 옮겨간 아이들이 새로운 나라의 국민들의 특징을 재빨리, 또 철저히 받아들인다는 사실에 의해 뒷받침된다.

민주적인 세계질서는 전 세계가 문화적으로 통일되는 것을 필요로 하지도 않고 또 좋아하지도 않는다. 개인을 위한 민주주의적 자유와 비슷한 것이 집단을 위한 문화적 다원주의이다. 그러나 어느 민주주의 사회든 개인의 자유가 악한들에, 정치적 표현을 빌리면 "편협한 자들"에 의해 침해되는 것을 반드시 막을 수 있어야 한다. 그러므로 편협한 문화를 그냥 참지 않는 것이 영원히 평화적인 조직을 위해 반드시 필요한 조건이다.

민주주의 쪽으로 변화하도록 고무하기 위해선, 광범위한 영역에 걸쳐서 가치들의 변화가 이뤄져야 할 것이다. 이 변화는 예를 들어서 국가와 정치, 과학 같은 초인적인 가치보다 인간적인 가치들을 더 중요하게 여길 것을 요구한다. 이 변화는 일찍이 독일의 '철혈재상' 오토 폰 비스마르크(Otto von Bismarck)가 1880년에 '시민들의 도덕적 용기'라고 불렀던 것을, 말하자면 군인의 용기나 맹목적인 복종과 반대되는 것으로서, 독일인이 결여하고 있다고 개탄한 바로 그것을 강조할 것이다. 이 변화는 곤경에 대해 불평을 늘어놓기보다 곤경을 해결하려는 노력의 가치를 강조할 것이다. 이 변화는 또 복종보다는 독립을 위한 교육을 강조할 것이다.

문화적 패턴을 바꿔놓으려는 노력을 벌일 때에는, 개인들이나 작은 집단들을 뿌리째 뽑아서 새로운 문화적 환경에 옮겨서 변화시키는 것과 태어난 곳에서 그대로 살고 있는 응집력 강한 집단의 문화를 변화시키는 것은 완전히 다른 문제라는 점을 명심해야 한다. 문화적 배경을 바꿔놓을 목적으로 응집력 강한 집단을 파고드는 데 필요한 기술은 라디오와 신문 등 다양한 매체를 통한 "선전"이다.

그러나 나라 안팎에서 이뤄지는 선전이 성공을 거둔다 하더라도, 그 선전은 한 국민의 정서를 "말로만 바꿔놓는" 그 이상의 영향을 발휘하지 못하는 것 같다. "민주주의"에 대해 말할 때, 독일인은 그 표현을 개인주의적 자유를 의미하는 것으로 쓸 확률이 높다. 만약에 어느 미국인이 민주주의를 정의한다면, 그 미국인도 마찬가지로 개인주의적 자유를 지나치게 자주 강조하다가 그만 민주주의에서도 독재주의에서만큼 리더십이 중요하다는 사실을 망각할 것이다. 그래도 이 미국인은 적어도 소규모 집단 안에서 집단적 의사결정이 효율적으로 잘 이뤄지고 있고 또 민주적인 리더십이 하나의 문화적인 양식으로 받아들여질 뿐만 아니라 학교에서 가르쳐지고 있는 그런 나라에서 살고 있다. 이런 민주적 전통이 없는 나라에서 사는 사람이 민주주의라는 용어를 자신이 늘 생각해 오던 그런 개념이 아닌 다른 개념으로 받아들일 것이라고 기대하는 것은 불가능하다. 또 다른 문화에서 사는 사람이 지금까지 한 번도 경험해보지 않은 문화적 양상을 받아들일 것이라고 기대하는 것도 또한 불가능하다. 심지어 그런 문화적 양상을 경험한 사람들조차도 그것을 적절히 묘사하는 것이 지극히 어렵다.

제1차 세계대전 직후에 권력을 잡았던, 민주적인 마인드를 가진 사람들이 민주주의와 "정치 무관심"을 혼동하며 민주주의라는 구호 아래에서 옛날의 보수주의자들이 "전문가"로서 공식적인 지위를 그대로 지키도록 허용한 것은 독일 공화국의 비극이었다. 또 민주적인 마인드를 가진 사람들이 민주주의를 "관용을 베푸는 자들을 위한 관용"으로 확고히 다지고 지켜나가는 데에 근본적으로 필요한 것이 "관용을 베풀지 않는 자에 대한 불관용"이라는 점을 몰랐다는 사실은 정말 큰 비극이었다. 무엇보다, 그들이 민주주의의 기본적인 조건이 강력한 리더십과 과반이 정치권력을 긍정적인 방향으로 효율적으로 활용하는 것이라는 사실을 몰랐다는 것이 가장 큰 비극이었다. 대신에, 독일은 엄밀히 따지면 아주 작은 소수까지도 의회에서 그에 걸맞은 대표성을 누릴 수 있다는 점을 내세우며 "세계에서 가장 자유로운 헌법"을 가진 민족이라고 우쭐해 했다. 실제로 보면, 이 같은 구조가 수십 개의 정당이 난립하도록 만들었으며, 그래서 핵심부의 소수 집단이 영원히 과반을 지배하는 결과를 낳았는데도 말이다.

문화를 변화시키는 데 걸림돌이 되는 두 번째 중요한 장애는 민주주의 같은 패턴이 정치 문제에만 국한되는 것이 아니라 문화의 모든 양상과 얽혀 있다는 점이다. 어린 자식을 다루거나, 비즈니스 활동을 펴거나, 집단이 지위를 얻거나, 지위 차이에 대응하는 등 습관적으로 이뤄지는 모든 것들도 문화적 패턴의 근본적인 요소이다. 그렇기 때문에 중요한 모든 변화는 대단히 촘촘하게 서로 얽혀 있는 배경을 반드시 뚫을 수 있어야 한다. 문화의 변화는 공식적으로 인정된 가치들을 변화시키는 것만으로는 절대로 가능하지 않다. 실제의 집단생활 안에서 변화가 일어날 수 있어야만 문화의 변화는 가능하다.

가치의 변화가 결국엔 사회적 행동의 변화로 이어진다는 말도 맞지만, 행동 패턴의 변화와 실제 집단생활의 변화가 문화적 가치를 바꿔놓는다는 말도 똑같이 맞다. 문화적 가치를 간접적으로 변화시키는 것이 아마 선전을 통한 가치 변화보다 문화를 더 깊이, 더 영속적으로 바꿔놓을 것이다. 히틀러는 이 같은 사실을 철저히 이해하고 있었다. 그렇다면 파시스트의 집단생활이 민주주의 쪽으로 변화하도록 영향력을 행사할 수 있을까?

이 분야의 과학적 연구는 빈약하지만, 적어도 몇 가지 일반적인 주장은 가능할 것 같다.

1. 사람들을 가만 내버려두면 집단생활에서 민주적인 패턴을 따르게 되어 있다는 생각은 착각이다. 그런 가설은 민주주의 사회에서 살고 있는 사람들에게도 적용되지 않는다. (미국 같은 일부 나라들이 민주주의 쪽으로 발달한 것은 매우 독특한 역사적-지리적 조건의 결과였다.) 다른 문화에서와 마찬가지로, 민주주의에서도 개인은 "학습"을 통해 민주주의라는 문화적 패턴을 습득해야 한다. 보통 그런 학습은 그 문화 안에서의 성장을 통해 이뤄진다.

2. 이 문화 패턴에서 다른 문화 패턴으로 변화시키는 것에 대해 말하자면, 독재주의는 "개인에게 강요될 수 있다"는 점이 다양한 실험들을 통해 확인된다. 이는 개인이 외부에서 강요하는 상황에 적응함으로써 독재주의를 배운다는 뜻이다. 그러나 민주주의는 개인에게 강요할 수 없다. 왜냐하면 민주주의는 자발적이고 책임 있는 참여의 과정을 통해서 배워야 하는 것이기 때문이다. 독재주의에서 민주주의로 변화하는 것은 그 반대 방향으로 변화하는 것보다 시간이 훨씬 더 많이 걸리는 과정이다.

3. 그러므로 다른 체제에서 민주주의로 바꿔야 하는 경우에, 민주주

의를 "학습"하는 과정은 민주주의에서 리더십 문제가 안고 있는 것과 비슷한 역설을 포함하고 있다. 민주적인 리더는 독재적인 리더와 달리 집단에 자신의 목표를 강요하지 않는다. 민주주의에서 정책 결정은 어디까지나 집단에 의해 이뤄지기 때문이다. 그럼에도 민주적인 리더도 "리드"를 해야 한다.

민주주의로 변화하는 과정에, 민주적인 리더십의 역설이 훨씬 더 두드러지게 드러난다. 개인주의적인 자유(자유방임)로부터 민주주의로 변화하는 예를 보자. 그런 경우에 새로 등장하는 민주적 리더는 집단 구성원들에게 해야 할 일을 말할 수 없다. 그런 식으로 지시할 경우에 독재가 될 것이기 때문이다. 그럼에도, 집단을 민주적인 방향으로 이끌기 위해 상황을 어느 정도 교묘하게 조작해야 한다. 독재적인 집단이 민주적인 집단으로 변화할 때에도, 이와 비슷한 문제가 일어난다. 지배를 느슨하게 풀어놓으면 가장 먼저 폭력적인 무질서의 시기가 전개되는 경우가 자주 있다.

민주주의 쪽으로 변화를 자극하기 위해선, 리더에게 원하지 않는 영향력들을 배제하고 또 어느 정도 상황을 조작할 수 있는 기간이 보장되어야 한다. 이 과도적 기간에 민주적 리더가 추구하는 목표는 훌륭한 선생이 추구하는 목표와 똑같을 것이다. 말하자면 스스로를 불필요한 존재로 만들고, 그 집단에서 나올 토착적인 지도자들이 자신을 대체하도록 만들 수 있어야 한다는 뜻이다.

4. 민주적 리더들, 예를 들어, 공장 십장들을 대상으로 한 실험들을 보면, 민주적 과정을 통해 훈련을 받은 소집단들을 다룰 하위 리더들을 두는 것만으로는 충분하지 않다는 점이 분명히 드러나고 있다. 만약에 십장들보다 권력이 더 센 사람들, 말하자면 공장의 지배인 같은

사람들이 민주적 과정을 이해하지 못하고 실천하지 않으면, 혁명 같은 격변이 일어나든가 아니면 하위 계층에 일어난 민주적 리더십의 효과가 금방 사라지고 말 것이다. 이런 현상은 전혀 놀라운 일이 아니다. 문화적 패턴은 조금씩 떼어서 분배할 수 없는 그런 사회적 환경이기 때문이다.

5. 이런 실험들을 바탕으로 유럽 국가들의 재건을 본다면, "전쟁 후에 프랑스나 독일, 발칸 반도의 국가들이 어떤 정부를 가질 것인가 하는 문제는 우리가 아니라 그 국가들의 국민에 의해 결정되어야 한다"는 판단에서 합스부르크가가 오스트리아 군대를 구성하도록 돕는 것은 중대한 오류이다. 만약에 반민주적인 권력이 확립된다면, 국민은 민주주의 쪽으로 결정을 내릴 기회조차 누리지 못할 것이 확실하다.

우리의 임무는 우리가 원하는 유형의 국제 조직에 필요한 최소한의 민주주의를 창조해내는 것이다. 그 어느 때보다 훨씬 더 좁아진, 상호 의존적인 세계에서 각국이 원하는 민주주의를 발달시킬 수 있을 정도의 민주주의를 창조해내는 것이 우리의 과제인 것이다. 이 목적을 위해, 사람들에게 적어도 "민주주의를 학습할" 기회를 충분히 가질 만큼 든든한 정치적 환경이 지속적으로 제공되어야 한다.

이 문제를 현실적으로 공격하기 위해, 세계의 경찰 역할을 할 미국 제국주의 같은 것도 피해야 할 뿐만 아니라 민주주의 국가 집단의 구성원들이 책임을 회피하게 할 미국 고립주의도 피해야 한다. 우리는 사람들을 "가만 두면" 민주주의를 선택할 것이라는 순진한 믿음도 버려야 한다. 우리는 "적에 대한 증오"를 바탕으로 계획을 짜서도 안 되며 소망적인 사고와 현실을 무시한 맹목성을 바탕으로 계획을 세워서도 안 된다. 예를 들어, 우리는 독일에서 무고한 아녀자들을 수천 명씩 집단 살해하는 일에 익숙한 사람들이 수 천 명이나 있는 그런 환경을 다뤄야 한다. 미국 신문들은 짐작건대 증오에 근거한 평화를 막겠다는 희망에서 그런 불쾌한 진실을 무시하려는 것처럼 보인다. 실제로 보면, 진실을 경시해서는 평화라는 목표를 절대로 이루지 못한다. 왜냐하면 정치에서도 교육에서와 마찬가지로 성공적인 행동은 현실에 대한 완벽한 지식에 근거하기 때문이다.

변화의 기술적인 측면을 고려한다면, 다음과 같은 것들이 강조되어야 한다.

1. 수백 만 명의 사람들을 개별적으로 다루면서 그들의 문화적 패턴을 변화시키려는 노력은 아무런 결실을 얻지 못한다. 다행히, "그룹 워크"(group work)라 불리는 방법을 이용하면 한꺼번에 개인들의 전체 집단에 영향을 미칠 수 있다. 이 방법은 개별적인 접근보다 훨씬 더 깊은 변화를 초래할 수 있다.

2. 민주적인 지도자들과 지도자들의 지도자들을 훈련시킴으로써 피라미드를 구축하는 것이 가능한 것 같다. 이 피라미드를 이용하면 거대한 집단을 비교적 빨리 변화시킬 수 있다.

3. 분노와 적의를 일으키지 않고 대신에 협동을 부추길 환경을 가꾸는 것이 반드시 필요하다. 민주화를 현실적으로 가족 활동과 일상의 모든 집단의 활동 속으로 깊이 파고들도록 만들어야 하는 하나의 과정으로 인식한다면, 주로 학교를 통해 그런 변화를 꾀하려는 노력은 다소 무력해 보인다. 독일 학생들을 변화시키기 위해 수십 만 명의 미국 선생이 독일로 파견되어야 할 것이다. 그런데 이 미국인들은 그런 상황에서 분노만 불러일으킬 위험이 있다.

그러나 대규모로 독일인들을 돕고 또 독일인들의 열광적인 지지와 인정을 받을 목적으로 독일로 갈 미국인들에게 도움이 될 역사적인 선례가 하나 있다. 지난번 전쟁이 끝난 뒤 독일 전역에 걸쳐 아이들을 대상으로 실시한 급식은 당시에 "퀘이커 급식"(Quaker feeding)이라 불리면서 모든 독일인들의 마음에 강렬한 인상을 남겼으며 지금도 수많은 독일 부모들에게 감사하는 마음으로 기억되고 있다. 이 전쟁이 끝난 뒤에도 유럽에 식량을 공급하기 위해 집단적인 노력을 전개할 필요가 있을 것 같다. 재건을 위한 공동 노력은 민주적인 집단생활에 진정한 경험이 될 수 있는 쪽으로 전개되어야 한다. 이런저런 재건 노력을 통해서 다양한 연령층에, 그리고 많은 구성원들에게 접근하는 것이 가능할 것이다.

이런 방법을 통해서 청소년들에게 다가서는 것이 특별히 중요하다. 히틀러를 가장 무비판적으로, 거침없이 지지하고 있는 연령층이 바로 청소년이다. (예를 들어, 군대 내의 반란을 진압하기 위해 조직된 '무장친위대'(Waffen-SS)는 그런 청소년으로 구성되어 있다.) 더욱이, 청소년은 다음 세대의 문화적 패턴을 결정하는 연령대이다. 열정으로 넘치고 여러 면에서 협동에 익숙한 이 연령층을 기본적으로 민주적인 정신에서 생산적인 재건을 위해 협력하는 집단으로 변화시키는 임무는 영원히 이어질 민주주의로 나아가는 변화를 이룰 몇 안 되는 기회가 될 것이다.

3장

특별한 예, 독일
(1943)

진주만 공격이 있기 전에 미국에선 전쟁의 원인을 좌절감이나 "파괴적인 특성" 같은 심리적인 요인에서 찾으려는 경향이 다른 어느 나라보다 더 강했다. 따라서 좌절을 피하게 하는 것이 평화를 이루는 지름길로 여겨졌다. 그 이후 정치 및 경제적 측면을 중요하게 여기는 보다현실적인 관점이 팽배해진 것 같다. 이 같은 정서 변화는 환영할 만하다. 그럼에도 진자(振子)가 너무 멀리 나가서 정치적 측면만 중요하게여겨질 위험이 있는 것은 사실이다. 평화를 계획하고, 또 미국뿐만 아니라 다른 국가들이 국제무대에서 할 행동을 예측할 때, 장기적으로심리적 요소들과 특히 문화적 요소들이 근본적으로 중요하다.

따라서 히틀러주의는 독일이 건설된 이래로 독일을 지배했던 프러시아의 군국주의 문화가 극단적으로 나타난 것에 지나지 않는다는 말이 자주 언급되었다. 여기서 이 말이 맞는지, 또 맞다면 어느 정도 맞는지를 파고들 필요는 없다. 그보다는 나치 문화가 지금 독일 인구의 다양한 계층에 어느 정도 깊이 파고들었는지를 상세하게 아는 것이 더 중요하다. 현재로서는 나치 문화가 인구에 침투한 정도를 정확히 밝히는 것은 불가능하다. 그럼에도 나치주의가 특히 미래를 짊어질 젊은이들에게 깊이 뿌리를 내렸다고 해도 무방할 것이다. 나치주의는 권력을 최고 가치로 내세움과 동시에 인간의 평등과 정의를 퇴폐적인 민주주의의 혐오스런 잔재로 여겨 부정하는 그런 문화이다.

자기중심성(自己中心性)과 냉혹한 권력이라는 이상이 전쟁 수행에만 국한된다면, 문제는 덜 심각할 것이다. 그러나 불행하게도 이 가치들이 가족생활을 포함한 독일 문화의 모든 측면에 깊이 파고들었다. 독일이 점령한 지역에서 지난 2년 동안 무고한 아이들과 남녀 수백 만 명이 가스 질식이나 다른 방식으로 처형되었으며, 지금도 매일 수많은 사람들이 죽음을 당하고 있다. 이 과정에 독일인 수만 명이 학살 조직에 가담하면서 인명을 우습게 여기게 되었다. 이런 체계적인 처형은 미래에 독일이 주변 국가들을 지배할 수 있도록 한다는 명백한 목표 아래 자행되었다. 국제관계와 평화 보호라는 측면에서 보면, 이 같은 살인 행위를 승자가 피정복자에게 행사하는 자연권으로 보는 것은 특히 더 위험하다.

어떻게 하면 변화를 성취할 수 있을까 하는 문제를 논하기 전에, 먼저 목표가 분명하게 정해져야 한다. 독일인이 영국인이나 미국인의 삶의 방식을 그대로 복제하도록 하는 것이 목표가 되어서는 안 된다. 어떤 일이 일어나든, 거기서 생겨나는 문화는 독일적일 것이다. 그 문화는 독일 역사의 흔적을, 그리고 전쟁과 나치즘이라는 극단적인 경험의 흔적을 보일 것이다. 새로운 독일 문화가 철저히 민주적인 것이 될 때조차도, 이 말은 여전히 유효하다.

미국 문화나 영국 문화가 아닌 "민주적인 독일" 문화를 정착시키려고 노력해야 하는 이유가 한 가지 더 있다. 타인에 대한 관용이라는 민주주의 원칙의 한계는 "불관용에 대한 민주적 불관용"이라는 행동원칙이다. 민주주의가 지구 어디에서나 실현되려면, 이 같은 불관용의 권리와 의무가 매우 중요하다. 그러나 이 행동원칙은 일치를 요구하지 않는다. "불관용에 대한 민주적 불관용"이라는 원칙은 우리가 최소한의 요건에만 관심을 기울일 것을 요구하는데, 이 요건은 아마 세계 평화에 필요한 최소한의 요건과 크게 다르지 않을 것이다.

개인들과 민족들의 문화적 변화

이런 식으로 접근할 때조차도, 민주적인 독일 문화로 바꿔나가는 작업에는 어려운 문제들이 따르게 되어 있다.

개인 혹은 작은 집단의 문화는 비교적 짧은 시간 안에 변화시킬 수 있다는 데에는 의문의 여지가 없다. 독일이나 일본에서 미국으로 이주한 아이는 대체로 완벽하게 미국화 될 것이다. 다른 문화로 이주한 성인들도 새로운 문화를 상당히 많이 습득할 것이며, 적절한 교육을 통해서도 이 같은 목표를 상당 부분 성취할 수 있다. 아이들과 성인들을 대상으로 한 실험들은 다양한 형식의 리더십을 도입함으로써 집단의 사회적 분위기를 깊이 바꿔놓을 수 있다는 점을 보여주고 있다. 리더십 훈련에 관한 실험들에 따르면, 오랫동안 독재 권력을 휘둘러 온 지도자들까지도 어떤 상황에서는 짧은 시간 안에 대단히 민주적인 지도자로 바뀔 수 있다.

그러나 이런 모든 변화들은 개인이나 작은 집단이 자신이 살고 있는 전반적인 문화적 환경의 일부 측면과 일치하는 방향으로 이루어진 것들이다. 전체 민족의 문화를 바꾸는 것은 이와 많이 다른 과제이다. 변화해야 할 사람들의 숫자가 엄청나게 많다는 점은 수많은 어려움 중 하나에 지나지 않는다. 이보다 더 중요한 것은 한 민족 문화의 다양한 측면들 사이의 역학적 관계이다. 이 측면들을 예로 들자면, 교육과 관습, 정치적 행태, 종교적 견해 등 수없이 많다. 문화의 이런 다양한 측면들은 기존의 문화에서 벗어나려는 것이 있으면 무엇이든 그것을 옛날의 강물로 다시 돌려놓는 방향으로 서로 작용하게 된다.

여기서 이 역학을 세세하게 논하고 있을 수는 없다. 다만 나는 독자에게 예를 들어 미국 문화와 독일 문화의 차이는 양국 문화생활의 모든 부분에서 다소 두드러지게 나타난다는 점을 상기시키고 싶다. 양국의 문화를 보면, 어머니가 두세 살 된 아이를 다루는 방법도 다르고, 아버지가 식탁에서 말하는 태도도 다르고, 노동자가 십장에게 말하는 태도나 학생이 교수에게 말하는 태도도 다르고, 방문객이 어른과 아이들을 대하는 태도도 다르고, 요리 서적을 집필하는 방식도 다르고, 법정에서 서로 맞섰던 변호사들이 재판이 끝난 뒤 서로를 대하는 방식도 다르고, 정치 후보자들이 선전을 위해 쓰는 사진의 종류도 다르고, 종교가 신자들에게 지니는 의미도 서로 다르다. 구체적인 어떤 한 항목에서 일어난 문화적 변화는 새로운 방식을 옛날 방식으로 되돌려놓으려는, 문화의 수많은 나머지 항목들의 무게를 이겨낼 수 있어야 한다. 누군가의 표현을 빌리면, "문화들은 물이 스며들지 않아 꽤 완벽하게 보존된다."고 한다.

그렇다면 이런 결론이 가능하다. 문화적 변화가 안정적으로 이어지려면 그 민족의 생활의 모든 측면에 그 변화가 다소 침투할 수 있어야 한다. 요약하면, 변화는 몇 가지 항목의 변화가 아니라 "문화적 분위기"의 변화가 되어야 한다.

문화적 변화의 일반적인 측면들

1. 하나의 평형상태로서의 문화

문화는 색깔을 칠한 그림 같은 것이 아니다. 문화는 무수히 많은 사회적 상호작용들로 이뤄진, 언제나 살아 있는 하나의 과정이다. 강의 형태와 유속(流速)이 흐름을 빠르게 하는 힘들과 흐름을 느리게 하는 마찰 사이의 균형에 의해 결정되듯, 주어진 어느 시점에 한 국민의 문화적 패턴도 서로 반대로 작용하는 힘들의 균형에 의해 유지된다. 작은 규모로 실시한, 문화에 관한 연구들은 예를 들어 어느 공장의 생산 속도나 분위기의 다양한 측면들은 하나의 평형상태로, 더 정확히 말해 "움직이는 평형상태"로 이해되어야 한다고 주장한다.

어느 수준이 확립되기만 하면, 그때부터 어떤 자동조절 과정들이 기능을 시작하는데, 이 과정들은 집단생활을 이 수준으로 유지하려는 경향을 보인다. 그러면 사람들은 이 수준을 "작업 습관"이나 "확립된 관습", "일을 처리하는 용인된 방식"이라고 부른다. 특별한 행사들이 생산성을 일시적으로 높이고, 축제가 하루 이틀 동안 경영자와 근로자 사이에 좋은 분위기를 조성할 수 있다. 그러나 이 자극의 효과는 곧 사라지고, 힘들의 기본적 배열이 예전의 일상적인 삶의 형식을 다시 확립시킬 것이다.

그러므로 어느 공장의 사회적 분위기 혹은 독일 문화의 사회적 분위기를 변화시키는 일반적인 문제는 이런 질문으로 바꿔 놓을 수 있다. 서로 충돌하는 힘들이 다소 안정된 평형을 유지하고 있는 상태를 영원히 바꿔놓을 그런 상황을 만들어낼 수 있을까?

2. 힘들의 배열을 바꾸라

어떠한 변화라도 일어나려면, 사회적 자동조절을 일정 수준에서 유지하고 있는 힘들의 균형을 완전히 엎어 놓아야 한다.

독일에 대해 말하자면, 뿌리를 깊이 내린 권력들을 뿌리째 뽑아야 한다는 뜻이다. 독일 인구 중에서 민주적 재건을 주도적으로 이끌 사람들 중 상당 부분이 지금 억압과 공포 속에서 살고 있다. 10년 동안 테러를 자행해 온 게슈타포를 비롯한 권력자들이 길 반대편에서 자유롭게 살고 있는 한, 독일 재건을 주도할 사람들이 자유롭게 활동할 수 있을 것이라고 생각하는 것은 터무니없다. 지난 세계대전 후, 독일 내의 반동 세력은 "전쟁에 대한 처벌을 받지 않고" 넘어갈 수 있었다. 반동 세력은 사회적으로 조직이 잘 된 집단이었기에 곧 다시 나타나 히틀러주의라는 극단적인 형태로 복수를 시작했다. 만약에 극악무도한 억압 방법을 개발한 집단을 철저히 제거할 기회가 독일 국민에게 주어지지 않는다면, 지금 이 전쟁이 끝난 뒤에도 독일에서 피상적인 변화 그 이상을 기대하기 어렵다. 이 집단은 지금 이미 지하로 숨어들 준비를 하고 있는 것으로 알려지고 있다. 만약에 이 집단을 완전히 궤멸시키려는 노력이 "혼란"을 두려워하는 독일 밖의 세력들에 의해 좌절된다면, 반동 세력은 계속 무서운 위협으로 남을 것이다.

지난번 전쟁 후 독일이 민주주의로 나아가지 못한 것은 소위 1918

년의 독일 혁명이 너무 무질서했기 때문이 아니라 카이저의 전복이 무혈로 이뤄졌고 따라서 그 효과가 충분히 깊이 닿지 않았기 때문이다. 당시에 카이저 전복은 독일 인구 중 일부 계층을 권력에서 축출할 만큼 사회적으로 충분히 이뤄지지 않았다. 또 카이저 전복은 민주주의를 방임적인 유형의 개인주의적 자유와 동일시하던 사상을 제거할 만큼 문화적으로도 충분히 이뤄지지 않았다. 따라서 독일 내에서 바라는 목적을 이루려면, 다시 말해 민주주의와 영원한 평화 쪽으로 나아갈 길을 찾으려면 혁명을 부정적인 요소로 볼 것이 아니라 긍정적인 요소로 볼 수 있어야 한다.

3. 새로운 문화적 패턴을 확립하라

평형상태를 유지하고 있는 기존의 힘들을 파괴함과 동시에, 힘들이 새로운 평형상태를 향해 움직이도록 힘을 해방하거나 새로운 힘을 확립하려는 노력도 이뤄져야 한다. 변화에 필요한 유동성을 창조하여 변화 자체를 이룰 필요도 있고, 새로운 상황이 새로운 수준에서 자동조절을 통해서 영속성을 얻게 할 조치들을 취할 필요도 있다.

문화를 변화시키는 기술들

독일 내의 상황이 충분히 유동적일 것이라고 가정하자. 그러면 새로운 수준의 평형상태를 민주주의에 가까운 곳에서 확립할 힘들을 돕기 위해 할 수 있는 일은 무엇일까? 많은 고려사항 중에서 몇 가지만 언급할 것이다.

1. "만족"만으로는 충분하지 않다

독일 국민의 많은 욕구가 충족된다면, 그것으로 독일인들을 민주적인 국민으로 성숙시키는 데 충분하지 않을까? 미국이 전쟁에 참전하기 전까지 널리 받아들여진 이 같은 생각은 독일과의 전쟁이 끝나기만 하면 다시 부상할 것이다(미국 내에서 일본인들과 관련해서는 이런 생각이 거의 제기되지 않는다). 이런 의견은 "인간의 본성"은 "민주주의 문화"와 동일하다는 순진한 사상에 근거를 두고 있다.

나는 히틀러가 등장하기 전에 독일 청년 운동에서 적극적으로 활동하던 젊은이를 아주 가까이서 관찰할 수 있었다. 이 젊은이는 이어 나치에 흡수되어 여러 해 동안 지역 청년 리더의 보좌관으로 일했다. 그러다 어떤 이유로 독일을 탈출해 정치적으로 나치에 반대하는 입장에 서게 되었다. 이 사람은 공격성과 이기주의 같은 부적응의 징후들을 보였다. 그래도 그는 똑똑한 사람이었기에 스스로 길을 개척하고, 미국식 예의를 배우고, 겉으로 다정하고 부드러운 면을 보였다. 몇 년의 세월이 흐른 뒤, 그는 적응이 아주 잘 된 사람이라는 인상을 주면서 대체로 호감을 살 만한 동료로 여겨지게 되었다.

그와 가까이 지내며 그의 행동을 오랫동안 추적한 사람이라면 그의 행동이 옛날보다 더 음흉해졌다는 사실을 확인할 수 있었을 것이다. 지위와 권력관계에 대한 감각이 예외적으로 뛰어났던 이 친구는 누가 아군이고 누가 적군인지를, 모든 사람의 약점과 강점을, 혹은 당시에 인기 있는 생각이 어떤 것인지를 금방 파악하곤 했다. 이처럼 신속히 파악하는 권력관계에 대한 지식을 근거로, 그는 아무런 거리낌 없이 거짓말을 하고 사람들을 깜짝 놀라게 할 정도의 명민함으로 파괴적인 공격까지 서슴지 않는 극단적인 공격성을 보이면서 능동적이고 이기적인 방식을 추구하곤 했다. 그런 그를 보면서 나는 나치 문화의 "순수한" 예를 보고 있다는 느낌을 떨칠 수 없었다. 그 사람이 자신의 근본적인 문화를 바꾸지 않고 개인적으로 안전을 확보해야 했기 때문에, 공격성은 누그러지기는커녕 오히려 더 강화되고 더 위험해졌다.

이 사람에 대해 나는 공격적이고 독재적인 문화에서 공격성과 독재적인 행동을 부적응의 징후로 여겨져서는 안 된다는 사실을 보여주는 예라고 생각한다. 이렇듯, 단지 개인의 욕구를 충족시키는 것으로는 공격성과 독재적인 행위를 근본적으로 바꾸지 못한다.

2 몇 가지 일반적인 원칙

다양한 분야에서 집단생활을 대상으로 실시한 연구들은 집단의 문화를 바꾸는 데 필요한 일반적인 원칙이 몇 가지 있다는 점을 보여주고 있다.

(a) 변화는 개별적인 항목의 변화가 아니라 집단적 분위기의 변화가 되어야 한다. 이 문제에 대해서는 이미 논한 바 있다. 전문적인 언어로 표현하면, 변화는 학습 기법으로는 성취될 수 없다는 뜻이다. 변화는 언어적 수준이나 사회적 혹은 법적인 행위보다 훨씬 더 깊어야 한다.

(b) 어떤 집단의 이데올로기를 지배하는 가치체계는 집단생활 안에서 권력의 다른 양상들과 서로 역동적으로 연결되어 있다. 이는 역사적으로만 아니라 심리학적으로도 맞는 말이다. 그러므로 어떤 집단의 문화에 일어난 진정한 변화는 그 집단 내의 권력 배열의 변화와 밀접히 연결되어 있다.

(c) 이런 관점에서 본다면, 어떤 집단의 문화적 환경에 변화를 이루는 가장 빠른 길이 리더십의 방식에 변화를 주는 것인 이유가 쉽게 이

해된다. 왜냐하면 어느 집단의 지도자 또는 지도부가 그 지위와 권력 때문에 집단생활의 이데올로기와 조직에 결정적으로 중요하기 때문 이다.

3. 독재로부터 민주주의로의 변화

집단과 리더십 훈련을 대상으로 한 실험들은 다음과 같은 결론을 제시하고 있다.

(a) 민주적 지도자를 통해서 집단의 분위기가 독재 또는 자유방임에서 민주주의로 바뀌는 것은 추종자들을 대상으로 "민주적으로 따르는 능력"을 배양하도록 재교육시키는 것이나 마찬가지이다. 집단의 분위기는 롤플레잉(역할 연기)의 한 형태로 이해될 수 있다. 추종자들이 각자의 역할을 할 준비가 되어 있지 않은 상태에서는 독재적인 지도자도, 민주적인 지도자도 자신의 역할을 수행하지 못한다. 집단의 구성원들이 민주적인 추종에 반드시 필요한 책임을 떠안을 준비가 되어 있지 않다면, 민주적인 지도자는 완전히 속수무책일 것이다. 따라서 민주적인 리더십을 통해서 집단의 분위기를 독재로부터 민주주의로 바꾼다는 것은 독재적인 추종자들이 민주적인 추종자의 역할을 받아들이는 방향으로 사고의 전환을 이룬다는 뜻이다.

(b) 실험들은 "무간섭" 정책으로는 이 같은 역할 변화를 성취하지 못한다는 사실을 보여주고 있다. "개인주의적인 자유"의 원칙을 적용하면 카오스만 부를 뿐이다. 전반적으로 집단에게 느껴야 하는 민주적 책임이란 것이 의미하는 바가 무엇인지를 개인들에게 간혹 강제로라도 보여줄 필요가 있다. 독재적인 방식으로 민주주의를 훈련시키지 못한다는 말은 맞는 말이다. 그러나 집단의 분위기를 민주주의 쪽으로

변화시키기 위해선 민주적인 지도자도 권력을 가져야 하고 재교육을 적극적으로 추구하는 쪽으로 그 권력을 행사할 수 있어야 한다는 말도 또한 맞는 말이다. 여기서 민주주의의 역설로 비칠 것들에 대해 세세하게 논하고 있을 수는 없다. 집단의 구성원들 중에서 민주주의로 신념을 바꾸고 추종자로서나 지도자로서 민주적인 역할을 수행하는 방법을 배우는 사람이 많을수록, 민주적인 리더의 권력 중 더 많은 부분이 구성원들을 민주적인 사람으로 바꾸는 일이 아닌 다른 일에 쓰일 수 있다.

(c) 지금까지 한 말을 근거로 할 때, 강연이나 선전만으로는 필요한 변화를 끌어내지 못한다는 것이 확인될 것이다. 강연이나 선전도 근본적인 요소이긴 하지만, 그런 것들은 단지 집단의 권력관계의 변화나 리더십의 변화와 결합될 때에만 효과를 발휘할 수 있다. 큰 집단의 변화를 위해서라면, 집단의 바탕을 이루는 하위 기관까지 파고들 리더들의 계급조직이 형성되도록 훈련되어야 한다. 히틀러는 이런 방식을 매우 조심스럽게 따랐다. 히틀러의 방식을 거꾸로 민주적으로 돌려놓는 것은 많은 점에서 달라야 할지라도 똑같이 철저해야 하고 집단 조직에 근거를 둬야 할 것이다.

(d) 민주적인 리더들을 양성하는 데에도 집단의 다른 구성원들을 훈련시킬 때와 똑같은 원칙이 대부분 그대로 적용된다. 민주적인 지도자들을 독재적으로 훈련시키는 것은 불가능하다. 한편, 민주적인 리더들을 훈련시키는 사람이 리더의 지위를 확고히 하는 것도 아주 중요하다. 또 다른 분위기에서 민주적인 분위기로 변화할 사람들이 이전 상태에 불만을 품고 변화의 필요성을 느끼는 것도 대단히 중요하다. 자유방임적인 유형의 지도자나 만족을 느끼고 있는, 반쯤 민주적인 지도

자를 변화시키는 것보다 불만을 품은 독재적인 지도자를 민주적인 제도를 채택하는 쪽으로 변화시키는 것이 훨씬 더 쉽다는 사실을 보여주는 실험 결과들이 있다. 이는 최초의 상황과 최종 상황이 비슷할수록 변화가 더 쉽게 이뤄진다는 통념을 깨뜨리는 것 같다. 그러나 문화적 변화에 관한 일반 이론에서 보면, 작은 변화가 일어난 뒤에 이전의 평형상태로 되돌아가려는 경향이 큰 변화가 일어난 뒤보다 훨씬 더 강한 이유가 쉽게 이해된다.

독일 문제의 핵심

그렇다면, 독일 문화가 변화를 이루기 위해선 지도자들과 추종자들의 역할에 변화가 반드시 일어나야 한다는 주장이 가능하다.

독일 시민들은 보스를 비판하는 방법을 배운 적이 한 번도 없다는 사실이 자주 관찰된다. 독일 문화에서 "충성"은 대체로 "복종"과 동일시된다. 독일인들은 복종에 바탕을 둔 효율적인 집단 조직에 대한 대안으로 개인주의적인 자유에 근거한, 비효율적이고 자유방임적인 분위기 외에 다른 것을 떠올리지 못한다. 히틀러 정권은 충성을 복종과 동일시하는 관점을 강화하면서 퇴폐적이고 비효율적인 무법 상태와 민주주의를 동일시하기 위해 온갖 방법을 다 동원했다. 지난번 세계대전 후, 자유주의적인 독일 신문들은 대중이 맹목적인 복종에서 벗어나고 책임감을 키우도록 유도하기 위해 민주적 리더십과 민주적 훈련의 의미에 대해 논했다. 야당이 의회제도에서 갖는 긍정적인 기능과 책임을 강조하기 위해 '국왕 폐하의 충성스런 야당'이라는 영국식 개념을 이용했다. 그런데 이상하게도 독일 독자들에게 이런 유의 기사들이 비현실적이고 믿기 어려운 것으로 들렸다. 이 개념이 독일 문화엔 너무 이상하게 비쳤던 것이다.

이런 기사들은 독일인들의 정치 행위에 거의 아무런 영향력을 행사하지 못한 것이 확실하다. 기사가 100배 더 많았다면 결과가 달라졌을까? 이에 대해서도 나는 회의적이다. 신문 기사들이 논하는 내용을 이해하기 위해선 사람들이 그걸 이해할 만한 경험적 바탕을 갖고 있어야 한다. 그런 경험을 예로 든다면, 어릴 때에는 학생회가 있고, 성인이 된 뒤에는 여러 단체들이 있다. 그런 곳에서의 경험을 통해서 민주적인 리더와 추종자가 떠안아야 할 민주적 책임이 의미하는 것이 무엇인지 어느 정도 맛을 볼 수 있어야 한다. 어떤 강연도 이런 직접적인 경험을 대체하지 못한다.

사람은 실질적인 경험을 통해서만 집단에 대해 책임을 느끼고, 의견이 다른 사람들을 범죄자로 여기지 않고 다양한 의견을 인정하는 능력을 키우고, 타인을 객관적으로 비판함과 동시에 타인의 비판을 받아들일 마음의 태도를 키우는 등 민주적인 행동을 배울 수 있다. 단 하나의 요소만을 변화시키려는 시도는 단지 그 외의 다른 요소들이 그 전의 패턴을 다시 확립하기 위해 동시에 작용할 그런 상황만 낳을 뿐이다.

독일에서 누가 바뀔 수 있을까?

어느 집단의 사람들이 독일 재건에 특별히 중요할까?

사회계급과 관련해서, 게슈타포와 거만한 공무원들의 지배를 타파

할 필요성이 있다는 점에 대해선 이미 논한 바 있다. 현재의 사회적 권력관계가 어떤지 세세하게 알지 못하는 상황에서 명확한 주장을 펴기가 어렵다. 앞에서 본 바와 같이, 문화적 환경에 일어난 큰 변화가 작은 변화보다 오래 갈 확률이 더 높다(물론, 진자가 지나치게 멀리까지 흔들리는 현상이 나타날 수도 있다). 만약에 독일 인구 중에서 철저히 민주적인 환경을 두려워하면서 단순히 히틀러 이전의 상태로 돌아가는 것을 목표로 잡고 있는 사람들이 권력을 쥔다면, 그것만큼 불행한 일은 없을 것이다. 예를 들어서 오스트리아에 합스부르크가의 지배를 확립하는 것과 같은 상황은 절대로 안정적이지 못할 것이다. 그렇게 될 경우에 완화된 형태의 파시즘으로 돌아갈 수도 있기 때문이다. 또 그런 상황은 혁명적인 폭동을 낳을 가능성이 크기 때문이다.

연령대도 고려해야 한다. 변화와 관련해서 연령대를 세 부류로 구분할 수 있다. (a)성장한 이후로 나치주의 외에 다른 것을 경험해 본 40세 이상의 인구, (b)형성기에 파시즘의 지배를 받아 철저히 세뇌된 20세에서 30세 사이의 인구, (c)어린이들로 나눌 수 있는 것이다. 연령 집단에 따라 문제가 다소 달라진다. 첫 번째 집단과 두 번째 집단에 대해 간략히 논할 것이다. 두 집단만을 택한 이유는 이 연령층들이 어린이들의 사회화가 이뤄질 환경을 결정할 것이기 때문이다.

(1) 40세를 넘어선 사람들 중에 자유주의적인 신념을 가진 사람이 많다. 좌파 지도자들 대부분이 살해되었을 것임에도, 새로운 "자유" 독일을 건설하려는 열정을 갖고 있는 사람들이 상당히 많을 것이 확실하다. 많은 사람들이 1918년 후의 실수로부터 배웠을 것이고 그것을 바탕으로 이번에는 일을 훌륭하게 처리하려고 노력할 것이다. 이 사람들이야말로 효율적인 민주주의가 작동하는 방식을 더 잘 이해할 필요

가 있다. 이들이 현재 민주주의나 자유로 이해하고 있는 것을 보면 효율적인 민주주의의 리더십과 규율에 대한 이해가 크게 부족하다.

(2) 돌아갈 곳이라곤 파시즘 외에 다른 문화적 과거를 전혀 갖고 있지 않고 있고 또 문화적 습관이 꽤 확고한 25세 청년들은 일부 전문가들에 의해 "잃어버린 세대"(lost generation:제1차 세계대전 이후 환멸을 느낀 지식계급과 예술 분야의 청년을 일컫는다. 어니스트 헤밍웨이가 대중화시킨 용어이다/옮긴이)로 여겨지고 있다. 이들은 정말로 잃어버린 세대가 되어 지하로 들어가고 다음 세계대전을 준비할 수도 있다. 왜냐하면 내면에서 나치 문화가 흔들리긴 했지만 그래도 변화하지 않은 채 그대로 남아 있는 세대에겐 나치주의가 유일한 이상처럼 보일 것이기 때문이다.

그러나 나는 이것이 유일한 가능성이라고 생각하지 않는다. 이 연령집단 중 많은 사람들은 지금 내적으로 절망 상태에 빠져 있음에 틀림없다. 그들은 나치주의에 뭔가 문제가 있다는 사실을 알고 있다. 따라서 심리적으로 보면, 이 집단이 앞에서 논한, 실험 대상이 되었던 독재적 지도자들, 그러니까 비교적 단시간에 민주주의로 개종하고 재훈련을 받았다는 그 독재적 지도자들의 심리 상태와 별로 다르지 않은 상태라 하더라도 그다지 놀랄 일이 아니다. 따라서 독일에서는 젊은 나치 지도자들의 집단을 독재에서 민주주의로 변화시키는 것이 나이 많은 세대, 다시 말해 이상(理想)이 자유방임 쪽으로 경도되어 있는 나이 많은 세대를 민주주의를 선호하도록 바꾸는 것보다 더 쉬울 수 있다. 리더십의 문제들을 잘 알고 있고 또 변화에 대한 강한 욕구를 품고 있는 이 젊은이들은 옛날로 돌아가려 하거나 약간의 변화만을 추구하려는 집단에 비해 분위기를 더 깊이, 더 안정적으로 바꿔놓을 것이다.

강력하고 긍정적인 새로운 이상을 제시하지 못하면, 젊은이들이 전향할 것이라는 희망을 품기 어려울 것이다.

독일 문화를 바꿀 방법들

단순한 선전, 특히 외부의 선전은 독일 문화를 변화시키지 못할 것이다. 충분히 깊고 영속적인 변화를 성취하려면, 개인이 집단의 구성원으로서 능력을 발휘할 수 있는 분위기를 조성해야 한다. 개인은 집단의 구성원이 될 때 가장 유연한 모습을 보인다. 동시에 그런 식의 집단적인 접근은 개인적인 접근이나 선전을 통한 대중 접근에 비해 큰 집단에 비교적 깊이 영향을 미칠 수 있다.

보육원에서 대학교까지의 학교제도를 한 국가의 문화를 변화시킬 조직으로 생각하는 것은 지극히 당연하다. 그럼에도 학교제도의 한계에 대해서도 분명히 알아야 한다. 예를 들어, 외국인 교사나 외국으로 탈출한 독일인 교사 10만 명을 활용한다는 아이디어는 포기하는 것 같다. 그렇게 할 경우에 부정적인 반발만 불러일으킬 것이라는 우려 때문이다. 연합국들이 독일의 교과서에 대해 최소한의 조건을 확보하는 것으로 만족해야 한다는 주장이 제기되고 있다. 독일의 교과서에 영향을 미친다는 아이디어 역시 독일을 변화시키는 데는 크게 기여하지 못할 것이다.

나의 생각은 교육제도의 중요성을 과소평가해서도 안 되고 과대평가해서도 안 된다는 것이다. 물론 교육제도는 장기적 계획에 매우 중요하다. 그럼에도 교육의 분위기는 그 나라의 문화를 비추는 거울에 지나지 않는다. 교육은 전반적인 사회 분위기의 변화와 더불어 변하게 되어 있다. 1918년부터 1933년까지 독일 교육의 역사가 그 같은 진리를 충분히 보여주고 있다. 따라서 처음에는 아이들의 교육은 리더십의 변화만큼 중요하지 않다.

문화가 바뀌려면, 삶의 모든 영역에서 리더십의 변화가 일어나야 한다. 처음부터 특별히 중요한 것은 권력의 관점에서 봐서 근본적으로 중요한 사회 영역들의 리더십이다. 이데올로기와 권력 문제는 서로 밀접히 연결되어 있다. 그러므로 정치권력이 인구의 다른 계급으로 이동해야 하고, 또 정치와 법, 법집행, 경제 분야의 리더십 기술에도 변화가 일어나야 한다. 문화가 민주주의 쪽으로 변화하고 또 그 변화가 영속적으로 이뤄지는 것은 오직 그런 정치적 변화의 일부로서만 가능하다.

국가들 사이에 미래의 지도자들을 교류하는 것만으로 큰 변화를 기대할 수 없다는 것이 나의 생각이다. 사람이 장래에 일을 하게 될 환경 밖에서, 손님이 되는 비현실적인 환경에서 배우는 데에는 분명 한계가 있다. 전후의 재건은 독일인과 비(非)독일인이 협력할 기회를 최대한 제공할 수 있어야 한다. 그 기회들은 젊은 독일 지도자들의 훈련이나 재훈련을 위해 쓰이는 것이 바람직할 것이다. 그런 훈련을 통해서 독일 젊은이들이 "민주주의가 더 훌륭하다"는 점을 직접 경험할 수 있어야 한다.

여기서 논의된 아이디어들은 적어도 현실적으로 성공 가능성이 큰 어떤 절차를 가리키는 것 같다. 그 방향으로 노력이 이뤄질 것인지, 또 그 노력이 어느 정도 성공을 거둘 것인지는 세계의 상황에 달려 있다. 모세는 이스라엘 사람들을 40년 동안, 그러니까 노예로 살던 세대는 다 죽고 나머지 이스라엘 사람이 자유로운 사람으로 사는 것을 배울 때까지 사막을 떠돌며 이끌었다. 지금도 아마 한 민족을 문화적으로 영원히 재교육시키는 방법으로는 그보다 더 빠르거나 더 훌륭한 방법은 없을 것이다.

4장

행동과 지식, 새로운 가치의 수용
(1945)

재교육 과정의 본질은 무엇인가? 재교육 과정이 "일어나게" 하는 것은 무엇인가? 재교육 과정에 맞닥뜨릴 수 있는 저항은 어떤 것인가? 개인 또는 집단이 전반적으로 사회와 조화를 이루지 못할 때, 재교육의 필요성이 제기된다. 예를 들어 개인이 알코올에 중독되거나 범죄자가 되었다면, 재교육 과정은 그 사람이 사회와 어울리는 가치나 행동을 추구하도록 만들 것이다.

만약에 사회가 전체적으로 언제나 현실과 일치한다면, 재교육의 목적에 대한 정의는 이것으로 끝일 것이다. 그러나 사회가 언제나 현실과 일치하지는 않기 때문에, 재교육의 목적에 더해야 할 것이 한 가지 더 있다. 개인 또는 집단이 현실과 동떨어져 있을 때에도 재교육이 필요하다는 것이다. 우리는 지금 규범으로부터의 일탈 혹은 객관적인 사실들로 이뤄진 현실로부터의 일탈로 묘사될 수 있는 것을 다루고 있다. 이 문제를 고려하면서 우리가 던져야 할 물음은 바로 이것이다. 개인이 일탈을 포기하고 규범을 다시 따르거나 현실을 보다 가까이서 접촉하려면, 그 사람의 내면에서 어떤 일이 일어나야 하는가?

일탈의 기원

오늘날 백인과 흑인 혹은 황색 인종 사이에서 확인되고 있는 행동의 차이는 타고난 것이 아니라는 데에 사회학자들은 동의한다. 이 차이는 습득된다는 것이 사회학자들의 대체적인 견해이다. 사회 규범으로부터의 일탈도 마찬가지로 습득된다. 이 일탈에 대한 설명을 "근본적인 성격 차이"에서 찾으려는 노력은 그 동안 별다른 성과를 거두지 못하고 있다. 그럼에도 다음과 같은 가설을 꽤 강하게 제시해도 별로 무리는 아닐 것이다.

정상적인 것과 비정상적인 것을 습득하는 과정은 근본적으로 비슷하다. 예를 들어, 개인이 범죄자가 되는 과정의 본질은 기본적으로 정상적인 개인이 정직한 행동을 하는 과정과 똑같은 것 같다. 중요한 것은 삶의 환경이 개인에게 미치는 영향이다. 말하자면 사람이 성장한 집단의 영향이 중요하다는 뜻이다. 알코올 중독자나 범법자와 관련해서, 집단의 영향이 정상적이어야 한다는 점이 강조되고 있다. 사회적 규범에서 벗어난 다른 많은 유형의 일탈, 예를 들면 매춘부나 심지어 독재자와 관련해서도 마찬가지로 집단의 영향이 정상적이어야 한다는 점이 강조되고 있다.

믿음과 품행이 현실에 반하는 그런 일탈도 마찬가지이다. 예를 들어, 모든 "외국인들"은 "빨갱이"라고 믿는 광적인 애국자의 믿음도 본질을 따지면 그 사람이 공동체 안에서 잘 어울리기 위해 가족과 친구들에 대해 현실적인 관점을 습득하는 과정과 기본적으로 똑같다. 그가 외국인들에게 품고 있는 그릇된 고정관념은 사회적 착각의 한 형태이다. 이 착각의 기원을 이해하기 위해, 공간 지각 분야의 심리학자들이 내린 결론에 주목하자. "부적절한" 비주얼 이미지(착각)를 창조하는 과정과 "적절한" 비주얼 이미지("현실")를 낳는 과정은 사실상 똑같다고 한다.

개인에 대한 집단의 압력과 기억을 다룬 실험들에 따르면, 개인이 "현실"로 생각하고 있는 것들은 사회적으로 현실로 받아들여지는 것들에 크게 좌우된다. 이는 물리적인 사실의 분야에도 그대로 적용된다. 서태평양 섬들의 주민에겐 세계는 평평하지만, 유럽인들에게 세계는 둥글다. 그러므로 "현실"은 절대적인 것이 아니다. 현실은 개인이 속한 집단에 따라 달라진다.

개인 본인의 경험은 당연히 제한적이라는 점을 감안한다면, 개인이 무엇이 "현실"이고 무엇이 현실이 아닌지를 결정하는 문제를 놓고 이처럼 집단에 의존하는 것은 별로 놀라운 일이 아니다. 달리 말하면, 집단의 경험이 자신의 경험과 일치하는지 여부를 떠나서 개인이 집단의 경험을 더 신뢰할 경우에 판단력이 옳을 확률이 높아진다는 뜻이다. 이것이 집단의 판단을 받아들이는 한 이유이지만, 개인이 집단의 판단을 중요하게 여기는 이유는 이것 외에 한 가지 더 있다. 어떤 품행과 믿음의 분야에서든, 집단은 개인 구성원들에게 추종하라는 압박을 강하게 행사한다는 사실이다. 우리는 모든 영역에서, 말하자면 정치적, 종교적, 사회적 분야에서 이런 압박을 받고 있다. 진실이나 거짓, 선이나 악, 옳은 것이나 그른 것, 현실적인 것이나 비현실적인 것에 대한 우리의 믿음도 당연히 이런 압박에서 자유롭지 못하다.

이런 환경 아래에서 어떤 사실이나 믿음을 일반적으로 받아들이는 것이 그 사실 또는 믿음이 의문의 대상이 되지 못하도록 막는 바로 그 원인인 이유가 쉽게 이해될 것이다.

문화를 변화시키는 것으로서의 재교육

편견과 착각을 낳는 과정과 올바른 지각과 현실적인 사회적 인식을 낳는 과정이 기본적으로 똑같다면, 재교육은 기능적으로 문화의 변화와 비슷한 과정이어야 한다. 재교육은 지식과 신념의 변화와 가치와 기준의 변화, 정서적 애착과 욕구의 변화, 일상적인 행동의 변화가 서로 독립적으로 단편적으로 일어나는 과정이 아니라 집단 안에서 이뤄지는 개인의 전체 삶의 틀 안에서 전반적으로 일어나는 과정이다.

이 같은 관점에서 본다면, 시계공이 되려는 목수를 재교육시키는 것조차도 목수에게 단순히 시계를 만드는 데 필요한 기술을 새로 가르치는 문제에서 그치지 않는다. 이 목수가 훌륭한 시계공이 되려면, 시계공에게 필요한 새로운 기술을 배워야 할 뿐만 아니라 시계공의 사고와 행동을 규정하는 기준과 가치, 습관까지 새로 익혀야 한다. 이 목수가 시계공으로서 성공적으로 활동하려면, 적어도 이런 것들은 갖춰야 할 것이다.

이런 의미에서 본다면, 재교육은 개인이 성장하면서 자신의 문화 속으로 조금씩 깊이 들어가며 가치체계와 사실들을 습득해 가는 과정과 비슷한데, 이 가치체계와 사실들이 훗날 이 사람의 사고와 행동을 지배하게 된다. 그렇다면 재교육 과정은 기본적으로 문화의 변화와 맞먹는 과제를 완수하는 과정이 되어야 할 것이다.

이 대목에서, 범죄자를 대상으로 한 재교육에서 "교육의 비형식성"을 중요한 요소로 강조하는 이유가 보다 쉽게 이해될 수 있다. 또 알코올 중독자가 알코올을 끊도록 돕는 프로그램, 예를 들어 '익명의 알코올 중독자들'(Alcoholics Anonymous) 같은 집단이 알코올 중독자를 대상으로 특별한 습관을 지루하게 오랫동안 훈련시키려 하지 않고 포용적인 분위기를 가꿈으로써 훨씬 더 큰 효과를 거두는 이유도 쉽게 이해될 것이다.

개인은 자신의 행동을 어떤 집단의 문화만큼 크고, 실질적이고, 초개인적인 무엇인가와 깊이 결부시킬 때에만 새로운 신념을 충분히 강하게 지켜나갈 수 있게 된다. 그러면 한 사람의 개인으로서 반드시 노출되게 되어 있는 영향들이나 일상적인 분위기의 동요에도 흔들리지 않을 수 있게 된다.

재교육을 문화를 변화시키는 과제로 보는 것은 근본적이고 가치 있는 통찰이다. 그러나 그런 식의 재교육도 하나의 준거틀에 지나지 않는다. 효과적인 재교육이 되려면, 그 과정의 역학에 대한 통찰이 반드시 필요하다. 말하자면 서로 다른 조건에서 다뤄야만 하는 힘들이 구체적으로 어떤 식으로 배열되어 있는지에 대한 통찰이 추가로 더 필요하다는 뜻이다.

재교육에 고유한 모순

재교육 과정은 교육을 받는 사람에게 3가지 길로 영향을 끼친다. 우선 그 사람의 인지 구조를, 즉 그 사람이 자신의 모든 사실들과 개념, 믿음, 기대 등을 포함한 물리적 및 사회적 세계를 보는 방법을 바꿔놓는다. 재교육은 그 사람의 유의성(有意性)과 가치에 변화를 주며, 이 유의성과 가치는 그 사람이 집단과 집단의 기준에 대해 느끼는 끌림과 혐오, 지위의 차이에 대한 감정, 찬성이나 반대의 이유에 대한 반응 등에 영향을 미친다. 그리고 재교육 과정을 거치면, 사람이 자신의 육체적 및 사회적 움직임을 자동적으로 통제하는 능력도 달라질 수 있다.

이 3가지 효과(그리고 이 효과들을 낳는 과정들) 모두가 똑같은 법칙을 따른다면, 실제로 재교육을 시키는 임무는 훨씬 더 간단할 것이다. 그러나 불행하게도, 이 효과들은 똑같은 법칙을 따르지 않으며 그 결과, 재교육 담당자는 몇 가지 모순에 직면하게 된다.

손가락을 빠는 아이를 훈련시키는 프로그램을 포함하고 있는 치료를 예로 들어보자. 이 프로그램은 손가락을 빠는 버릇이 있는 아이가 손가락 빠는 행위를 자각하게 함으로써 손가락 빠는 행동에 대한 통제력을 높여주는 방향으로 설계되어 있다. 그런데 이 치료를 받는 아이는 다른 아이들과 떨어져 있으면서 정서적 안정을 잃을 수 있다. 정서적 안정을 느끼는 것이야말로 성공적 재교육에 필요한 조건인데도 말이다.

이런 모순들을 어떻게 피할 것인가, 하는 것이 재교육의 근본적인 문제 중 하나이다. 각 단계를 제대로 올바르게 밟고, 시기를 적절히 맞추고, 개인 치료와 집단 치료를 결합시키는 것이 아마 재교육에 근본적으로 중요한 요소일 것이다. 그러나 가장 중요한 것은 재교육 담당자가 이런 심리적인 구성 요소들, 즉 인지 구조, 유의성과 가치 등이 재교육의 각 단계에서 어떤 식으로 영향을 받게 되는지를 완벽하게 이해하는 것이다.

여기 수반되는 중요한 문제 중 2가지에 대해서만 이야기하고 싶다. 하나는 인지에 나타날 변화와 관련있는 문제이고, 다른 하나는 새로운 가치들의 수용과 관련있는 문제이다.

인지 구조의 변화

개인의 편견을 없애거나 개인의 사회적 관점을 변화시키려는 노력을 펴다 보면 많은 어려움에 봉착하게 된다. 그런 어려움을 겪는 과정에, 재교육이 단순히 합리적 과정에만 그쳐서는 안 된다는 깨달음이 일어나게 된다. 강연을 포함한, 지식을 전달하는 추상적인 방법들은 사람의 시각과 행동을 변화시키는 데에는 거의 아무런 소용이 없다. 그러다 보니 이 방법들이 결여하고 있는 것이 직접적 경험이라는 생각이 들기 쉽다. 그러나 불행하게도 직접적인 경험조차도 바라는 결과를 반드시 낳지는 않는다. 그 이유들을 이해하려면, 이 문제와 직접적 관계가 있는 여러 가지 전제를 검토해야 한다.

직접적인 경험을 광범위하게 한다고 해서 반드시 올바른 개념(지식)이 생겨나는 것은 아니다. 인류는 수천 년 동안 매일 물체들이 낙하하는 것을 경험하면서도 정확한 중력 이론을 생각해내지 못했다. 덜 적절한 개념에서 더 적절한 개념으로 변화를 이루는 데는 매우 특이

하고 인위적인 경험들을 의도적으로 배열하는 행위, 즉 실험이 필요했다. 말하자면 진리에 대한 체계적 탐구에서 비롯된 의도적인 설계가 있어야 했다는 뜻이다. 그렇듯, 사회적 세계에서 직접 하는 경험이 저절로 올바른 개념이나 적절한 고정관념을 낳을 것이라고 단정하는 것은 옳지 않은 것 같다.

육체적인 행위뿐만 아니라 사회적인 행위도 지각의 안내를 따른다. 어떤 상황에서든, 우리는 자신이 지각하는 필드에 따라 행동할 수밖에 없으며, 우리의 지각은 이 필드의 두 가지 다른 측면에까지 닿는다. 한 측면은 사실과 관계있고, 다른 한 측면은 가치와 관계있다.

우리가 어떤 물체를 잡는다고 가정해보자. 그때 손의 움직임은 지각된 환경 안에서 지각된 손의 위치에 의해 조종되고 있다. 마찬가지로, 우리의 사회적 행위도 우리가 전체적인 사회적 환경 안에서 우리 자신이나 다른 사람들이 서 있는 것으로 지각되는 위치에 의해 조종된다. 따라서 재교육의 기본적인 임무는 그 사람의 사회적 지각을 변화시키는 것이라고 할 수 있다. 이런 식으로 사회적 지각에 변화를 줄 때에만, 개인의 사회적 행동을 변화시키는 것이 가능해진다.

부적절한 정보(지식)가 어떻게 해서든 보다 적절한 지식으로 대체되었다고 가정해보자. 그러면 이 대체가 우리의 지각을 변화시킬까? 이 물음에 대답하면서, 다시 다음과 같은 질문을 던짐으로써 육체적 지각의 분야로부터 실마리를 끌어내도록 하자. 거짓 육체적 지각, 예를 들어, 착시는 어떻게 수정될까?

대체로, 정확한 지식을 확보하는 것만으로는 엉터리 지각을 바로잡지 못한다. 지각의 정확성 또는 부정확성을 결정하는 상태에 대한 지식은 아직 턱없이 부족하다. 시각적 지각과 지식 사이에 어떤 관계가 존재한다는 것은 알려져 있다. 그러나 착시에서 휘어져 보이는 선들은 우리가 그 선들이 직선이라는 사실을 "알고 있을" 때조차도 여전히 직선으로 보이지 않고 휘어져 보인다. 직접적 경험, 말하자면 문제가 되는 거리를 측정하는 행위조차도 대개 그 착각을 제거하지 못한다. 대체로 보면, 휘어 보이는 선을 직선으로 펴기 위해서는 다른 유형의 변화, 예를 들면 지각된 영역의 확대나 축소 또는 시각적 준거틀의 변화 등이 필요하다.

재교육에 대한 저항을 고려할 때, 보통 감정적 장애라는 측면에서 먼저 생각한다. 그러나 인지를 변화시키는 노력 자체에 고유한 어려움들을 과소평가하지 않는 것이 중요하다. 물리적인 사실들을 광범위하게 경험했다 하더라도 그것이 곧 정확한 물리적 지각으로 이어지는 것은 아니라는 점을 명심해야 한다. 그러면 부적절한 사회적 고정관념을 바꾸려고 노력하다가 저항에 봉착하더라도 크게 놀라지 않을 것이다.

존 프렌치(John French)와 앨프리드 매로우(Alfred Marrow)는 어느 공장의 여자 십장이 나이 많은 근로자들을 대하는 태도에 관한 이야기를 들려주고 있다. 이 여자 십장은 자기 밑에서 일하는 근로자들 중에도 나이가 많으면서 매우 유능한 근로자들이 있는데도 나이 많은 근로자들은 무능하다는 선입견을 갖고 있다. 그녀의 편견은 그녀의 개인적 경험과 정반대이다.

제조업 현장에서 확인된 이 예는 백인과 흑인의 관계에 관한 연구보고서들의 결론과도 맞아떨어진다. 흑백 통합 교육의 효과를 다룬 연구보고서들은 다른 집단의 구성원들과의 사이에 있었던 호의적인 경험조차도 그 집단에 대한 편견을 약화시키지 못한다는 점을 암시하고 있다. 심지어 이 같은 경험이 아주 잦을 때에도 편견은 여전한 것으로 드러나고 있다.

특정한 개인들의 이미지와 특정한 집단에 대한 고정관념 사이에 심리적인 연결이 이뤄질 때에만, 다시 말해 그 개인들이 그 집단의 "전형적인 대표"로 지각될 수 있을 때에만, 개인들과의 경험이 고정관념에 영향을 미치는 것 같다.

부정확한 고정관념(편견)은 사실상 그릇된 개념(이론)이나 다름없다. 여기서, 부적절한 고정관념을 바꾸는 데 필요한 사회적 경험은 물리적 세계에 대한 이론과 개념에 변화를 일으킬 만큼, 매우 드물고 특별한 물리적 경험과 비슷한 수준이어야 한다는 추론도 가능하다. 그런데 그런 경험이 우연히 일어날 수 있을 것이라고 기대하는 것은 터무니없는 생각이다.

그래서 행동을 바꾸는 노력을 어렵게 만드는 장애들을 이해하기 위해선, 한 가지 사항을 더 고려해야 한다. 인지 구조에 변화가 일어난다고 해서 반드시 정서에 변화가 일어나는 것은 아니라는 점이다.

개인의 내면에서 어떤 집단을 인지하는 정신적 구조에 변화가 일어났다 하더라도, 그 사람이 이 집단을 대하는 정서는 변화하지 않고 그대로일 수 있다. 교육 수준이 다양한 백인을 포함한 응답자들을 대상으로 흑인 문제를 놓고 실시한 설문 조사를 분석한 결과를 보면, 지식과 정서는 두드러질 만큼 동떨어진 것으로 확인된다.

개인이 어떤 집단에 대해 느끼는 감정은 그 집단에 대한 지식보다는 그 사람을 둘러싸고 있는 사회적 환경을 지배하는 정서에 좌우된다. 알코올 중독자가 술을 마셔서는 안 된다는 것을 알고 술을 마시길 원하지 않는 것처럼, 영국에서 흑인 청년이 백인 소녀와 데이트하는 것을 목격한 백인 미군은 흑백 차별을 하지 말아야 한다고 느끼면서 그런 편견을 가진 자신을 의식적으로 나무랄 수 있다. 그럼에도 백인 미군은 자신이 이런 편견 앞에서 속수무책이라는 사실을 종종 확인할 것이다. 왜냐하면 그의 지각과 정서적 반응은 그가 이성적으로 알고 있는 지식과 반대이기 때문이다.

재교육이 공식적인 가치체계만 건드릴 위험은 언제나 존재한다. 말하자면 언어적 표현만 변화시키고 행동에는 아무런 변화를 주지 않을 위험이 있는 것이다. 그러다 보면 초(超)자아(의무적으로 느껴야 한다고 여기는 정서)와 자아(실제로 느끼는 정서) 사이의 괴리만 더욱 커지고, 따라서 그 사람은 양심의 가책을 느끼게 된다. 이 같은 괴리는 정서적 긴장을 높이지만 좀처럼 행동의 수정까지 이어지지 않는다. 또 이 괴리는 범죄 행위를 연기시킬 수 있지만, 혹시 범죄가 발생하는 날에는 그 행위가 더욱 과격해질 수 있다.

정서에 변화를 야기하는 데 가장 중요한 요소는 본인이 그 문제에 능동적으로 깊이 개입하는 것이다. 본인이 적극적으로 개입하지 않는 상태라면, 어떤 객관적인 사실도 그 사람의 내면에 사실로 자리 잡기 힘들 것이며 따라서 그 사람의 사회적 행동에 영향을 미칠 가능성은 작아진다.

지각의 변화와 새로운 사실의 수용, 집단 소속감 사이의 관계를 고려하면, 이 요소들 사이의 상호의존성의 본질이 어느 정도 이해될 것이다.

새로운 가치의 수용과 집단 소속감

행동은 지각의 지배를 받는다. 그렇기 때문에 행동에 변화가 일어나려면, 당연히 새로운 사실들과 가치들이 지각되어야 한다. 새로운 사실들과 가치들은 단순히 말로만 공식적인 이데올로기로 받아들여져서는 안 되고 행동 이데올로기로 받아들여져야 한다. 행동을 이끌 특별한 가치체계로 받아들여져야 한다는 뜻이다. 달리 말하면, 행동 이데올로기에 변화가 있어야 하고, 변화된 사실들과 가치들을 진정으로 수용해야 하고, 지각된 사회적 세계에 변화가 있어야 한다는 뜻이다. 이 3가지는 똑같은 과정을 서로 달리 표현한 것에 지나지 않는다.

어떤 사람들은 이 과정을 개인의 문화에 일어난 변화라고 말하고, 또 다른 사람들은 개인의 초자아에 일어난 변화라고 말한다.

여기서, 문화에 일어난 이 변화가 충분히 깊을 때에만 재교육이 성공을 거두게 될 것이라는 점을, 다시 말해 지속적인 변화가 가능할 것이라는 점을 강조하는 것이 중요하다. 개인이 옛날의 가치체계와 새로운 가치체계의 경계에 설 만큼만 재교육이 성공한다면, 의미를 부여할 만한 재교육은 전혀 이뤄지지 않았다고 볼 수 있다.

재교육 과정의 성공 또는 실패에 매우 중요한 요소 하나는 새로운 초자아가 생겨나는 방식이다. 가장 단순한 해결책은 새로운 가치들과 신념들을 노골적으로 강요하는 것이다. 그럴 경우에, 새로 소개되는 신(神)은 이제 악마로 불리게 된 옛날의 신과 한바탕 싸움을 벌여야 한다. 새로운 가치들을 소개하는 이 대목에서 재교육이 직면할 딜레마를 두 가지 지적해야 한다.

(a) 옛날 가치에 대한 충성과 새로운 가치에 대한 적대감이 공존한

다. 자기 나라에서 강제로 쫓겨나 문화가 다른 나라로 이주하게 된 개인은 적의를 품은 상태에서 새로운 가치들을 믿을 가능성이 크다. 자신의 뜻과 반대로 재교육의 대상이 된 개인도 마찬가지이다. 그런 상황에 처한 사람은 자신이 위협을 받고 있다고 느끼면서 적대감을 보일 것이다. 이때 그 사람이 재교육을 자발적으로 받아들이지 않을 경우에 그 위협은 그만큼 더 예리하게 느껴진다. 이 문화에서 다른 문화로 자발적으로 이주한 사람과 강제적으로 이주한 사람을 비교해 보면, 이 관찰이 맞는 것으로 확인될 것이다.

개인이 옛날 가치체계에 대해 느끼는 충성도가 클수록, 적대감은 더 격할 것이다. 따라서 사회적 성향이 강하고, 그래서 이기적인 성향이 덜한 사람들은 재교육에 더 강하게 저항할 가능성이 있다. 이유는 간단하다. 그들이 옛날 체계에 뿌리를 더욱 견고하게 내리고 있기 때문이다.

어떠한 경우든, 재교육의 과정은 대체로 적대감에 봉착할 것이다. 새로운 가치의 수용과 선택의 자유 사이의 관계를 고려하면, 이 반대를 무너뜨리는 과제도 하나의 역설이 된다.

(b) 재교육과 수용의 자유는 서로 모순 관계에 있다. 재교육 과정의 한 부분으로, 자유롭고 자발적인 분위기를 창조하는 것이 크게 강조되고 있다. 자발적인 참석, 모임의 비형식성, 불만을 표출할 자유, 정서적 안전, 압박의 회피 등은 자유로운 분위기라는 요소를 포함하고 있다. 칼 로저스(Carl Rogers)가 개인의 심리치료에서 환자의 자기결정을 강조한 것도 따지고 보면 같은 맥락이다.

이처럼 가치 수용의 자유를 강조하는 것은 어떤 역설을 암시하는 것 같다. 재교육의 그 어떤 측면도 재교육 과정의 근본적인 어려움을 이 역설보다 더 절실히 보여주지 못한다. 재교육의 목적은 어떤 개인 또는 집단의 가치와 신념 체계를 사회나 현실과 조화를 이루는 쪽으로 바꿔놓는 것이다. 그렇기 때문에 이 변화가 그 개인이나 집단에 의해 이뤄질 것이라고 기대하는 것은 논리적으로 맞지 않는 것 같다. 이 변화가 외부에서 개인에게 강요되어야 한다는 것이 당연한 사실로 받아들여지고 있다. 재교육 과정의 한 부분으로 비형식적인 분위기를 조성하고 선택의 자유를 제시하는 것은 재교육 대상자들이 재교육 과정을 직접 이끌고 있다는 느낌을 받도록 하는 것에 지나지 않는다고 생각하는 사람들이 많다. 이들에 따르면, 이런 식의 접근법은 단지 노골적으로 힘을 행사하는 것을 가리는 기만에 지나지 않는다.

그러나 다음과 같은 사실을 강조할 필요가 있다. 재교육이 새로운 초자아의 확립을 의미한다면, 개인이 새로운 가치들을 스스로 자유롭게 선택했다고 느끼지 않는 한 목표 달성은 어렵다는 점이다. 만약에 개인이 자유 의지와 양심의 명령이 아니라 단지 처벌에 대한 두려움 때문에 동조한다면, 그 사람이 받아들일 새로운 가치는 그의 내면에서 초자아로 자리 잡지 못할 것이며, 따라서 재교육은 실현되지 않을 것이다.

이를 근거로, 사회적 지각과 선택의 자유는 서로 밀접히 연결되어 있다고 결론을 내릴 수 있다. 어떤 사람이 양심을 따른다는 것은 곧 상황이 요구하는 바를 따른다는 뜻이다. 오직 새로운 가치들이 자유로이 받아들여질 때, 또 그 가치들이 그 사람의 초자아와 일치할 때에만, 행동의 변화에, 따라서 재교육의 효과가 지속적으로 이어지는 데에 필요한 사회적 지각의 변화가 일어날 수 있다.

재교육이 봉착하게 될 딜레마를 이런 물음으로 바꿔 놓을 수 있다.

재교육 대상자가 일의 성격상 새로운 가치에 적대적이고 낡은 가치에 충성할 가능성이 크다면, 새로운 가치체계를 자유롭게 받아들이는 것이 어떻게 가능할 수 있는가?

새로운 가치들과 신념들을 수용하는 것은 일반적으로 항목별로 하나씩 일어날 수 없다. 확신들을 하나씩 변화시키는 방법과 절차는 바라는 마음의 변화를 거의 초래하지 못한다. 재교육 분야에서 활동하는 사람들은 이 같은 사실을 절실히 경험한다. 교육자가 이 관점에서 다른 관점으로 넘어가면서 논리적으로 제시하는 논거들은 아마 재교육 대상자를 궁지로 몰아붙일 것이다. 그러나 대체로 보면 사람들은 자신의 신념을 지킬 길을 발견할 것이고, 꼭 필요하다면 비논리적인 길이라도 찾아낼 것이다. 개인이 새로운 가치들에 대한 적의를 포기하지 않는 한, 최소한 적의를 버리고 열린 마음을 갖지 않는 한, 그 사람의 확신에는 어떠한 변화도 일어날 수 없다.

재교육에서 단계별 접근은 매우 중요하다. 그러나 이 단계도 사람이 한 번에 한 항목씩 '개종'해가는 그런 단계가 아니라 적대감에서 호감으로 넘어가는 점진적 변화 속의 단계로 여겨져야 한다. 물론, 전체 체계 안에서 일부 관점에 대한 확신이 '개종' 과정에 중요한 역할을 할 수 있다. 그러나 적대감이 열린 마음으로, 한 걸음 더 나아가 새로운 문화에 대한 전반적인 호감으로 바뀔 수 있도록 노력하는 것이 재교육 프로그램의 아이템 하나 또는 여러 개를 변화시키려는 것보다 우선되어야 한다는 사실을 망각해서는 안 된다. 이 같은 사실은 전반적인 재교육 계획을 짜는 데 아주 중요하다.

확신을 하나씩 바꿔나가는 것이 재교육에 그다지 바람직하지 않다면, 그러면 어떻게 해야 재교육 대상자들이 새로운 가치들을 확고히 수용하도록 할 수 있을까?

내집단의 형성과 새로운 가치체계의 수용

재교육에서 대상자들이 새로운 가치를 수용하도록 하는 데 자주 이용되는 수단 하나는 소위 말하는 "내집단", 즉 교육 대상자들이 소속감을 느낄 수 있는 집단을 형성하는 것이다. 이 조건 하에서, 개인은 집단에 소속됨으로써 새로운 가치체계를 받아들일 수 있다.

고든 올포트(Gordon Allport)는 "공격당하고 있다는 느낌을 받는 사람에게 새로운 것을 가르치는 것은 불가능한 일이다."라는 말로 앞에 설명한 내용을 일반적인 원칙으로 다듬고 있다. 따라서 선생과 학생, 의사와 환자, 사회 복지사와 대중 사이의 정상적인 간극도 선생이나 의사, 사회 복지사가 상대방에게 바람직한 행동을 수용하도록 하는 데 진짜 장애가 될 수 있다. 달리 말하면, 양 당사자 사이에 어떤 지위의 차이가 있다 하더라도, 예를 들어 선생과 학생은 가치관에 관한 문제에서만은 같은 집단의 구성원이라고 느낄 수 있어야 한다는 뜻이다.

당사자 사이에 우리라는 동류의식이 강하게 형성될 때마다, 재교육이 성취될 가능성은 더 커지는 것 같다. 모두가 한 배를 타고 있고 똑같은 난관을 극복하고 있고 또 똑같은 언어로 말하고 있다는 감정을 형성하는 것이 알코올 중독자와 범죄자들의 재교육을 용이하게 하는 조건으로 강조되고 있다.

재교육이 사회의 기준과 반대되는 기준을 포기할 것을 요구할 때(범죄나 소수 인종에 대한 편견, 알코올 중독처럼), 구성원들이 재교육을 통해 버리려 하는 바로 그 정서를 공개적으로 표현할 수 있다고 느끼는 경우에 집단 소속감이 크게 높아지는 것 같다. 이것도 재교육의 과정에 고유한 모순의 또 다른 예가 될 수 있다. 이를테면, 소수 인종에 대한 편견을 공개적으로 표현하거나 의사 진행 절차에 관한 규칙을 깨뜨리는 것을 허용하는 것 자체가 원하는 목표와 정반대인 것이다. 그럼에도 재교육의 어느 단계에 이르면 완전한 자유의 감정을 느끼며 집단과 보다 강하게 동일시하도록 하는 것이 특별한 규칙을 깨뜨리지 않는 것을 배우는 것보다 더 중요해진다.

내집단을 형성한다는 이 원칙에 비춰보면, 집단의 구성원들이 예전에 부정되었던 사실들을 직접 발견해내도록 할 경우에 그 사실들을 가장 쉽게 받아들이게 되는 이유가 보다 잘 이해될 것이다. 이 과정을 거친 다음에야, 그 사실들은 진정으로 집단 구성원들의 사실로 정착될 수 있다. 이런 경우에 개인은 자기 자신을 믿거나 자신의 집단을 믿는 것과 마찬가지로 자신이 직접 발견한 사실들을 강하게 믿게 될 것이다. 이처럼 집단이 집단을 위해서 직접 사실들을 발견해내는 절차의 중요성은 최근에 몇몇 분야의 재교육과 관련해서 크게 강조되어 왔다. 그렇다면 사회 조사가 사회적 행위로 어느 정도 옮겨지는가 하는 문제는 사회적 행위를 한 사람들이 그 행위의 근거가 될 실태 조사 활동에 어느 정도 동참하고 있다고 느끼느냐에 달려 있다고 말할 수 있다.

새로운 가치체계가 개인의 지각을 지배할 때에만, 재교육이 개인의 행동에 영향을 미칠 수 있다. 새로운 가치체계를 받아들이는 것은 구체적인 어떤 집단을 수용하고, 구체적인 어떤 역할을 수용하고, 또 권위의 어떤 명확한 원천을 평가의 새로운 기준으로 수용하는 것과 밀접히 연결되어 있다. 새로운 사실이나 가치를 수용하는 것과 어떤 집단 또는 역할을 수용하는 것 사이의 연결은 매우 강하며, 또 집단이나 역할을 수용하는 것은 종종 새로운 사실이나 가치를 수용하는 데 필요한 조건이다. 이 같은 사실은 신념과 가치를 점차적으로 변화시키는 것이 대단히 어려운 이유를 설명해준다. 집단이나 역할을 수용하는 것과 새로운 사실이나 가치를 수용하는 것 사이의 이 같은 연결은 재교육에 대한 저항의 뒤에 도사리고 있는 중요한 요소이면서 동시에 재교육의 성공을 성취하는 막강한 수단이 될 수 있다.

파트 2

대면 집단들 내의 갈등

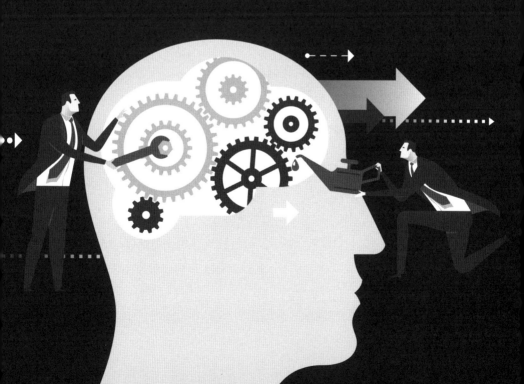

5장

사회적 공간에서 행한 실험들
(1939)

학문의 경계를 넘어

사회학에서도 물리학과 화학의 실험만큼 과학적이라 불릴 만한 실험을 실시할 수 있다. 현실에서 경험할 수 있는 공간의 기본적인 특성들을 두루 갖추고 있고, 또 기하학과 수학을 공부하는 학생들이 물리적 공간에 쏟는 만큼의 관심을 주어도 좋을 만한 사회적 공간이 존재한다. 당연히 사회적 공간은 물리적인 공간이 아니다. 그럼에도 사회적 공간을 지각하고, 사회적 공간 안에서 일어나는 과정들의 역학과 법칙을 연구하는 것이 이론적으로나 실용적으로나 매우 중요하다.

  나는 공식적으로 심리학자이기 때문에 사회학자들에게 나의 분야의 경계를 넘어서고 있는 점에 대해 사과해야 한다. 나의 분야를 넘어서는 데에 대해 굳이 변명하자면, 필요 때문에 월권이 불가피했다고 말할 수밖에 없다. 나 자신이 이런 식으로 분야를 넘어선 데에는 사회학자들도 부분적 원인을 제공했다. 왜냐하면 사회학자들이 인간 존재를 생물학적, 생리학적 실체로 보는 관점이 완전히 틀렸다고 주장했기 때문이다. 사회학자들은 물리학적 혹은 생물학적 사실들만 진짜이고 사회적 사실들은 단지 추상개념에 지나지 않는다는 믿음에 맞서 싸워왔다. 일부 사회학자들은 사회집단만 실체를 가지며, 개인적인 사람은 추상개념에 불과하다고 말했다. 말하자면 개인은 그가 속한 집단의 한 대표적인 예로만 묘사되어야 한다는 주장이었다.

앞에 제시한 주장 중 어느 것을 옳다고 판단하든, 한 가지 인정해야 할 점은 심리학이 특히 지난 10년 동안에 온갖 종류의 행동에 사회적 요인들이 대단히 중요하다는 사실을 깨달았다는 점이다. 아이는 태어나는 그 날부터 한 집단의 구성원이며, 그 집단의 보살핌을 받지 못하는 경우엔 죽고 말 것이다. 성공과 실패, 포부, 지능, 좌절 등을 파고드는 실험들은 사람이 스스로 설정하는 목표는 그 사람이 속하거나 속하기를 원하는 집단의 사회적 기준의 영향을 강하게 받는다는 점을 분명히 보여주고 있다. 오늘날 심리학자들은 아이의 발달이나 청소년 문제와 관련해서, 아이가 사회적 환경 안에서 지배적인 이데올로기와 생활방식을 물려받거나 그런 것들에 반대하게 되는 과정을 연구하는 것이 아주 중요하다는 점을 인정하고 있다. 또 아이가 어떤 집단에 소속되게 만들거나, 집단 안에서 아이의 사회적 지위와 안전을 결정하는 힘들을 연구하는 것도 똑같이 중요한 것으로 평가받고 있다.

이런 문제들에 실험적으로 접근하려는 시도, 예를 들어 사회적 지위 또는 리더십의 문제를 실험적으로 파고들려는 시도는 인위적으로 다양한 유형의 집단들을 만들어내고 또 사회적 지위를 바꿔놓을 다양한 사회적 요인들을 구상하는 것을 전제로 한다. 실험을 강조하는 사회심리학자는 집단이나 사회 분위기, 생활 스타일을 실험적으로 고안해내는 일을 잘 해야 한다. 따라서 사회심리학자가 소위 말하는 집단과 집단생활의 사회학적인 문제들을 다루지 않을 수 없게 될 때, 사회학자는 사회심리학자를 용서할 것이라고 나는 기대한다. 아마 사회심리학자는 사회학자에게 상당한 도움을 줄 수 있을 것이다. 사회학과 심리학의 경계선 상에 있는 문제에 대한 연구는 종종 사회학과 심리학의 발달에 똑같이 유익한 것으로 드러났다.

"사회집단"이라는 개념을 예로 들어보자. 하나의 집단을 어떻게 정의할 것인가, 하는 문제를 놓고 논의가 많았다. 집단은 종종 개인들의 총합 그 이상의 무엇인가로, 개인들의 총합보다 더 훌륭하고 더 높은 무엇인가로 고려되어 왔다. 어떤 학자는 그것을 "집단 마인드"(group mind) 때문이라고 설명했다. 이 의견에 반대하는 사람들은 "집단 마인드"라는 개념은 단지 추상적인 상상에 지나지 않으며 실제로 보면 집단은 개인들의 총합에 불과하다고 주장했다. 심리학에서 유기체, 전체, 혹은 게슈탈트라는 개념이 발달해 온 과정을 지켜본 사람에겐, 이상하게도 이 같은 논쟁이 익숙하게 들린다. 게슈탈트 이론 초기에, 그러니까 게슈탈트라는 용어를 쓰기 시작한 크리스티안 폰 에렌펠스(Christian von Ehrenfels)의 시대에, 전체 심리는 부분의 총합 외에 게슈탈트 특성, 즉 집단 마인드 같은 실체를 추가로 더 갖는 것으로 여겨졌다. 오늘날엔 신비한 구석이 있는 게슈탈트 특성 같은 것을 가정할 필요조차 없으며, 역동적인 전체는 그 나름의 속성을 갖고 있다는 것이 알려져 있다. 전체는 그 부분들이 비대칭이어도 대칭일 수 있으며, 또 전체는 그 부분들이 안정적이어도 불안정할 수 있다.

내가 아는 한, 사회학에서 집단 대(對) 개인을 둘러싸고 벌어진 논쟁도 이와 비슷한 경향을 따르고 있다. 집단은 하나의 사회학적 전체이며, 이 사회학적 전체의 한 단위는 다른 역동적인 전체의 단위와 마찬가지로 그 부분들의 상호의존성에 의해 정의될 수 있다. 이런 식의 정의는 집단의 개념에서 신비주의를 배제하고 그 문제를 철저히 경험적이고 실험 가능한 바탕 위로 끌어내린다. 동시에 이 정의는 사회집단의 조직과 안정성, 목표 같은 특성들은 그 집단 안에 있는 개인들의 조직과 안정성, 목표와는 다르다는 사실을 전적으로 인정한다는 것을 의미한다.

그렇다면 집단을 어떻게 설명해야 할까? 아이오와 아동 복지 연구소(Iowa Child Welfare Research Station)의 로널드 리피트(Ronald Lippitt)와 화이트(R. K. White)가 실험을 위해 만든 민주적, 독재적, 자유방임적인 클럽의 효과에 대해 논하도록 하자. 각 클럽의 회원은 5명이고, 관찰자로 동원할 수 있는 사람은 5명이다. 그러면 클럽의 각 구성원에게 관찰자를 1명씩 붙이는 것이 가장 간단한 방법처럼 보인다. 그러나 그런 관찰에서 나오는 결과는 기껏해야 개인 5명의 세세한 전기(傳記)에 지나지 않을 것이다. 이 같은 절차로는 집단의 조직과 하위집단, 리더와 구성원의 관계 같은 집단생활의 간단한 사실에 관한 기록조차도 만족스러운 것을 얻지 못할 것이다. 이런 상황에서 클럽의 전반적인 분위기 같은 중요한 사실에 관한 기록이 부실해진다는 점에 대해서는 말할 필요조차 없다. 그래서 개인에게 관찰자를 한 사람씩 붙이지 않고, 한 관찰자는 집단이 하위집단으로 조직되는 과정을 세밀히 기록하고 다른 관찰자는 사회적 상호작용을 관찰하도록 했다. 다시 말해, 구성원 개인들의 특성을 관찰한 것이 아니라 집단의 특성을 관찰했다는 뜻이다.

덧붙이자면, 사회학도 심리학으로부터 어느 정도 도움을 얻을 것이다. 집단의 행동뿐만 아니라 개인들의 행동도 그들의 상황과 그들이 집단 안에서 차지하는 특별한 위치에 좌우된다는 것은 이제 상식이다. 나의 판단에, 심리학은 지난 10년 동안 구체적인 상황의 특별한 구조와 그 상황의 역할을 과학적인 언어로 세세하게 묘사하는 것이 가능하다는 점을 보여주었다. 더 나아가 수학적인 언어로 설명하는 것도 가능할 것 같다. 기하학에서 가장 새로운 분야인 "위상수학"은 개인의 생활공간의 패턴을 결정하고 이 생활공간 안에서 다양한 활동 영역이나 사람들 혹은 사람들의 집단들이 서로에게 갖는 상대적 위치를 결정하는 데에 대단히 유익한 도구이다. "그는 지금 일류 의사가 되겠다는 목표에 한층 더 가까이 다가서고 있다."라거나 "그는 행동 방향을 바꾸었다."라거나 "그는 어느 집단에 가입했다."라는 일상적인 진술을 수학 용어로 바꿔놓는 것도 가능하게 되었다. 달리 말해, 사람의 지위와 그의 행동 방향이 그 성격상 물리적이지 않고 사회적인 경우에도, 생활공간 안에서 그 지위와 방향, 거리를 기하학적으로 정밀하게 파악하는 것이 가능하다. 이 점을 염두에 둔 가운데, 아이오와 아동 복지 연구소에서 실시한 사회적 실험을 보도록 하자.

권위적 집단과 민주적 집단

교사가 학급에서 이루는 성공의 정도는 교사의 기술뿐만 아니라 교사가 가꾸는 분위기에 크게 좌우된다는 사실은 널리 알려져 있다. 이 분위기는 손으로 만져지는 것이 아니다. 분위기는 대체로 사회적 상황의 한 특성이며, 이런 각도에서 접근하면 과학적으로 측정될 수 있다. 그래서 처음에 리피트는 연구를 위해 민주적인 분위기와 독재적인 분위기를 비교하는 방법을 택했다. 실험의 목적은 어떤 독재주의나 민주주의를 복제하거나 "이상적인" 독재주의나 민주주의를 연구하는 것이 아니고 독재주의나 민주주의의 밑바닥에서 작용하고 있는 집단역학에 대한 통찰을 내놓을 그런 환경을 창조하는 것이었다.

두 개의 학급에서 자원한 10세와 11세 된 학생들 중에서 선택해 소년과 소녀의 집단을 하나씩 만들었다. 이 학생들은 가면을 만드는 클럽에서 활동하게 되어 있었다. '모레노(Moreno) 테스트'를 바탕으로, 두 집단은 리더십과 대인관계 같은 특성에서 최대한 비슷하게 만들어졌다. 두 집단은 모임을 11회 가졌으며, 민주적인 집단이 독재적인 집단보다 언제나 이틀 앞서 모였다. 민주적인 집단은 활동을 자유롭게 선택했다. 독재적인 집단은 민주적인 집단이 한 활동을 하라는 명령을 받았다. 이런 식으로, 집단의 활동은 동일하게 되었다. 집단의 분위기를 빼고는 모든 것을 일정하게 유지했다.

각 집단의 지도자는 성인 학생이었다. 지도자는 다음과 같은 기술을 이용함으로써 서로 다른 분위기를 조성하려고 노력했다.

민주적인 집단	권위적인 집단
1. 모든 정책은 집단이 결정했다. 리더는 구성원들에게 정책 결정에 참여하라고 격려했다.	1. 모든 정책은 가장 강력한 사람(리더)이 결정했다.

2. 첫 번째 모임에서 토론을 벌이는 동안에 가면을 만드는 과정의 각 단계에 대해 설명함으로써 활동 방향을 제시했다(점토 주형, 석고, 종이 반죽 등). 기술적 조언이 필요할 때, 리더는 두세 개의 대안적인 절차들을 제시하고 구성원들이 그 중에서 선택하도록 했다.

2. 목표 달성(가면 완성)에 필요한 기술과 단계들을 한 번에 하나씩 권위자가 제시했다. 그래서 미래의 방향은 언제나 불투명한 상태였다.

3. 회원들은 함께 활동하고 싶은 학생 누구하고나 짝을 이룰 수 있었다. 임무의 분담은 집단에 맡겨졌다.

3. 각 구성원이 해야 할 일과 공작 활동을 함께 할 파트너를 정하는 것은 언제나 리더의 몫이었다.

4. 지도자는 정신적으로도 집단 구성원이 되려고 노력하고 토론 중에도 그렇게 했으나 공작 활동을 많이 하지는 않았다. 지도자는 객관적으로 칭찬과 비판을 하려고 노력했다.

4. 리더는 각 개인의 활동을 비판하고 칭찬하면서 객관적인 근거를 제시하지 않았으며 집단 활동에 참여하지도 않았다. 리더는 적대감이나 호감을 보이지 않고 언제나 냉담한 모습을 보였다.

　두 집단이 모여 활동하는 동안에, 관찰자들은 정해진 시간 단위 동안에 일어난 사건과 행동의 횟수를 기록했다. 독재적인 리더가 민주적인 리더에 비해서 구성원들에게 행동을 지시하는 예가 배 정도 많은 것으로 관찰되었다. 말하자면 민주적인 지도자가 지시한 행동은 4.5건이었던 반면에 독재적인 지도자가 지시한 행동은 8.4건이었다. 순종적인 행동을 보면, 이 비율이 거꾸로 바뀐다. 즉 민주적인 지도자가 순종적인 행동을 더 자주 보이는 것이다. 그럼에도 양 집단 모두에서 지도자가 순종적인 행동을 보이는 예는 상대적으로 드물었다. 객관적인 행동에서도 이와 비슷한 관계가 나타났다. 민주적인 지도자가 객관적인 행동을 더 자주 하는 모습을 보였다.

그렇다면 독재적인 리더가 민주적인 리더보다 집단 구성원들에게 영향력을 더 강하게 미친다고 할 수 있다. 또 독재적인 리더의 접근 방법이 훨씬 더 강력한 반면에 훨씬 덜 객관적이었다고 할 수 있다.

여기서, 리더는 독재적인 집단과 민주적인 집단의 평범한 구성원들에 비해 어떻게 다른가, 하는 질문을 던질 수 있다. 이 질문에 대답하기 위해선, 양 집단의 이상적인 구성원들에 대한 언급이 필요하다. 말하자면, 모든 활동이 지도자를 포함한 집단의 모든 구성원들에게 똑같이 배분될 때 일어날 일을 대표할 구성원이 어떤 모습인지를 알아야 한다는 뜻이다. 리피트의 실험에서 나타난 숫자는 두 가지 사실을 분명히 보여주고 있다. 먼저 두 집단 모두에서 리더는 정말로 리드하고 있었다는 점이다. 이상적인 구성원에 비해 주도적인 행위를, 독재적인 리더는 118%나 더 많이 보였으며 민주적인 리더는 41% 더 많이 보였다. 독재적인 리더와 민주적인 리더는 똑같이 평균적인 구성원에 비해 순종적인 행동을 덜 보였다. 독재적인 리더는 평균적인 구성원에 비해 순종적인 행동을 78%나 덜 보였으며, 민주적인 지도자는 53% 덜 보였다. 그런 가운데서도 독재적인 리더나 민주적인 리더나 똑같이 사실에 근거한 행동도 평균적인 구성원보다 더 많이 했다는 점은 참으로 흥미롭다.

그러나 일반 구성원과 리더의 차이는 순종적인 행동과 강압적인 행동 둘 다에서 독재적인 집단보다 민주적인 집단에서 덜 두드러졌다. 민주적인 지도자는 또한 객관적인 사실을 중시하는 모습을 보였다.

그렇다면 이 수치들은 독재적인 집단과 민주적인 집단의 구성원이 처한 상황에 대해선 어떤 이야기를 들려주고 있을까? 겨우 몇 가지 측면에 대해서만 언급할 수 있을 뿐이다. 독재적인 집단의 경우에 정책을 결정하는 사람은 리더이다. 예를 들어, 한 아이가 "다른 가면을 만드는 게 낫겠어."라고 말하면, 독재적인 집단의 리더는 "아니야. 내가 결정한 가면이 최고야."라고 대답한다. 역학적인 차원에서 보면, 이 사건은 아이가 목표를 성취할 수 있는데도 리더가 거기에 장벽을 쌓는다는 것을 의미한다. 그러면서 리더는 이 아이에게 다른 목표를 제시하며 그 방향으로 힘을 쏟는다.

민주적인 집단에서 이와 비슷한 상황이 벌어지면 이런 식의 대화가 오갈 것이다. 한 아이가 "가면 크기를 어느 정도로 할까? 가면을 진흙으로 만들까 아니면 다른 재료로 만들까?"라고 물으면, 리더는 "가면 만드는 방법을 알아야겠니?"라고 되물을 것이다. 달리 말해, 민주적인 집단의 리더는 집단 구성원이 각자의 목표를 성취하는 것을 방해하지 않고 어려움을 극복할 수 있도록 도와줄 것이다. 민주적인 집단의 경우에는 많은 길들이 열려 있지만, 독재적인 집단의 경우에는 오직 하나의 길만 열려 있다. 리더가 결정하는 길만 열려 있는 것이다. 독재적인 집단의 리더는 행동의 종류만 아니라 활동을 같이 할 사람까지 결정해준다. 실험 대상이 된 민주적 집단을 보면, 공작 활동에 나타난 모든 협력은 아이들이 하위집단으로 자발적으로 조직된 결과였다. 독재적인 집단의 경우엔 공작 집단의 32%가 리더에 의해 조직되었다. 반면에 민주적인 집단에서 이런 식으로 조직된 공작 집단은 0%였다.

그렇다면 독재적인 분위기는 리더에게 훨씬 더 공격적으로 지배할 수 있는 권력을 안겨줌과 동시에 구성원들이 자유로이 활동할 범위를 축소시킨다고 할 수 있다. 당연히 구성원들이 권력을 행사할 수 있는 영역도 좁아지게 마련이다.

지도자의 영향력

이 같은 분위기는 아이들의 집단생활에 어떤 영향을 미칠까? 실험 관계자들이 관찰한 바에 따르면, 두 집단에서 아이들끼리의 관계가 다소 다른 것으로 나타났다. 독재적인 집단의 경우 민주적인 집단에 비해 적대적인 지배가 30배가량 더 많고, 구성원의 주목을 요구하는 일도 더 많았으며, 적대적인 비판도 훨씬 더 많았다. 반면에 민주적인 분위기에서는 상대방과 협력하고 상대방을 칭찬하는 일이 훨씬 더 자주 보였다. 민주적인 집단 안에서 건설적인 제안도 더 많이 나왔고, 구성원들 사이에 객관적인 행동이나 순종적인 행동도 더 자주 보였다.

이 자료들을 해석하면, 지도자가 제시하는 "삶과 사고의 유형"이 아이들 사이의 관계를 지배한다는 말도 가능하다. 독재적인 집단에서는 협력적인 태도가 아니라 적대적이고 매우 개인적인 태도가 지배적이었다. 이 같은 태도는 "나"라는 감정보다 "우리"라는 감정 혹은 집단 감정이 더 크기 때문에 생기는 것이었다. "우리 중심적인" 발언들이 독재적인 집단보다 민주적인 집단에서 배나 자주 나왔다. 반면 독재적인 집단에서는 "나 중심적인" 발언이 민주적인 집단보다 더 많았다.

이젠 아이들과 지도자의 관계를 보자. 통계적 분석에 따르면, 구성원들 간에 서로 덜 순종적인 독재 집단의 아이들이 지도자에게 복종하는 예는 민주적 집단보다 배 정도 더 많았다. 독재적인 집단에서 구성원들이 리더에게 보인 행동은 리더의 접근에 대한 반응의 성격을 강하게 띠었다.

대체로 말해, 두 가지 삶의 양식은 아이와 지도자의 관계뿐만 아니라 아이들 사이의 관계까지 지배했다. 독재적인 집단 안에서 아이들이 동료들을 대하는 태도는 덜 객관적이고, 덜 협력적이고, 덜 복종적이지만, 아이들이 상급자를 대하는 태도는 민주적인 집단에 비해 더 복종적이었다.

이 같은 행동의 차이에는 여러 요소들이 작용하고 있다. 긴장은 독재적인 분위기에서 더 크게 느껴지며, 두 집단의 역학적 구조는 서로 다르다. 독재적인 집단 안에는 뚜렷이 구분되는 사회적 지위가 두 개 있다. 지도자는 높은 지위를 누리는 유일한 구성원이며, 다른 구성원들은 똑같이 낮은 지위에 선다. 지도자가 세운 높은 장벽이 모든 구성원들이 리더십을 습득해 지위를 높일 수 있는 길을 막고 있다. 민주적인 분위기를 보면, 사회적 지위의 차이는 작고 리더십 습득을 방해하는 장벽은 전혀 존재하지 않는다.

<도표 8> 지배적인 행동의 대상

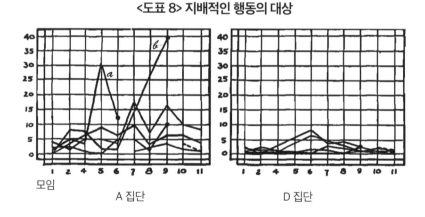

모임   A 집단   D 집단

이 그래프들은 다양한 개인을 대상으로 한 지배적인 행동이 민주적인 집단(D 집단) 보다 독재적인 집단(A 집단)에서 훨씬 더 자주 일어난다는 점을 보여주고 있다. 독재적인 집단에서 두 사람(a와 b)이 희생양 취급을 받았다(다섯 번째와 여섯 번째, 아홉 번째 모임에서 그런 일이 일어났다).

이 같은 사실은 분명히 개성의 크기에 영향을 미친다. 이 실험에서, 민주적인 집단의 모든 구성원들은 "우리를 강조하는" 감정을 강하게 품고 있었음에도 불구하고 어쩌면 바로 그런 감정 때문에 자신만의 영역을 갖고 있으면서 개성을 더 많이 보여주었다. 반대로 독재적인 집단의 아이들은 지위가 낮고 개성을 많이 발휘하지 못했다. 하위집단으로 들어가면 이 차이는 더욱 두드러진다. 독재적인 집단 안에는 "우리를 강조하는" 감정이 덜하고, 아이들 사이에 자발적으로 하위집단을 구성하려는 노력도 덜 보인다. 공작 활동이 네댓 명의 협력을 요구하는 일일 경우, 구성원들에게 서로 몇 명씩 모이라고 지시하는 것은 지도자였다. 민주적인 집단 안에서는 그런 하위집단이 자발적으로 형성되었으며, 그렇게 구성된 하위집단이 지속되는 시간적 길이도 독재적인 집단의 배 정도 되었다. 독재 집단에서는 하위집단들이 비교적 빨리 해체되었다.

이런 집단 구조들은 독재적인 집단의 높은 긴장과 결합하면서 리피트의 실험에서 희생양을 만드는 상황까지 낳았다. 독재적인 집단의 아이들은 지도자에게 맞서 집단적인 행동을 하는 것이 아니라 동료 아이들 중 하나에 맞서 집단적인 행동을 하면서 아이를 가혹하게 다루는 모습을 보였다. 따돌림이 얼마나 심했던지, 아이가 클럽에 나오지 않는 사태까지 빚어졌다. 열 두 번의 모임이 이뤄지는 동안에 두 아이에게 이런 일이 벌어졌다. 독재적인 지배 아래에선 리더십의 습득을 통해 지위 상승을 꾀하려는 노력이 아예 차단되었으며, 지배하려 드는 행태가 팽배한 것은 독재적 집단의 삶의 양식에 따른 결과였다. 달리 말하면, 독재적인 집단 안에서 모든 아이들은 다른 모든 아이들의 잠재적 적이었으며, 아이들의 역장(力場)은 협력을 통해 서로를 강화하지 못하고 서로를 약화시켰다. 서로 힘을 합해 어느 한 개인을 공격함으로써, 그렇게 하지 않았더라면 높은 지위를 성취하지 못했을 구성원들은 이 아이보다 높은 지위를 얻을 수 있었다.

여기서, 이 같은 결과가 단지 개인의 차이 때문이 아닐까 하는 의문이 일어날 수 있다. 당연히 개인의 차이도 중요하게 여겨져야 한다. 그러나 다수의 사실들은 이 아이들의 경우에 개인적인 차이 때문은 결코 아니라는 점을 보여주고 있다. 아이들 중 하나를 독재적인 분위기에서 민주적인 분위기로 옮기고, 다른 아이 하나를 민주적인 집단에서 독재적인 집단으로 옮긴 것이 특별히 많은 관심을 끈다. 아이가 속한 집단을 바꾸기 전에, 두 아이에 나타난 차이는 그들이 속한 집단에 나타나는 차이와 똑같았다. 말하자면, 독재적인 아이는 민주적인 아이에 비해 보다 지배적이고, 덜 우호적이며, 덜 객관적이었다는 뜻이다. 그러나 집단을 바꾼 뒤에 아이들의 행동에 큰 변화가 나타났다. 이전에 독재적이었던 아이는 지금 덜 지배적이고, 더 다정하고, 더 객관적인 아이가 되어 있었다. 달리 말하면, 아이들의 행동은 자신이 옮겨간 집단의 분위기를 금방 반영한다는 뜻이다.

훗날 리피트와 화이트는 지도자의 성향이 서로 다른 클럽을 4개 새로 만들어 연구했다. 거기에는 제3의 분위기가 포함되었다. 자유방임형 집단이었다. 그러면서 똑같은 아이들을 여러 분위기에 연속적으로 노출시켰다. 대체로 보면, 이 실험에서 나온 결과도 리피트의 결과를 뒷받침하고 있다.

연구 결과는 자유방임 집단과 민주적인 집단 사이에도 민주적인 집단에 유리한 방향으로 놀라운 차이가 있다는 점을 보여주고 있다. 연구 결과는 또 독재적인 집단에서 두 가지 유형의 반응이 나타난다는 점을 보여주고 있다. 한 가지 반응은 공격성이고, 다른 한 반응은 냉담이다.

대체로, 독재적 상황과 민주적 상황, 자유방임적 상황 사이의 차이는 개인적 차이 때문이 아니라는 점을 뒷받침하는 증거가 많다. 독재

<도표 9> 집단 소속을 바꾼 구성원들의 비교

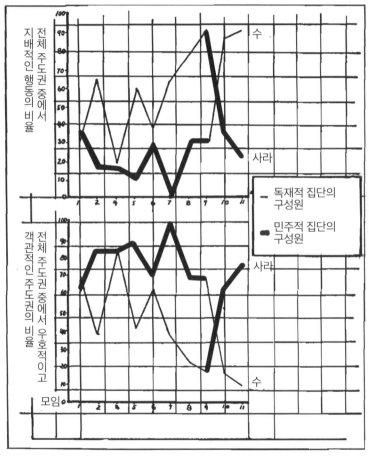

여덟 번째 모임이 있은 뒤에 수라는 아이는 민주적인 집단에서 독재적인 집단으로 옮겼고, 사라라는 아이는 독재적인 집단에서 민주적인 집단으로 옮겼다. 그 후 두 아이의 표면적인 성격은 집단의 분위기에 따라 바뀌었다.

적 상황에 처한 첫날에 아이들의 얼굴에 나타나는 표정 변화를 관찰하는 것보다 더 인상적인 경험도 없다. 다정하고 열려 있고 서로 협력적이던 집단이 불과 30분 만에 생기발랄하던 모습은 온데간데없이 사라지고 독창력 없고 무감각한 집단으로 바뀌어 버렸다. 독재주의에서 민주주의로 바뀌는 변화가 민주주의에서 독재주의로 바뀌는 것보다 시간이 조금 더 많이 걸리는 것 같다. 독재주의는 개인에게 강요되는 것인 반면 민주주의는 개인이 배워야 하는 것이기 때문이다.

사회적인 힘

그렇다면 이 실험들은 대체로 문화인류학자들의 관찰을 뒷받침하고 또 상황이 미치는 영향에 관한 다른 실험들과도 잘 맞아떨어지고 있다. 아이가 살고 있는 사회의 분위기는 아이에겐 일상적으로 마시는 공기만큼 중요하다. 아이가 속한 집단은 아이가 서 있는 바탕이다. 아이와 집단의 관계와 아이가 집단 안에서 차지하는 지위는 아이의 안전감이나 불안전감에 가장 중요한 요소들이다. 개인이 속한 집단과 개인이 살고 있는 문화가 그 사람의 행동과 성격을 크게 좌우한다고 해도 전혀 놀라운 일이 아니다. 이런 사회적인 요소들에 따라 개인이 누릴 자유로운 이동 공간이 결정되고 또 개인이 분명히 내다볼 수 있는 미래의 시간적 길이도 결정된다. 달리 말하면, 이런 사회적 요인들이 개인의 삶의 양식을 크게 좌우함과 동시에 개인의 삶의 계획의 방향과 생산성을 좌우한다는 뜻이다.

오늘날 인간은 물리적인 문제를 처리하는 능력에서는 탁월한 면모를 보이고 있는 반면, 사회적인 힘들을 다루는 데에는 무능한 모습을 보이고 있다. 인간의 능력에 나타나는 이 같은 불균형 앞에서, 그 탓을 비참한 세계적 상황으로 돌리는 것이 지배적인 의견이다. 그런 한편에 선 이 불균형이 자연과학의 발달이 사회과학의 발달을 압도하기 때문에 생긴 것이라는 분석도 나온다.

이 같은 차이가 존재한다는 데에는 이론이 전혀 없다. 이 같은 차이는 언제나 있어 왔고 또 대단히 중요하다. 그럼에도 불구하고, 나는 이 분석이 부분적으로만 진실이라고 느낀다. 진실의 다른 반을 지적하는 것도 분명 가치 있는 일일 것이다. 사회과학의 수준을 갑자기 자연과학 수준으로 끌어올리는 것이 가능하다고 가정해보자. 불행한 일이지만, 그렇게 된다 하더라도 세상이 더 안전하고 더 우호적인 곳으로 변하지 않을 것이다. 왜냐하면 물리학과 사회학의 발견들이 의사들뿐만 아니라 깡패들에게도 똑같이 이용되고, 평화뿐만 아니라 전쟁을 위해서도 이용되고, 이 정치 체계뿐만 아니라 다른 정치 체계에도 이용될 수 있기 때문이다.

세계적으로 보면, 우리는 여전히 기본적으로 칼이 지배하던 중세의 무질서와 비슷한 무질서 상태에서 살고 있다. 국제법을 집행할 수 있고 또 집행하려는 의지를 가진 국제기구가 전혀 존재하지 않는 한, 국가들은 언제나 국제적 폭력 행위에 굴복하든가 아니면 스스로를 지키든가 둘 중 하나를 선택해야 한다.

미국 국민처럼 민주적인 전통을 지키며 사는 국민에겐 과학적으로 합리적인 것은 어디서나 받아들여져야 한다는 믿음을 갖는 것이 "자연스러워" 보인다. 그러나 역사는 물론이고 내가 방금 설명한 것과 같은 실험들도 사회적 가치로서 이성을 믿는 것은 절대로 보편적인 현상이 아니며 사회적 환경의 산물이라는 점을 보여주고 있다. 이성을 믿는다는 것은 민주주의를 믿는다는 의미이다. 왜냐하면 이성은 이성적인 파트너들에게 평등한 지위를 허용하기 때문이다. 그러기에 미국 혁명과 프랑스 혁명이 일어나고 민주주의가 확립되기 전까지 "이성"의 여신(女神)이 현대 사회에서 높이 떠받들어지지 않은 것은 전혀 이상한 일이 아니다. 다시 말하지만, 나라를 막론하고 현대 파시즘이 가장 먼저 한 행위가 공식적으로, 또 열광적으로 이 여신을 폐위시키고 대신에 감정과 복종을 유치원에 들어갈 때부터 죽을 때까지 교육과 삶의 최고 원칙으로 정하는 것이었다는 사실도 전혀 이상하지 않다.

과학적인 사회학, 그리고 실험과 경험적 이론에 근거한 사회심리학은 인간의 향상을 위해 자연과학이 한 것만큼, 아니 그 이상으로 많은 일을 할 것이라고 나는 믿는다. 그러나 그런 현실적인 사회학이 발달하고 그 사회학을 긍정적인 방향으로 응용하는 일은 이성을 믿는 사회에서만 가능할 것이다.

6장

결혼생활에 일어나는 갈등의 배경
(1940)

집단과 개인

1. 생활공간의 한 근본 요인으로서의 사회집단

결혼은 하나의 집단적인 상황이며, 그러한 것으로서 집단생활의 일반적인 특징들을 보인다. 따라서 결혼생활 중에 나타나는 배우자의 문제들은 한 개인과 그가 속한 집단의 관계에서 비롯되는 것으로 여겨져야 한다. 그러기에 부부의 갈등을 분석하는 일은 생각보다 훨씬 더 광범위하고 깊어야 한다.

우선, 부부 두 사람이 형성하는 집단, 그리고 이 집단과 다른 집단들의 관계를 고려해야 한다. 오늘날 집단은 구성원들의 총합 그 이상으로, 더 정확히 표현하면 구성원들의 총합과 다른 것으로 여겨진다. 집단은 그 나름의 구조와 목표를 갖고 있으며 또 다른 집단들과 관계를 맺고 있다. 집단의 핵심은 구성원들의 유사성이나 차이점이 아니고 구성원들의 상호의존성이다. 집단은 하나의 "역동적인 전체"로 정의될 수 있다. 이는 집단 중 어느 하위집단의 상태에 일어나는 변화는 다른 하위집단의 상태를 바꿔놓는다는 것을 의미한다. 집단의 구성원들이 형성하는 하위집단들이 상호 의존하는 정도는 느슨한 "집합체"에서 부터 응집력 강한 단위에 이르기까지 아주 다양하다. 이 상호의존성의 정도는 특히 집단의 규모와 조직, 친밀에 좌우된다.

하나의 집단은 보다 큰 집단의 일부일 수 있다. 기혼자들(〈도표 10a〉의 M)은 일반적으로 더 큰 가족의 일원이며, 더 큰 가족(Fa)은 공

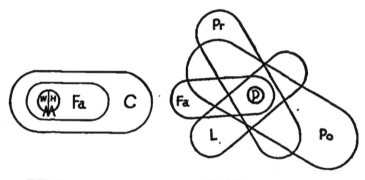

<도표 10a>
보다 큰 집단의
일부인 결혼 집단

<도표 10b>
중복되는 몇 가지 집단의
구성원으로서의 개인

W: 아내

H: 남편

M: 결혼 집단

Fa: 보다 큰 가족

C: 공동체

P: 사람

Fa: 가족

Pr: 직업 관련 집단

L: 오찬 클럽

Po: 정당

동체(C) 혹은 국가의 일부이다.

기혼자는 일반적으로 서로 다소 중복되는 많은 집단들의 구성원이다. 개인은 직업과 관련있는 집단(〈도표 10b〉의 Pr)이나 정당(Po), 오찬 클럽(L) 등의 회원일 수 있다. 이 집단들의 영향력, 즉 어떤 사람이 집단에 소속되었다는 이유로 행동에 영향을 받는 정도는 집단에 따라 다를 것이다.

어떤 사람에겐 사업이 정치보다 더 중요할 수 있고, 또 어떤 사람에겐 정당이 더 중요할 수 있다. 한 사람이 속한 다양한 집단들의 영향력은 그때그때 상황에 따라 달라진다. 사람이 집에 있을 때, 그때는 대체로 그 사람이 사무실에 있을 때보다 가족의 영향력이 더 커진다. 결혼은 일반적으로 개인의 세계 안에서, 즉 개인의 생활공간 안에서 매우 중요하다.

그렇다면 하나의 집단은 개인에게 어떤 의미일까?

집단은 개인이 딛고 설 기반의 역할을 한다. 개인의 행동에 나타나는 신속성과 결단력, 그리고 싸우거나 복종하려는 마음의 준비 등은 그가 서 있는 기반의 견고함과 그가 전반적으로 느끼고 있는 안전감에 좌우된다. 개인이 속한 집단은 그 개인이 서 있는 기반을 이루는 가장 중요한 요소이다. 어떤 사람이 소속감을 느끼지 못하거나 집단 안에서 자신의 위치가 확고하다는 느낌을 받지 못한다면, 그의 생활공간은 불안정한 기반의 특징들을 두루 보일 것이다.

집단은 하나의 수단이 될 수 있다. 이 사실과 밀접한 관련이 있는 것은 집단에 종종 개인의 수단이 되어줄 지위가 있다는 점이다. 개인은 아주 어릴 때부터 집단의 관계를 이용하는 데 익숙하다. 예를 들면, 다양한 육체적 및 사회적 목표를 달성하는 수단으로 어머니와의 관계나 가족과의 관계를 이용할 수 있다. 훗날로 가면, 개인이 어떤 집단이나 가족, 대학, 클럽 등에 속함으로써 얻는 평판이 성취에 가장 중요한 수단이 된다. 그는 제3자로부터 이 집단의 일부로 대접받는다.

개인은 집단의 일부가 된다. 어떤 개인의 환경에 일어나는 변화는 어느 정도는 그가 속한 집단의 상황에 나타난 변화 때문이다. 그의 집단에 가해지는 공격이나 그의 집단의 성쇠(盛衰)는 곧 그에 대한 공격과 그의 지위의 성쇠를 의미한다. 한 집단의 구성원으로서 개인은 보통 그 집단의 이상과 목표를 추구한다.

최종적으로, 집단은 개인이 움직이는 생활공간의 일부이다. 이 집단 안에서 어떤 지위 또는 위치에 오르고 그것을 지켜나가는 것이 개인의 중요한 목표이다. 집단 내의 지위, 집단 내에서 자유롭게 움직일 수 있는 공간의 크기, 집단의 유사한 특성들은 개인의 생활공간을 결정하는 중요한 요소이다. 이런 사실들을 고려한다면, 결혼생활이 개인의 생활공간에서 얼마나 중요한 의미를 지니는지, 처음부터 분명하게 드러날 것이다.

2. 집단에 대한 개인의 적응

어떤 집단에 속한다고 해서 개인이 모든 측면에서 그 집단의 목표와 규제, 삶의 양식, 사고의 양식과 일치해야 하는 것은 아니다. 개인은 어느 정도 자신만의 개인적인 목표를 갖고 있다. 개인은 집단 안에서도 개인적 목표를 추구하고 개인적 욕구를 충족시킬 수 있을 만큼 자유로운 이동 공간을 충분히 가질 필요가 있다. 어떤 집단에 적응하고 또 그 집단 안에서 성공적으로 삶을 영위하는 문제는 개인의 관점에서 이런 물음으로 바꿀 수 있다. 집단 안에서 소속감과 지위를 잃지 않고 개인적 욕구를 충분히 충족시키는 방법은 무엇인가? 개인이 집단 안에서 자유롭게 이동할 수 있는 공간이 지나치게 좁으면, 다시 말해 개인이 집단 안에서 누리는 독립이 충분하지 않으면, 그 개인은 불행해질 것이다. 그러다 좌절감이 더욱 커지면, 그 개인은 집단을 떠나지 않을 수 없게 될 것이다. 혹은 집단이 회원들의 자유로운 이동을 지나치게 엄격히 제한한다면, 회원들의 좌절감이 결국 그 집단을 파괴하고 말 것이다.

그렇다면 개인의 욕구와 집단의 욕구를 서로 적응시킬 필요가 있다. 개인을 집단에 적응시키는 방법은 집단의 성격과 그 개인이 집단 내에서 차지하는 위치, 개인의 성격(특히 이 사람이 행복을 느끼는 데 필요한 독립의 정도) 등에 따라 달라진다.

개인의 욕구와 집단의 욕구를 조화시키는 방법도 다양하다. 집단이 정한 규제들은 개인의 자유를 어느 정도 제한할 것이다. 규제는 집단 구성원들의 민주적 동의를 바탕으로 만들어질 수도 있고 독재 체제의 의지에 따라 강제될 수도 있다.

결혼 집단의 특성들

어떤 문화 안에서 결혼 집단의 성격은 국적과 인종, 직업, 계급 등에 따라 달라진다. 게다가, 개별적인 결혼의 구조도 서로 많이 다르다. 그럼에도, 서구 문화 안에서 형성된 대부분의 결혼 집단에 두루 보이는 특징은 있다. 결혼관계에 일어나는 갈등을 고려할 때, 다음 사항들을 특별히 고려할 필요가 있을 것 같다.

1. 집단의 규모가 극히 작다

결혼 집단은 2명의 성인 구성원(〈도표 11a〉의 남편 H와 아내 W)과 아마 한 명 이상의 자녀(〈도표 11b〉의 C1,2,3)를 포함한다. 집단의 구성원이 적기 때문에, 한 구성원의 모든 움직임은 다른 구성원들과 집단의 상황에 깊이 영향을 미칠 것이다. 달리 말해, 집단의 규모가 작다는 사실은 구성원들을 매우 상호의존적이게 만든다.

2. 집단이 개인의 핵심 영역들을 건드린다

결혼은 개인의 결정적인 문제들과 중심적인 층, 그리고 개인의 가치와 공상, 사회적 및 경제적 지위와 매우 밀접히 연결되어 있다. 다른 집단들과 달리, 결혼 집단은 개인의 이런저런 측면을 두루 건드릴 뿐만 아니라 그 사람의 육체적 및 사회적 존재 전체를 건드린다.

3. 구성원들 사이의 친밀한 관계

사람은 다양한 "사회적 거리"를 갖고 있을 수 있다(단순히 같은 마을에서 살고자 하는 의지는 사회적 거리를 따지면 함께 저녁을 먹으려는 의지보다 멀다). 결혼하려는 의지는 사회적 거리를 거의 없애려는 욕망의 한 표시로 여겨진다. 정말로, 결혼은 다른 상황에서라면 엄격히 사적인 것으로 지켰을 행위와 상황을 공유하려는 의지를 의미한다.

결혼생활은 지속적인 육체적 접근을 수반하는데, 이 접근은 성관계에서 절정을 이룬다. 결혼생활은 또한 몸이 아픈 상황에서도 가까이 지낼 것을 요구하고, 제3자에게 숨길 상황들을 공유할 것을 요구한다.

지금까지 제시한 모든 사항들은 상당한 정도의 상호의존을 낳는다. 이 사항들이 서로 결합해 작용한 결과, 가장 친밀한 사회 단위 하나가

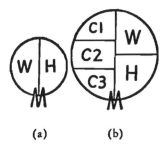 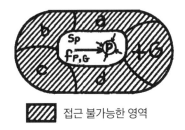

접근 불가능한 영역

<도표 11>
결혼 집단

<도표 12>
분노 상황에 일어나는
긴장과 좁아진 자유로운 이동 공간

M: 결혼 집단	P: 사람
H: 남편	G: 목표
C1: 아이	Sp: 자유로운 이동 공간
C2: 아이	a, b, c, d: 접근 불가능한 영역들
C3: 아이	$f_{P, G}$: G의 방향으로 P에게 작용하고 있는 힘

나오게 된다. 이는 집단과 상당한 정도의 동일시를 요구하는 한편으로 배우자나 자기 자신의 결점에 대단히 민감해진다는 것을 의미한다.

결혼생활에 일어나는 갈등

1. 갈등의 일반적인 조건들

개인과 집단을 대상으로 한 실험들은 갈등의 빈도와 감정 폭발에 가장 중요한 요인 하나가 개인 또는 집단이 평소에 살며 느끼는 긴장의 강도라는 점을 보여준다. 구체적인 어떤 사건이 갈등으로 이어질 것인지 여부는 주로 집단 내의 긴장의 강도나 사회적 분위기에 좌우된다. 집단에 긴장을 야기하는 주요한 원인들을 보면 다음과 같다.

(a) **개인의 욕구가 충족되거나 충족되지 못하고 있는 정도**: 어떤 욕구가 충족되지 못하고 있다는 것은 그 사람의 내면의 특정 영역이 긴장 상태에 있을 뿐만 아니라 그 사람이 전반적으로 심각한 긴장 상태에 있다는 것을 의미한다. 섹스나 안전 같은 근본적인 욕구에 특별히 더 맞는 말이다.

(b) **개인이 자유로이 움직일 수 있는 공간의 크기**: 자유로운 이동 공간이 지나치게 좁을 경우에 대체로 긴장이 높아진다. 이는 분노를 대상으로 한 실험이나 민주적 및 독재적 분위기를 대상으로 한 실험에서 확인된다. 독재적인 분위기에서 긴장이 훨씬 더 높아지며, 그 결과 냉담이나 공격성이 나타난다(도표 12).

(c) **외부 장벽**: 긴장 또는 갈등은 종종 불쾌한 상황을 벗어나려는 경향을 낳는다. 이처럼 벗어나는 것이 가능하다면, 긴장이 높아지는 예는 절대로 있을 수 없을 것이다. "외부 장벽" 혹은 내부적 유대 때문에 상황에서 벗어날 자유가 없을 경우에 높은 긴장과 갈등이 일어날 수 있다.

(d) **구성원들의 목표**: 집단생활 안에서 일어나는 갈등은 구성원들의 목표가 서로 모순을 어느 정도 일으키고 있는지에 따라 달라지고, 또 상대방의 관점을 이해하려는 자세에 따라 달라진다.

2. 결혼생활의 갈등에 대한 일반적인 고려사항

개인이 집단에 적응하는 문제는 이런 물음으로 요약할 수 있다. 개인이 집단의 이익을 간섭하지 않고 집단 안에서 자신의 개인적 욕구를 충족시킬 수 있을 만큼 자유로운 이동 공간을 충분히 확보할 수 있는 방법은 무엇일까? 결혼 집단의 특별한 성격을 고려한다면, 이 집단 안에서 적절한 사적 공간을 확보하는 것이 특별히 어렵다. 결혼 집단은 작고 또 친밀하다. 결혼의 본질에 배우자와 사적 공간을 공유한다는 것이 포함되어 있다. 또 양 당사자의 내면 중에서 가장 핵심적인 부분과 사회적 존재까지 공유하게 되어 있다. 각 당사자는 자신의 욕구와 일치하지 않는 모든 것에 특별히 예민하게 반응한다.

<도표 13> 집단 구성원들 사이의 친밀도 차이

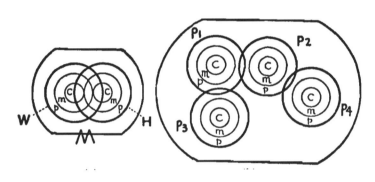

(a) 친밀한 관계   **(b) 피상적인 관계**

M: 결혼 집단   c: 사람의 중심층
H: 남편   m: 사람의 중간층
W: 아내   p: 사람의 주변층
P1, P2, P3, P4: 피상적으로
관계를 맺고 있는 사람들

이 층들의 중복이 상황의 공유를 의미한다면, 결혼(M)은 〈도표 13a〉로 표현되는 반면에 결혼보다 덜 친밀한 집단은 〈도표 13b〉로 그려

질 것이다. 집단 13a의 구성원과 집단 13b의 구성원을 놓고 보면, 집단 13b의 구성원이 다른 구성원들과 비교적 피상적인 관계를 포기하지 않고도 자신의 개인적인 욕구를 충족시킬 자유를 더 쉽게 발견한다는 사실이 확인될 것이다. 그러므로 집단 13a의 상황이 갈등을 일으킬 확률이 더 높다. 결혼에서도 다른 친밀한 집단에서와 마찬가지로 이런 갈등들이 특별히 더 깊고 감정적일 수 있다.

3. 욕구 상황

(a) 결혼생활에서 충족시켜야 할 욕구의 다양성과 모순적인 본질: 일반적으로 결혼생활을 통해 다양한 욕구가 충족될 것으로 여겨진다. 남편은 아내가 부드러운 가슴의 소유자이고, 친구이고, 아내이고, 엄마이고, 자신의 수입을 관리하는 사람이고, 가족의 공동 부양자이고, 공동체의 사회생활에서 가족의 대표가 되어줄 것이라고 기대한다. 아내는 남편이 따뜻한 가슴의 소유자이고, 친구이고, 가족의 부양자이고, 아빠이고, 가정을 보살피는 사람일 것이라고 기대한다. 배우자가 맡아줄 것이라고 기대하는 이런 다양한 역할들이 상반된 유형의 행동과 성격적 특성을 요구할 때가 종종 있다. 따라서 이 역할들은 서로 쉽게 조화를 이루지 못한다. 그럼에도 불구하고, 이 역할 중 어느 하나라도 제대로 수행하지 못하면 중요한 욕구가 충족되지 못하게 되고, 결과적으로 집단생활에 긴장을 높이게 될 것이다.

이 욕구들 중에서 어느 욕구가 지배적인지, 그리고 어떤 욕구가 완전히 충족되고 어떤 욕구가 부분적으로 충족되고 또 어떤 욕구가 전혀 충족되지 않고 있는지는 배우자의 성격과 부부가 살고 있는 환경에 좌우된다. 다양한 욕구들의 충족과 중요성도 결혼 집단마다 다 다를 것이다. 한쪽 파트너가 욕구의 충족과 좌절에 반응하는 방식도 결혼관계의 갈등을 이해할 때 반드시 고려되어야 한다. 사실에 입각해 반응하는 사람이 있는가 하면, 감정적으로 받아들이는 태도가 강한 사람도 있는 것이다.

욕구의 본질에 고유한 것으로, 결혼생활의 갈등과 관련해 고려해야 할 것이 두 가지 더 있다. 욕구는 불만 상태에서만 긴장을 유발하는 것이 아니라 과도한 만족(싫증)의 상태에서도 긴장을 일으킨다는 점이다. 욕구를 충족시키려는 행동이 지나치면, 섹스 같은 육체적 욕구의 영역에서만 아니라 브리지 게임이나 요리, 사교적 활동, 아이들을 돌보는 일 등과 같은 심리적 욕구의 영역에서도 싫증이 나타난다. 싫증으로 인해 야기되는 긴장도 불만에서 야기되는 긴장보다 절대로 덜 강하거나 덜 감정적이지 않다. 따라서 만약에 두 배우자가 만족 상태에 이르는 데 필요한 행동의 양이 서로 다르다면, 불만 상태가 더 심각한 배우자의 요구를 집단생활의 기준으로 정하는 것은 절대로 해결책이 되지 못할 것이다. 이 같은 조치는 간절함이 덜한 파트너에겐 곧 싫증을 의미할 것이기 때문이다. 춤이나 다른 사교적 활동에 대한 욕구에 대해 말하자면, 쉽게 만족할 줄 모르는 파트너는 욕구를 충족시키기 위해 다른 곳을 기웃거릴 수 있다. 그러나 특히 성적 욕구의 경우에, 외부에서 만족을 추구하는 행위는 반드시 결혼생활에 심각한 피해를 입히게 되어 있다.

핵심적인 욕구가 개입될 때, 갈등이 심각해지기 쉽다. 불행하게도, 어떤 욕구든 불만이나 싫증 상태에 있을 때 중심적인 욕구가 되고 만족 상태일 때 주변적인, 말하자면 덜 중요한 욕구가 되는 것 같다. 달리 말하면, 충족되지 않은 욕구가 상황을 지배하게 되어 있다는 뜻이다.

이는 분명히 갈등의 확률을 높인다.

(b) 성적 욕구: 욕구의 이런 일반적인 특징들을 성적 욕구에 적용하는 것이 결혼생활에 특별히 중요하다. 성관계는 양면적이라거나, 성관계는 상대방에게 헌신함과 동시에 상대방을 소유하는 것이라는 말을 자주 듣는다. 성적 욕망과 혐오는 서로 밀접히 연결되어 있으며, 성적 갈증이 과도한 만족, 즉 싫증으로 변하게 되면 성적 욕망이 급격히 혐오로 바뀔 것이다. 두 사람의 성적 리듬이나 두 사람이 성적 만족을 얻는 특별한 방법이 똑같을 것이라고 기대하기 어렵다. 더욱이, 여자의 경우에는 생리 주기 때문에 신경이 극도로 날카로워지는 시기가 있다.

이런 모든 요소들은 다소 심각한 갈등을 낳을 수 있으며, 이 갈등은 둘 사이에 상호 적응이 필요하다는 점을 암시한다. 만약에 이 영역에서 양 당사자를 충분히 만족시킬 균형이 발견되지 않는다면, 결혼생활을 온전히 지켜나가기가 어려울 것이다.

두 파트너 사이의 불일치가 지나치게 크지 않다면, 그래서 결혼생활이 두 사람에게 충분히 긍정적인 가치를 지닌다면, 결국엔 어떤 균형점이 발견될 것이다. 따라서 결혼생활의 행복과 갈등에 영향을 미치는 가장 중요한 요소는 결혼이 남편과 아내의 생활공간에서 차지하는 위치와 의미라 할 수 있다.

(c) 안전: 특별히 한 가지 욕구, 즉 안전 욕구에 대해 언급하고 싶다 (나의 생각에 이것을 욕구로 분류할 수 있는지 다소 의문스럽긴 하다). 사회집단의 일반적인 특징 하나는 그 집단이 개인이 설 바탕의 성격을 지닌다는 점이다. 만약에 이 바탕이 불안정하다면, 개인은 불안을 느끼고 긴장할 것이다. 대체로 사람들은 사회적 바탕의 불안정성이 약간만 높아져도 매우 민감하게 반응한다.

결혼 집단이 개인에게 사회적 바탕으로서 하는 역할은 아주 중요하다. 결혼 집단은 "사회적 가정"을 이루고, 이 가정 안에서 당사자들은 아늑하게 받아들여지는 느낌을 받으며 자신의 가치를 재확인한다. 여자들이 불행한 결혼생활의 원인으로 남편의 정직성의 결여와 경제적 실패를 가장 빈번하게 꼽는 이유도 바로 거기에 있다. 결혼생활에서 배우자를 불신하는 사람은 자신이 서 있는 곳이 어디인지를 확신하지 못하고 자신의 행동이 실제로 어느 방향으로 향하고 있는지를 제대로 알지 못하게 된다.

4. 자유로운 이동 공간

집단 안에서 자유로운 이동 공간을 충분히 갖는 것이 개인의 욕구 충족과 집단에 대한 적응에 반드시 필요하다. 자유로운 이동 공간이 충분하지 않을 경우에, 앞에서 언급한 바와 같이 긴장이 조성된다.

(a) 밀접한 상호의존성과 자유로운 이동 공간: 결혼 집단은 매우 작은 수의 사람을 포함한다. 결혼 집단은 곧 집과 식탁, 침대를 공유하는 것을 의미하고 당사자들의 내면 속의 깊은 층들을 건드린다. 이 같은 사실들은 한 구성원의 모든 행동은 상대방을 어느 정도 침범하게 되어 있다는 점을 암시한다. 이는 자연히 개인의 자유로운 이동 공간을 결정적으로 좁히게 되어 있다는 뜻이다.

(b) 사랑과 자유로운 이동 공간: 사랑은 자연히 모든 것을 끌어안으려 하고, 상대방의 전체 삶을, 말하자면 상대방의 과거와 현재와 미래를 포용하려 하는 경향을 보인다. 사랑은 상대방의 모든 활동과 사업, 그리고 타인들과의 관계에 영향을 미치는 경향을 보인다. 〈도표 14〉는 아내의 사랑이 남편이 결혼생활 밖에서 영위하는 생활공간에 미치는

<도표 14> 남편의 생활공간

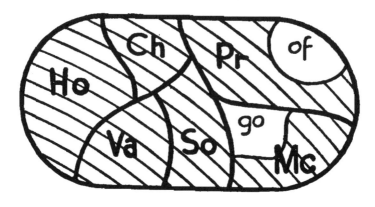

빗금 친 부분은 아내의 영향을 다소 받는 영역들을 나타내고 있다. 남편의 자유로운 이동 공간 (흰색으로 표시된 지역)은 아내의 사랑스런 관심 때문에 많이 좁아진다.

Pr: 직업 생활	Va: 휴가	of: 사무실 생활
Mc: 남자 클럽	Ch: 아이들	go: 골프
Ho: 가정 관리	So: 사회생활	

영향을 나타내고 있다.

　모든 것을 포용하려는 사랑의 경향이 사람이 집단에 적응하는 데에 근본적으로 필요한 조건, 즉 충분한 사적 공간을 직접적으로 위협하는 것이 분명하게 드러나고 있다. 배우자는 호의적인 태도를 가진 상태에서 파트너의 이런 활동 영역으로 들어갈 때조차도 파트너로부터 자유의 일부를 빼앗게 되어 있다.

　일부 측면에서 보면, 결혼 상황이 사랑에서 비롯되는 문제들을 더욱 어렵게 만든다. 일반적으로 어느 집단에 소속되는 것은 오직 특정 유형의 상황만을 공유한다는 것을 의미하고, 또 그 사람의 특별한 특성에 대해서만 상호 인정할 것을 요구한다. 예를 들어, 어떤 사람이 비즈니스 단체에 가입한다면, 그런 경우에 단체가 요구하는 조건은 성실성과 어떤 능력이다. 심지어 친구들의 모임에서도 각 친구들의 특성 중에서 좋은 부분만 즐기도록 상황을 이끌 수 있다. 그러면서 함께 공유하고 싶지 않은 상황은 피해갈 수 있는 것이다. 서로 자주 만나며 친하게 지내던 두 가족이 여름휴가를 한 지붕 밑에서 지낸 뒤 서로 친구 관계를 청산하게 되었다는 이야기는 프라이버시의 박탈이 우정을 망칠 수 있다는 점을 보여주는 전형적인 예이다. 결혼은 파트너의 자질이 바람직한지 여부를 떠나 그 자질에 "예스"라고 대답할 것을 요구하고 또 영원히 밀접히 접촉하며 살겠다는 의지를 요구한다.

얼마나 많은 프라이버시가 필요한가 하는 문제는 당사자의 성격에 좌우되고 또 결혼이 두 사람의 생활공간에 지니는 의미에 좌우된다.

5. 결혼이 개인의 생활공간 안에서 지니는 의미

(a) **도움이냐 방해냐**: 총각의 상황과 기혼 남자의 상황을 비교해보자. 총각의 생활공간은 어떤 중요한 목표들(〈도표 15a〉의 G)의 지배를 강하게 받는다. 그는 자신과 목표들 사이에 가로놓여 있는 난관들(B)을 극복하려고 노력한다.

결혼 후에도, 이 목표들 중 많은 것들은 그대로 똑같이 있을 것이다. 그래서 그가 목표들을 이루길 원한다면, 일부 장벽들을 극복해야 할 것이다. 그러나 지금은 한 가족의 구성원으로서(〈도표 15b〉의 M), 예를 들어, 가족의 생계를 책임진 사람으로서 그는 한 사람의 개인이 아니라 "가족의 부담을 진" 존재로서 끊임없이 장벽들을 극복해 나가야 한다. 그러다 보니 총각 때보다 훨씬 더 큰 어려움이 따를 수 있다. 만약에 이 어려움이 지나치게 커지면, 결혼 자체가 부정적으로 느껴질 수 있다. 결혼이 그의 길을 가로막는 장애의 성격을 띨 수도 있을 것이다. 한편, 결혼이 장벽들을 극복하는 데 도움을 줄 수도 있다. 아내의 경제적 지원만을 고려해서 하는 말이 아니다. 모든 종류의 사회적 성취에도 결혼이 이롭게 작용할 수 있다. 오늘날엔 아이들이 예전에 비해 경제적으로 도움을 주기보다는 부담으로 작용하는 것 같다.

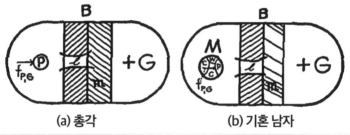

＜도표 15＞ 장벽을 극복하는 데 따르는 어려움

(a) 총각   (b) 기혼 남자

M: 결혼 집단	l: 총각에겐 통과가 허용되지만(＜도표
P: 사람	15a＞) 기혼 남자에겐 허용되지 않는 장벽
W: 아내	의 영역(도표 15b).
C: 아이들	m: 결혼 후 통과가 더욱 용이해지는 장벽
G: 목표	의 영역
B: P와 G 사이의 장벽	$f_{P,G}$: G 방향으로 사람에게 작용하는 힘

(b) 가정생활과 외부 활동: "하루 중 어느 정도를 가정생활에 쏟아야 할까?" 이 질문에 대한 대답은 사람에 따라 다 다를 것이다. 그런 만큼 결혼의 의미도 사람에 따라 다 다르다고 보면 된다. 남편은 아내에 비해 외부 활동에 더 많은 시간을 쏟는 경향을 보인다. 반면에 아내의 주요 관심은 가사와 아이들에게 쏟아질 것이다. 여자들은 남자들에 비해 성격과 성격의 발달에 더 깊은 관심을 쏟고, 남자들은 소위 말하는 "객관적 성취"에 대해 더 많이 생각한다.

이 같은 상황은 〈도표 16〉에 그려져 있다. 가정생활에 실제로 쏟은 시간은 남편과 아내의 관심을 바탕으로 한 힘들의 균형을 표현하고 있다. 만약에 파트너 사이에 불일치가 지나치게 크면, 다소 만성적인 갈등이 일어날 가능성이 있다. 레크리에이션이나 사교활동 같은 특별한 활동에 할당하는 시간과 관련해서도 이와 비슷한 불일치가 일어날 수 있다.

(c) 결혼의 의미에 나타나는 일치와 불일치: 두 파트너의 생활공간 안에서 결혼의 의미가 서로 지나치게 다르지 않는 한, 남편과 아내 사이의 갈등은 대체로 진짜로 심각해지지는 않는다. 결혼이 개인에게 지니는 의미는 사람에 따라 크게 다를 수 있다. 종종 결혼은 남편보다 아내에게 더 중요하거나 더 포괄적인 의미를 지닌다. 미국 사회에서 직장 분야는 대체로 아내보다 남편에게 더 중요하다. 그렇기 때문에 남편에겐 다른 분야의 상대적 비중이 다소 떨어지게 되어 있다.

<도표 16> 공동생활의 범위를 둘러싼 갈등

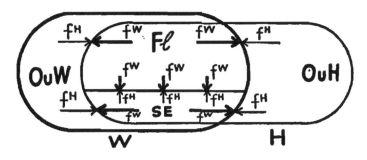

여기에 그려지고 있는 상황을 보면, 가족생활의 범위를 남편은 축소하기를 원하고 아내는 확대하기를 원한다. 반면, 성생활에선 남편과 아내 사이에 반대 현상이 나타난다.

W: 아내의 활동	OuH: 공동생활 밖에서 하는
H: 남편의 활동	남편의 활동
Fl: 공동 가족생활	SE: 성생활
OuW: 공동생활 밖에서	f^W: 아내의 소망에 부응하는 힘
하는 아내의 활동	f^H: 남편의 소망에 부응하는 힘

결혼은 남편과 아내에게 비교적 임의적인 무엇인가를 의미할 수도 있고, 또 사회적 영향과 권력 같은 목적을 이루기 위한 수단을 의미할 수도 있다. 아니면 결혼 자체가 목적이 될 수도 있다. 단지 아이들을 키우거나 함께 살기 위해 결혼을 할 수도 있는 것이다. 아이들을 키우는 것도 개인에 따라 아주 다른 의미를 지닐 수 있다.

결혼이 파트너에 따라 다른 의미로 다가오는 것은 지극히 정상이다. 결혼의 의미가 다르다는 것 자체가 반드시 갈등으로 이어지지는 않는다. 아이들을 키우는 일에 관심이 많은 아내라면 당연히 집에서 더 많은 시간을 보내길 원할 것이다. 그렇다고 해서 남편의 관심사가 방해

받을 필요는 없다. 아내의 그런 관심은 부부 사이에 훨씬 더 큰 조화를 낳을 수도 있다. 관심의 불일치가 문제가 되는 경우는 남편과 아내가 결혼에 부여한 의미를 동시에 실현시킬 수 없게 될 때뿐이다.

6. 중복되는 집단들

현대 사회에서 모든 개인은 다수 집단의 구성원이다. 남편과 아내는 보통 부분적으로 다양한 집단에 속한다. 이 집단들은 상충하는 목표와 이데올로기를 갖고 있다. 결혼생활의 갈등이 이처럼 중복되는 집단들에 대한 충성에서 비롯되는 경우가 자주 있으며, 결혼생활의 전반적인 분위기는 이 집단들의 성격에 크게 좌우된다.

남편과 아내가 인종적으로나 종교적으로 서로 다른 집단에 속하거나 서로 많이 다른 사회적 혹은 경제적 계급에 속한다면, 분명히 집단에 대한 충성은 중요한 문제가 된다. 결혼의 욕구와 의미와 관련해서 논한 내용 중 상당 부분은 여기서 다뤄질 수 있다. 왜냐하면 사람의 욕구 중 많은 것이 비즈니스 단체나 정당 같은 일부 집단에 가입하는 행위와 직접적으로 연결되기 때문이다.

여기서는 두 가지 예에 대해서만 언급할 것이다.

(a) 결혼생활과 본가(本家): 결혼생활을 시작하다 보면, 배우자와 본가 가족의 연결 때문에 문제가 생기기도 한다. 아내의 어머니는 사위를 자기 가족으로 새로 들어온 구성원으로 여길 것이다. 아니면 양쪽 집안이 새로 결혼한 남녀를 서로 자기편으로 만들려 할 수도 있다. 이런 현상이 갈등으로 이어질 수 있다. 두 집안의 관계가 처음부터 우호적이지 않은 경우에, 갈등이 빚어질 가능성은 훨씬 더 커진다.

만약에 남편과 아내가 옛날에 자신이 속했던 집단보다 둘의 결혼생활을 더 중요하게 여긴다면, 남편과 아내 사이에 갈등이 일어날 가능성은 최소화된다. 왜냐하면 이런 경우엔 결혼 집단이 갈등과 관련해서 하나의 단위로 움직일 것이기 때문이다. 그러나 본가와의 연결이 여전히 강하다면(도표 17), 남편과 아내는 실제로 다른 집단의 소속감에 따라 움직이게 될 것이고, 따라서 둘 사이에 갈등이 빚어질 확률이 높아진다. 신혼부부가 자주 듣는, "본가를 너무 가까이 하지 않도록 하라."는 조언도 이런 사실을 뒷받침한다.

(b) 질투: 질투는 아주 흔하다. 아이들의 내면에서도 이미 발견된다. 질투는 이치에 전혀 맞지 않은 상황에서 가장 두드러지게 나타날 수 있다. 질투는 부분적으로 자신의 "특성"을 빼앗겼다는 감정 때문에 일어날 수 있다. 중복되는 넓은 범위와 모든 것을 포함하려 하는 사랑의 속성에 비춰보면, 두 사람의 관계가 매우 가까울 때 질투의 감정이 쉽게 일어나는 이유가 이해된다.

<도표 17> 하나의 단위로서, 또 본가의 일부로서의 결혼 집단

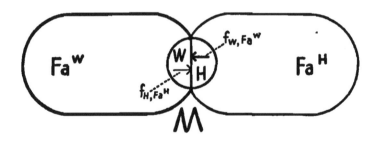

H: 남편	M: 결혼 집단
W: 아내	f_H, Fa^H: 남편 쪽 가족이 남편에게 행사하는 힘
.Fa^H: 남편 쪽 가족	f_W, Fa^W: 아내 쪽 가족이 아내에게 행사하는 힘
Fa^W: 아내 쪽 가족	

남편이 제3자와 친한 관계를 맺고 있다고 가정하자. 그런 경우에 아내는 남편을 "잃을" 뿐만 아니라 자신의 친밀한 생활의 일부가 제3자에게 공개되고 있다는 느낌을 받을 것이다. 아내는 처음에 배우자가 자신의 친밀한 생활 안으로 들어오도록 허용할 때 그 생활을 대중 앞에 드러낼 뜻이 없었다. 그렇기 때문에 남편이 제3자와 친밀한 관계를 맺는 것이 아내에게는 친밀한 생활과 대중 사이에 놓인 장벽을 깨뜨리는 것으로 느껴지게 된다. 당연히 반대의 예도 있다.

여기서 이 같은 상황이 각 파트너에게 서로 달리 경험될 수 있다는 점을 이해하는 것이 중요하다. 남편의 생활공간은 〈도표 18a〉를 통해 표현될 수 있다. 그와 제3자(fr)의 우정은 비즈니스 관계에서 비롯되었을 수 있다. 이 우정은 그에게 개인적으로 중요한 영역일 수 있으며, 지금도 여전히 그의 사업 분야에서, 그러니까 결혼생활(M) 밖에서 예전과 똑같은 자리를 지키고 있다. 따라서 남편에겐 결혼생활과 제3자와의 관계 사이에 전혀 아무런 간섭이 일어나지 않고 있다. 결혼생활(M)에도 빼앗긴 것이 하나도 없고, 두 가지 충성은 거의 충돌을 일으키지 않고 있다. 똑같은 상황이 아내에겐 전혀 다른 모습으로 다가온다. 아내의 생활공간(도표 18b)에서, 남편의 전체 삶은 결혼관계 속에 포함되며 특히 우정이나 친밀한 관계는 결혼 영역에 깊이 영향을 미친다. 그러므로 아내에게 남편의 깊은 우정은 결혼 영역을 명백히 침범하는 것처럼 보인다.

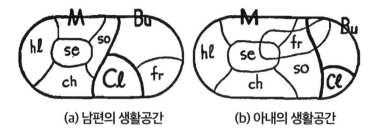

<도표 18> 똑같은 사건이 남편과 아내의 생활공간에서 지니는 서로 다른 의미

(a) 남편의 생활공간   **(b) 아내의 생활공간**

남편의 생활공간에서 "남편과 제3자의 우정"이라는 영역은 "결혼생활 영역"과 겹치지 않는
다. 그러나 이 영역은 아내의 생활공간 안에서 분명히 겹친다.

M: 결혼 영역	ch: 아이들과의 생활
Bu: 남편의 비즈니스 활동	se: 남편과 아내의 성관계
Cl: 남편의 클럽 활동	so: 남편과 아내의 사회생활
hl: 가정생활	fr: 남편과 제3자의 우정

7. 형성 중인 하나의 집단으로서의 결혼

결혼 초기에 남편과 아내 둘 다 상대방의 움직임에 극도로 민감하
다. 역사가 짧은 집단은 어린 생명체처럼 연약하다. 남편과 아내가 서
로를 알아감에 따라, 결혼생활에 따르는 문제를 다루는 방법도 점점
자리를 잡게 될 것이다. 어느 정도 시간이 흐르고 나면, 이런 식으로 확
립된 방법을 변화시키는 것 자체가 대단히 어려워질 것이다. 사회는
새롭게 시작하는 결혼생활에 어느 정도 전통적인 형식을 부여한다. 그
러나 최근 들어 결혼생활의 사적인 성격을 강조하는 경향이 뚜렷해지
고 있다. 따라서 결혼 집단의 분위기가 파트너들의 성격과 책임감에
더 많이 좌우되게 되었다.

오래되지 않은 결혼생활의 경우엔 자기 자신의 욕구와 파트너의 욕구 사이에 균형을 어떤 식으로 맞출 것인지가 아직 명확히 드러나지 않는다. 이런 경우에 전형적으로 갈등이 빚어지지만, 이때는 결혼생활이 그래도 유연성을 보이고 있기 때문에 갈등이 해결될 확률이 높다.

갈등의 해결

어떤 갈등이 어느 정도로, 또 어떤 방식으로 해결될 것인가 하는 문제는 전적으로 결혼의 수많은 요소들에 좌우될 것이다. 이때 갈등이 결혼생활에 지니는 의미도 중요하다. 그러나 나는 여기서 특별히 한 가지 요소를 강조하고 싶다. 결혼생활에서 빚어지는 갈등의 빈도와 심각성은 주로 결혼생활의 전반적인 분위기에 좌우된다는 점이다. 갈등 해결에는 분위기가 가장 중요한 요소인 것 같다.

결혼을 한다는 것은 어느 정도의 자유를 포기할 것을 전제로 한다. 이 자유의 포기는 두 가지 방법으로 이뤄질 것이다. 결혼생활을 위해 자신의 자유를 희생시키며 불만스런 것을 받아들이는 길이 있는가 하면, 결혼생활을 자신의 삶의 일부로 확실히 받아들이면서 파트너의 목표를 어느 정도 자기 자신의 목표로 만드는 길도 있다. 후자의 경우라면 희생이라는 표현이 정확하지 않다. "자신의 자유를 제한하는" 조치의 의미가 크게 달라지기 때문이다.

그런 식으로 파트너와 "동일시"하는 데에는 신비직인 요소가 하나도 없다. 이런 동일시는 사랑과 결혼만의 특징이 절대로 아니다. 어느 정도의 자유를 포기하는 것은 어느 집단에 소속되든 반드시 요구되는 조건이다. 그러므로 각 집단이 개인적 욕구와 집단적 욕구 사이의 균형을 어떤 바탕에서 맞출 것인지를 확실히 아는 것이 아주 중요하다. 집단의 규칙을 준수하는 일은 어느 정도 강요되거나 강력한 "우리 의식"에서 비롯될 수 있다. 실험에 따르면, "우리 의식"은 독재적인 분위기보다 민주적인 분위기의 특성이다. 또 "우리 의식"이 긴장과 갈등의 완화에 도움이 되는 것으로 확인되고 있다. 다른 구성원의 관점과 목표를 고려하고 개인적인 문제들을 이성적으로 논의하려는 태도를 갖출 경우에 갈등 해결이 보다 빨리 이뤄진다. 틀림없이, 윌리엄 블레이크(William Blake)의 다음 시구는 결혼생활의 분위기에도 그대로 적용될 것이다.

나의 친구에게 화가 났네
그래서 분노를 말했더니, 분노가 사라졌네
나의 적에게 화가 났네
그래서 분노를 말하지 않았더니, 분노가 자라났네

7장

시간 전망과 사기
(1942)

실업에 관한 연구들은 오랫동안 이어지는 게으름이 실업자의 삶의 모든 부분에 어떤 식으로 영향을 미치는지를 보여주고 있다. 일자리를 잃은 개인은 희망을 계속 간직하려고 노력한다. 그러다 취업 희망을 버리게 될 때, 그 사람은 자신의 행동을 필요 이상으로 제한하게 된다. 그는 시간이 아주 많은데도 가정의 의무를 게을리하기 시작한다. 심지어 자신의 생각과 소망까지 좁힌다. 이 분위기는 자식들에게로 그대로 전달되고, 그러면 아이들의 야망이나 꿈도 아주 작아진다. 달리 표현하면, 실업자와 그의 가족은 사기가 떨어진 모습을 보여준다.

이 같은 행동을 분석하면, "희망"이라 불리는 심리적 요소의 중요성이 확연히 드러난다. 사람은 희망을 포기할 때 "앞으로 멀리 나아가려는 노력"을 중단한다. 그러면 그 사람은 활력을 잃고, 미래 계획을 중단하고, 최종적으로 보다 나은 미래에 대한 바람을 버린다. 그러면 그는 원시적이고 수동적인 삶에 만족하게 된다.

희망은 "미래의 어느 날엔가 현실의 상황이 나의 소망과 똑같이 변할 것이라는" 의미이다. 이런 "심리적 미래"가 그리는 그림은 훗날 실제로 일어난 일과 좀처럼 일치하지 않는다. 개인은 자신의 미래를 지나치게 장밋빛으로 그리든가 지나치게 음울하게 그린다. 심리적 미래의 성격은 희망과 절망 사이를 오간다. 그러나 개인이 미래를 그린 그림이 미래의 어느 시점에 정확해질 것인지 여부를 떠나서, 그 그림은 당시에 그 사람의 기분과 행동에 큰 영향을 미친다.

심리적 미래는 로런스 프랭크(Lawrence K. Frank)가 '시간 전망' (time perspective)이라고 부른 것의 일부를 이룬다. 한 개인의 생활공간은 그 사람이 현재 상황이라고 고려하는 것에만 한정되지 않고 미래와 과거까지 포함한다. 어떤 개인이 어느 순간에 보이는 행동과 감정, 그리고 의욕은 그의 전반적인 시간 전망에 따라 달라진다.

그렇다면 실직한 사람의 행동은 시간 전망이 사기를 떨어뜨리는 과정을 보여주는 한 예일 것이다. 반대로, 시간 전망이 사기를 어떤 식으로 진작시키는가 하는 문제는 히틀러가 권력을 잡은 직후 독일 내 시온주의자들(19세기 말부터 팔레스타인 지역에 유대인 국가를 건설하려는 노력을 펼친 사람들을 일컫는다/옮긴이)의 행동을 통해 쉽게 설명될 것이다. 독일에 거주하던 유대인들의 대다수는 수십 년 동안 차르 지배 하에서 러시아가 저지른 조직적인 대학살은 "독일에서는 일어날 수 없는 일"이라고 믿어왔다. 따라서 히틀러가 권력을 잡았을 때, 유대인들이 그때까지 올라 서 있던 사회적 바탕이 돌연 그들의 발밑에서 사라지게 되었다. 자연히 많은 유대인들이 절망하여 자살의 길을 택했다. 자신들이 딛고 설 기반이 전혀 없는 상태에서, 유대인들은 살 만한 가치가 있는 미래를 볼 수 없었다.

한편, 수적으로 작았던 시오니스트 집단의 시간 전망은 이와 달랐다. 그들도 마찬가지로 독일에서 대량 학살의 개연성을 보지 못했지만 그런 일이 일어날 가능성을 완전히 배제하지는 않았다. 그들은 수십 년 동안 자신들이 처한 사회학적 문제들을 현실적으로 연구하려고 노력했다. 그러면서 먼 미래를 내다보는 프로그램을 옹호하고 촉진시켰다. 달리 말해, 그들은 수천 년 동안 척박한 조건에서 살아남은 심리적 과거와 미래의 의미 있는 목표까지 포함하는 시간 전망을 갖고 있었던 것이다. 그런 시간 전망의 결과, 시오니스트 집단은 높은 사기를 보여주었다. 그들이 보는 현재도 다른 사람들이 보는 현재와 마찬가지로 불길했지만 그처럼 다른 결과가 나타났다. 장기적이고 현실적인 시간 전망을 가진 시오니스트들은 독창력과 조직적인 계획을 보여주었다. 이는 어려운 상황 앞에서 흔히 보이게 되는 무기력이나 위축과는 거리가 아주 멀었다. 실업자들의 특징인 짧은 시간 전망과는 완전히 다른 시간 전망을 가질 수 있었던 결과였다. 이 작은 집단의 높은 사기가 독일 내의 다른 유대인들의 사기를 지키는 데 얼마나 큰 기여를 했는지를 살펴보는 것도 충분히 가치 있는 일이다. 다른 많은 예들에서와 마찬가지로, 여기서도 사기가 높았던 소규모 집단이 더욱 큰 집단이 힘을 결집하는 구심점이 되어주었다.

정말로, 시간 전망은 더욱 철저히 분석해도 좋을 만큼 사기에 아주 중요한 요소인 것 같다.

시간 전망의 발달

아이는 기본적으로 현재에 산다. 아이의 목표는 즉시적인 목표이다. 그래서 아이는 주의를 다른 곳으로 돌리는 즉시 목표를 "잊는다". 사람이 나이를 먹을수록, 그의 과거와 미래가 현재의 기분과 행동에 영향을 점점 더 많이 미치게 된다. 학교에 다니는 아이의 목표는 이미 학년 말에 다음 학년으로 올라가는 것을 포함하게 된다. 그리고 세월이 한참 흘러 어른이 되면, 그때는 한 가족의 아버지로서 삶의 계획을 세울 때 수십 년 된 과거를 바탕으로 생각할 것이다. 실제로 보면, 인류 역사에 중요한 인물들 모두는 종교나 정치, 과학 등 활동 분야를 불문하고 미래 세대까지 포함하는 시간 전망을, 또 먼 과거에 대한 자각을 바탕으로 한 그런 시간 전망을 갖고 있었다. 그러나 이처럼 긴 시간 전망은 위대한 인물들에게만 국한되는 것은 아니다. 엄청난 액수의 생명보험 계약액은 자신의 행복과는 아무런 관계가 없는 심리적 미래가 보통 사람의 일상 삶에 큰 영향을 미친다는 사실을 인상적으로 보여주는 증거이다.

시간 전망의 길이와 별도로, 사기에 중요한 측면이 한 가지 더 있다. 어린이는 공상과 현실을 명확히 구분하지 않는다. 소망과 두려움도 아이의 판단에 큰 영향을 미친다. 그러다 성숙해지고 "자제력"을 얻게 되면, 개인은 소망과 기대를 구분하게 된다. 이제 그의 생활공간은 "현실"과, 공상과 꿈과 같은 다양한 차원의 "비현실"로 세분화된다.

끈기와 시간 전망

"역경에 맞서 불굴의 끈기를 보이는 것이 높은 사기를 보여주는 가장 확실한 지표이다." 군사적 사기의 핵심을 전하는 것으로 널리 받아들여지고 있는 말이다. 곤경 앞에서 버틸 수 있는 능력이 실제로 사기의 가장 근본적인 요소인가 하는 문제에는 이견이 있을 수 있겠지만, 그 능력이 시민적 혹은 군사적 사기의 한 요소라는 데에는 이견이 있을 수 없다. 그러한 것으로서 끈기는 사기를 논하는 출발점으로 아주 좋다.

사기가 동의할 수 없는 상황이나 위험한 상황을 직시하는 능력을 의미한다면, 먼저 이런 질문부터 던져야 한다. 개인에게 동의할 수 없는 상황이나 위험한 상황이란 도대체 어떤 것인가? 이 물음 앞에서 사람들은 대체로 육체적 고통이나 신체적 위험을 떠올릴 것이다. 그러나 즐거움을 위해 산을 힘들게 오르거나 정글을 탐험하는 사람, 자동차를 고속으로 질주하는 청소년, 아니면 축구를 하는 소년은 그런 대답이 지나치게 단순하다는 점을 보여준다.

1. 동의할 수 없는 상황과 시간 전망

평상시의 환경에서라면, 개인은 마룻바닥에 떨어진 수은을 나무 스푼으로 주워 담거나 소금을 전혀 넣지 않은 소다크래커 수십 개를 먹으라는 지시에 강력히 저항할 것이다. 그러나 실험에 참여하는 개인들은 조금의 망설임이나 저항을 보이지 않고 그렇게 하려는 태도를 보였다. 달리 말하면, 어떤 행동이 수치스럽거나 불쾌한지 여부는 그 행동의 심리적 "의미", 즉 그 행동을 포함하는 보다 큰 사건들의 단위에 크게 좌우된다는 뜻이다. 예를 들어, 환자의 역할을 맡을 경우에 개인은 다른 상황이었더라면 육체적 통증 혹은 불쾌감 때문에 강력히 저항했을 일까지도 의사의 "치료"로 받아들인다.

보다 큰 심리적 단위의 의미와 시간 전망이 개인의 고통과 사기에 영향을 미치는 정도를 보여주는 좋은 예가 바로 M. L. 파버(Farber)가 교도소 수감자들을 대상으로 고통을 연구한 보고서이다. 이 보고서에 따르면, 교도소 안에서 개인이 매일 하는 작업과 그 사람이 겪는 고통의 크기 사이에는 아무런 상관관계가 없다. 고통을 많이 겪는 개인들은 교도소 일 중에서 귀찮은 일을 하는 사람들 사이에서 못지않게 권력과 시간적 여유가 따르는 일(교도소 잡지 편집자 혹은 교도관 보조 등)을 하는 사람들 사이에서도 발견되었다. (고통의 크기와 교도소 일의 "객관적" 이점 사이의 상관관계는 0.01이었다.) 죄수가 교도소 일에서 느끼는 주관적인 만족과 그가 느끼는 고통의 크기 사이에는 약간의 마이너스 상관관계가 있었다(r=-0.19).

한편 고통의 크기와, 미래나 과거와 연결된 어떤 요소들, 예를 들어 자신의 판결이 불공평했다는 느낌(r=0.57) 또는 석방과 관련해서 "행운을 누릴 것"이라는 희망(r=-0.39) 같은 요소들 사이에는 명확한 관계가 존재했다. 더욱이 석방이 몇 년 후에 일어날 것으로 기대되는 상황에서도 이런 관계가 존재하는 것으로 드러났다. 형량과 형을 실제로 산 길이는 고통의 크기와 상관관계를 그다지 보이지 않았다. 그러나 부당하게 오래 형을 살았다는 감정과 고통 사이에는 두드러진 관계가 존재했다(r=0.66).

그렇다면 어떤 사람이 겪는 고통의 크기를 결정하는 데 가장 중요한 것은 현재의 고생이 아니라 심리적 미래와 심리적 과거의 어떤 측면이

나 공평하게 또는 불공평하게 취급당했다는 감정이라는 말이 된다. 이 경우에 고통의 크기에 상당한 영향을 미치는 한 가지 요소는 가석방이 이뤄질 시기에 대한 불확실성이다(r=0.51). 이 요소도 그 사람의 현재 상황과 관련 있는 요소가 아니고 그 사람의 시간 전망의 한 측면이다.

독방에 갇힌 죄수가 가장 고통스러워하는 경험은 시간의 흐름을 모른다는 것이라는 보고가 자주 나왔다. 독방 생활을 고통스럽게 만드는 것도 현재의 고생이 아니라 시간 전망의 어떤 특징들인 것이다.

2. 인내와 시간 전망

인내도 고통 이상으로 개인의 시간 전망에 좌우된다. 어려움을 개인의 노력과 고통을 통해 극복할 수 있다는 희망이 있는 한, 그 사람은 노력을 계속할 것이다. 목표가 가치 있는 것이라면, 그 노력은 "희생"으로 생각되지 않는다. 그렇다면 인내는 두 가지 요소, 즉 목표의 가치와 미래의 희망에 좌우된다고 말할 수 있다. 이 말은 아이와 어른, 군인과 민간인에게 똑같이 유효하다.

아이들을 대상으로 한 실험에서 끌어낸, 사기에 관한 몇 가지 사실을 여기서 언급하고 싶다. 이 실험들에 따르면, 개인이 장애 앞에서 얼마나 빨리 포기하는가 하는 문제는 3가지 요소에 좌우된다. (1)목표를 추구하는 심리적 힘의 크기(목표를 이루려는 힘이 강하거나 목표와의 심리적 거리가 짧을수록 인내가 더 커진다), (2)목표를 이룰 가능성(이 가능성은 과거의 성공과 실패, 개인의 지적 능력에 크게 좌우된다), (3)개인의 결단력의 크기 등이 그 요소이다.

첫 번째 요소는 노력을 쏟고 있는 대의(大義)에 대해 느끼는 가치와 똑같다. 두 번째 요소는 심리적 미래를 일컫는다. 사람이 낙관적인 전망을 갖도록 그 사람의 심리적 미래에 영향을 미치는 수단은 군대의 사기와 관련해 자주 논의된다. 과거가 미래에 미치는 효과는 어디서나 강조되고 있다. 패배를 경험한 뒤에 사기를 높이는 것보다 더 힘드는 과제는 없다. 그런 한편, 과거의 승리는 인내를 크게 강화할 수 있다. 이때 과거가 반드시 그 사람의 과거일 필요는 없다. 개인이 "호전적인 69연대"에 합류할 때, 이 연대의 전통과 역사는 그 사람의 생활공간의 일부가 된다. 그는 이 연대의 전통과 역사를 자신의 것으로 증명해 보인 다음에야 연대의 진정한 구성원으로 인정을 받을 것이다.

실험 결과들에 따르면, 과거의 성공이 같은 분야에서 이뤄졌을 경우에 가장 효과적이지만 그럼에도 "다른 분야의 성공"이나 단순한 칭찬이나 격려도 인내를 어느 정도 강화한다. 마찬가지로, 과거의 경험에 대한 격려가 체계적으로 이뤄진다면, 개인은 장애 앞에서 더욱 끈기 있게 반응하고 덜 감정적으로 반응하는 법을 배울 것이다. 정말로, 끈기는 개인의 사회적 지위와, 자신의 힘과 안전에 대한 느낌과 밀접히 연결되어 있다.

수동적인 개인들은 대체로 능동적인 개인들보다 인내심이 덜하다. 그러나 여기도 물론 몇 가지 예외가 있다. 결단력이 약한 개인들은 가끔 일종의 수동적인 인내를 보인다. 그들은 장애를 끊임없이 주시하면서 목표를 향해 헛된 몸짓을 계속한다. 한편, 일부 능동적인 개인들은 포기를 아주 빨리 한다. 이런 개인들은 계속되는 실패에 서서히 지쳐 나가떨어지지 않고 현실적으로 목표를 이루는 것이 불가능하다는 판단이 서기만 하면 과감하게 결단력을 발휘한다. 그처럼 능동적으로 결정을 내리는 능력은 군사 지도자들에게 기본적으로 필요한 조건으로 여겨지고 있다. 허약한 개인이 별 의미 없는 몸짓을 계속하는 인내는 그 사람으로부터 새롭고 보다 효과적인 해결책을 찾는 데 필요한 유연성을 빼앗게 된다. 물론 "현실적인 결정"을 곧잘 내리는 태도도 끝까지 목표를 이루고야 말겠다는 의지의 부족을 보여주는 것에 지나지 않을 수 있다.

집단 사기

집단 사기도 개인의 사기 못지않게 시간 전망의 영향을 받는다. 이 같은 사실을 분명하게 보여주는 것이 바로 존 프렌치가 대학생 나이의 개인들을 육체적으로 불쾌한 상황에 처하게 해 놓고 실시한 실험이다. 실험에 참여한 사람들은 어떤 방에서 일을 하고 있었는데, 그때 연기가 문 틈으로 조금씩 새어나와 방을 채우는 상황이 벌어졌다. 그들은 문이 잠겨 있다는 것을 알고 있었다. 시간이 조금 지난 뒤, 연기가 불쾌하게 느껴지기 시작했다. 이 집단의 반응은 공포에서부터 웃음까지 다양하게 나타났다. 연기가 실제 화재에서 나는 것처럼 꾸며졌느냐 아니면 심리학자의 속임수처럼 보였느냐에 따라 반응이 다르게 나타난 것이다. 이때 연기가 발생하는 사건에 대한 해석의 차이는 주로 시간 전망과 위험의 현실성에 대한 인식의 차이에 따른 것이다. 프랑스와 영국, 미국 등의 사기(士氣) 관련 역사는 위험이 현실적으로 느껴지는 정도가 집단의 목표와 집단의 행동에 결정적인 영향을 미친다는 점을 뒷받침하는 생생한 예이다.

공포와 좌절의 상황에서 조직적인 집단과 조직적이지 않은 집단을 대상으로 실시한 어느 비교 연구는 조직적인 집단이 동기부여도 더 쉽게 받고 인내심도 더 강하다는 점을 보여주었다. 조직적인 집단은 이처럼 동기부여가 강하게 이뤄진 결과 집단 목표가 성취 불가능한 것으로 드러날 경우에 좌절감을 더 크게 느꼈음에도 불구하고 해체되는 경향을 덜 보였다. 그러나 통념과 달리, 공포는 조직적이지 않은 집단에서보다 조직적인 집단에서 더 빠르게 퍼졌다. 이는 조직적인 집단의 구성원들 사이에 상호의존성이 더 높기 때문이다. 이 실험들은 우리의 일상적인 경험을, 말하자면 위험에 직면한 개인의 사기는 그가 속한 집단의 분위기에 크게 좌우된다는 사실을 매우 특별한 방법으로 증명하고 있다.

독창성, 생산성, 목표 수준, 그리고 시간 전망

나치 독일에서 사기는 "정치 및 군사 조직의 모든 단위가 최대한의 노력과 능력을 발휘하도록 몰아붙이는 원동력"으로 여겨진다. 사기가 "개인과 집단이 통일된 목표를 향해 나아가려는 긍정적인 마음 상태를 암시하기" 때문이다. 사기에 대한 이런 식의 인식은 공격 전쟁을 위해 훈련과 전체주의적인 일치가 필요하다는 사실을 반영하고 있다. 그러나 실험 심리학은 이런 인식 중 한 가지 요소는 모든 유형의 사기에서 확인된다는 점을 보여주고 있다. 장애물들 앞에서 끈기를 발휘하는 것, 즉 "지그시 견뎌내는" 능력은 단지 사람의 보다 근본적인 상태의 한 측면으로, 어떤 목표에 닿고 또 어떤 가치를 실현시키려는 결단력과 독창성이 결합된 것에 지나지 않는다는 점이다.

서로 비교 가능한 환경이 제시된다면, 개인 또는 집단의 사기를 측정하는 것도 가능하다. 사기가 성취한 양과 질을, 즉 사기의 생산성을 따지면 된다. 독창성과 생산성은 다양한 요소들이 적절히 균형을 이루는가 하는 점에 크게 좌우되기 때문에 이 균형의 변화에 극히 민감하다. 여기서 육체적 건강도 의미 있는 역할을 한다. 오늘날 모든 국가는 민간인의 사기에 충분한 음식과 비타민이 대단히 중요하다는 사실을 알고 있다. 한편, 만족의 도가 지나쳐 싫증을 내는 개인은 결코 최고의 독창성과 생산성을 발휘하지 않을 것이다. 미묘한 심리적 요인들이 사기에 중요한 역할을 한다. 히틀러의 공격전쟁 계획은 적국 민간인들의 사기를 가장 취약하고 가장 중요한 공격 대상 중 하나로 잡고 있다.

불안전하고 불확실한 시간 전망과 생산성

아이들을 대상으로 한 실험들은 독창성과 생산성을 결정하는 심리적 요소들 중 일부를 분리하는 데에 도움을 준다. 왜냐하면 유년기의 상황이 어른들에 의해 쉽게 통제되고, 아이들은 심리학이 원하는 기본적인 반응들을 어른들에 비해 훨씬 더 빨리 보이기 때문이다.

자유롭게 놀던 아이의 활동이 간섭을 받게 되면, 아이의 평균 생산성은 다섯 살 반 수준에서 세 살 반 수준으로 떨어질 것이다. 이 퇴보는 아이의 시간 전망과 밀접한 관련이 있다. 깊은 관심과 생산성을 발휘하며 신나게 놀던 아이를 어른이 놀지 못하게 했기 때문에, 아이는 지금 자신이 불안정한 바탕 위에 서 있다고 느끼고 있다. 아이는 위압적인 어른의 힘이 언제라도 다시 간섭하고 나설 가능성이 있다는 사실을 알고 있다. 이처럼 "불안전하고 불만스런 배경"은 장기적 계획을 마비시키는 효과를 발휘할 뿐만 아니라 독창성과 생산성까지 떨어뜨린다.

만약에 이 아이가 새로운 상황의 성격에 대해 전혀 모르고 있는 상태라면, 간섭의 효과가 특별히 더 심각하게 나타날 것이다. "하지 마!"라는 부정적이고 두루뭉술한 명령은 다른 과제로 바꾸라는 구체적인 명령에 비해 독창성과 생산성을 훨씬 더 많이 떨어뜨린다. 정말이지, "공포 전략"으로 사기를 떨어뜨리는 중요한 기술 하나가 바로 이 전술이다. 사람들이 자신이 서 있는 곳을 모르게 하고, 기대할 수 있는 것을 짐작하지 못하게 하는 전술 말이다. 게다가 상호 모순되는 뉴스를 전파함과 동시에 엄한 훈련과 환대의 약속 사이를 빈번히 오가면, 그 상황에 대한 "인지 구조"가 완전히 깨어져 버릴 것이다. 그러면 개인은 구체적인 어떤 계획이 자신의 목표에 다가서고 있는지 아니면 멀어지고 있는지조차 모르게 될 것이다. 이런 조건에서는 명확한 목표를 갖고 있고 또 위험을 감수할 준비까지 갖추고 있는 개인들조차도 심각한 내적 갈등으로 인해 정신 작용이 마비되는 것을 느낄 것이다. 당연히 자신이 해야 할 일에 대한 판단도 제대로 하지 못하게 된다.

좌절을 겪는 상황에서도 친한 친구들끼리 짝을 이룬 아이들은 친구가 아닌 아이들끼리 짝을 이룬 아이들보다 퇴보를 덜 한다는 사실은 흥미롭다. 친구들끼리 짝을 이룬 아이들이 좌절감을 더 잘 견디는 것은 친구들 사이에 안전감을 더 강하게 느끼기 때문인 것 같다. 예를 들어, 친구들끼리 짝을 이룬 아이들은 자신에게 좌절을 안겨주는 요인으로 실험 관계자들을 꼽는 경향을 더 강하게 보인다. 이는 집단 "소속감"이 안전감을, 따라서 개인의 사기와 생산성을 어떤 식으로 증대시키는지를 보여주는 예이다.

더욱이, 아이의 독창성과 생산성은 혼자 하는 놀이에서보다 짝을 이뤄 하는 협력적인 놀이에서 더 커지는 것으로 확인되었다. 아이들이 좌절을 느끼는 상황에서나 좌절을 느끼지 않는 상황에서나 똑같은 결과가 나타났다. 개인이 혼자서 활동할 때보다 집단의 구성원으로서 활동할 때 생산성이 더 높아진다는 사실은 민간인의 사기에 결정적으로 중요한 요소이다. 이 같은 결과를 뒷받침하는 연구 결과가 하나 더 있다. 공장 근로자들을 대상으로 한 연구 보고서는 안전감 외에, 개인에게 쏟아지는 관심도 생산성을 높이는 역할을 한다는 점을 보여준다. 이는 아마 "소속감"이 강화되는 때문일 것이다.

이 발견은 나이 차이와 개인적 차이, 다양한 상황들의 효과, 그리고 개인의 활동과 집단의 활동 사이의 차이에 관한 많은 발견 중 하나에 지나지 않는다. 이 발견들은 한결같이 생산성은 조직적인 노력으로 통합할 수 있는 다양한 능력들과 욕구들의 숫자에 좌우된다는 점을 보여주고 있다. 이것이 바로 생산성을 좌우하는 "통합성 안의 다양성"이라는 원리이며, 소수 민족의 문제를 민주적으로 해결하는 데에 근본적으로 중요한 원리이다. 또 대면 집단에서부터 국제기구에 이르기까지 온갖 유형의 집단 안에서 민주적인 삶에 근본적으로 중요한 원리이기도 하다.

역설적이지만, 일부 예에서는 약간의 좌절이나 곤경이 생산성을 향상시킨다. 개인이 그 전까지 충분히 참여하지 않은 경우나 곤경이 전면적인 노력을 촉발시키는 도화선의 역할을 하는 경우에 이런 역설적인 효과가 나타나는 것 같다. 사기의 가장 근본적인 물음 하나는 이 같은 결과와 밀접히 연결되어 있다. 개인 또는 집단은 목표를 어디에 설정해야 하는가? 개인이나 집단의 야망은 어느 정도로 잡아야 하는가?

야망의 수준과 시간 전망

3개월짜리 아이는 자신의 노력으로 장난감을 손으로 잡을 때에나 다른 사람이 건네줄 때에나 똑같이 행복해 한다. 그러나 두 살이나 세 살이 된 아이는 자주 다른 사람의 도움을 거절한다. 자신의 손길이 좀처럼 닿지 않는 것을 힘들여 직접 손에 쥐는 쪽을 더 선호하는 것이다. 달리 말하면, 이 나이의 아이는 쉬운 길과 쉬운 목표보다 어려운 길과 어려운 목표를 선호한다. 인간 존재의 이 같은 행동은 모순된 것처럼 보이며, 또 널리 받아들여지고 있는 어떤 믿음과 정반대이다. 우리의 사고에, 심지어 정치에도 깊이 영향을 미치고 있는 이 믿음은 인간 존재들은 "쾌락 원리"를 따르면서 가장 쉬운 목표에 가장 쉽게 닿는 길을 밟는다는 것이다. 실제로, 개인이 일상의 삶이나 장기적 계획으로 설정하는 목표들은 어린 시절 이후로 줄곧, 자신의 이데올로기와 자신이 속한 집단, 그리고 야망의 수준을 자신의 능력에 맞춰 최대한 높이려는 경향의 영향을 받는다.

이 문제를 연구한 실험들은 상당히 많은 지식을 생산해냈다. 야망이 어린 시절에 어떤 식으로 발달하는지, 한 분야의 성공과 실패가 다른 분야의 야망에 어떤 식으로 영향을 미치는지, 개인이 "지나치게 어렵거나 지나치게 쉬운" 과제에 어떤 식으로 반응하는지, 집단의 기준이 개인의 목표 수준에 어떤 식으로 영향을 미치는지에 관한 지식이 많이 쌓인 것이다.

목표 설정은 시간 전망과 밀접히 연결되어 있다. 개인의 목표는 미래에 대한 기대와 소망, 공상 등을 두루 포함한다. 개인이 자신의 목표를 어디에 설정할 것인지는 기본적으로 두 가지 요소에 의해 결정된다. 한 가지 요소는 개인이 중요하게 여기는 가치들이고, 다른 한 요소는 목표의 성취 가능성과 관련해 느끼는 현실감이다. 성공과 실패의 가치를 결정하는 준거틀은 개인에 따라, 또 집단에 따라 크게 다르다. 미국 사회에는 대체로 개인의 능력 안에서 야망을 최대한 높이 잡으려는 경향이 있다. 한편 현실주의 원리는 개인을 실패로부터 보호하기 위해 야망을 낮추려는 경향을 보인다. 개인이 목표를 어느 정도 높이에 설정해야 현실감을 잃지 않고 목표를 추구할 수 있을 것인가, 하는 문제는 그 사람의 생산성과 사기에 가장 중요한 요소 중 하나이다.

삶을 성공적으로 영위하는 사람은 전형적으로 그 다음 목표를 그 전의 성취보다 지나치게 높지 않은 선에서 설정한다. 이런 식으로 그 사람은 꾸준히 자신의 야망의 수준을 높여나간다. 그도 장기적인 차원에서는 다소 높을 수 있는 이상적인 목표를 따르겠지만, 그럼에도 불구하고 바로 다음번 목표는 현실적으로 현재의 위치와 가까운 수준으로 지켜나간다.

한편 성공을 거두지 못하는 개인은 두 가지 반응 중 하나를 보인다. 목표를 매우 낮게, 종종 과거의 성취보다 더 낮게 설정하면서 겁을 먹으며 보다 높은 목표를 성취하는 것을 포기하든가, 아니면 목표를 능력보다 훨씬 높게 설정하는 것이다. 목표를 자신의 능력보다 높이 설정하는 예가 더 자주 보인다. 그 결과, 진지하게 노력하지 않고 그저 높은 목표를 추구하는 시늉만 하는 경우가 가끔 있다. 그렇지 않을 경우에는 현 상황에서 가능한 것을 보지 못하는 상태에서 이상적인 목표를 맹목적으로 따르게 된다. 목표를 높이 설정하고 지켜나가는 동시에 다음 행동을 위한 계획을 능력의 범위 안에서 현실적으로 세우고 추구해나가는 것이 사기를 높게 지키기 위한 기본적인 목표의 하나이고 또 높은 사기의 기준인 것 같다.

<도표 19>

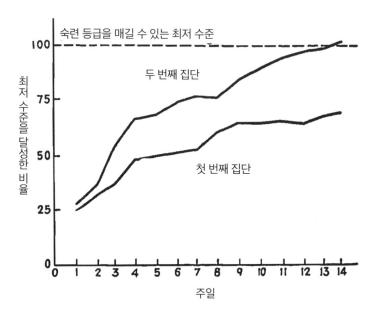

야망의 수준과 목표의 현실성이 공장 근로자들의 성취에 미치는 효과. 각 집단은 40명의 근로자로 이뤄졌다. 실험의 세부사항은 본문 중에 설명된다. (앨프리드 매로우의 연구서에서 발췌)

어떤 사람이 목표를 어느 정도 높이 설정할 것인지는 그 사람보다 위나 아래인 집단의 기준뿐만 아니라 그가 속한 집단의 기준에도 영향을 크게 받는다. 대학생들을 대상으로 실시한 실험들은 집단의 기준이 낮을 경우에 개인은 노력을 덜 하고 목표를 자신의 능력보다 크게 아래로 잡는다는 사실을 보여주고 있다. 한편 집단이 기준을 높이면, 개인도 목표를 높일 것이다. 달리 말하면, 한 개인의 이상과 행동은 그가 속한 집단의 목표와 기대에 따라 많이 달라진다는 뜻이다. 따라서 개인의 사기의 문제는 어느 정도 집단의 목표와 기준의 사회심리학적 문제라는 것이 명백해지고 있다. 개인이 집단 목표보다 개인의 목표를 따르는 것처럼 보이는 분야에서도 이런 현상이 나타난다. 개인적 사기와 집단적 사기 사이의 이런 연결은 당연히 집단 목표를 추구하는 데에서 훨씬 더 밀접해진다.

어느 실험이 이 문제를 다시 명백하게 밝혀준다. 미국 남부의 시골 지역에 새로 세운 공장에서 일하는 여자 재봉사들을 대상으로 한 실험은 야망의 수준이 공장 작업에서 학습과 성취에 어떤 식으로 영향을 미치는지를 보여주고 있다. 1주일 동안의 훈련 뒤, 초심자들은 숙련공의 기준으로 받아들여지는 양의 20% 내지 25% 정도를 생산했다(〈도표 19〉 참조). 그럼에도, 초심자들에게 숙련공의 기준이 되는 생산량은 10주 내지 12주 후에 달성할 수 있는 수준이라고 알려주었다. 그랬더니 실험 대상자들은 훈련 1주일 뒤에 자신들이 실제로 생산한 양과 언급한 목표 사이의 차이가 너무나 컸기 때문에 당연히 그 목표에 대해 성취하기 어렵겠다는 식으로 회의를 표시했다. 공장이 새로 세워졌기 때문에, 거기에는 그 일을 표준적인 속도로 수행하고 있던 숙련공은 한 사람도 없었다. 그러기에 그 목표는 "대단히 어려울" 것처럼, 성취 불가능할 것처럼 보였다. 이 초심자들이 번 임금은 이미 그때까지 받던 임금보다 더 많았다. 그렇기 때문에 공장 안이나 밖에 그 집단이보다 높은 기준을 사회적 현실로 받아들이도록 할 요소가 하나도 없었다. 그 결과, 이 집단에 속한 개인들은 감독관들의 불만에도 불구하고 자신의 발전에 만족하고 있었다. 그러다 보니 향상은 더디고, 학습 정체기가 자주 나타나고, 14주일 후에는 기준의 66%만 달성되었다.

이젠 똑같은 수준에서 출발한 두 번째 집단의 초심자들을 보자. 이들에게는 매주 주말까지 달성해야 할 목표를 명확히 제시했고, 동시에 일반적인 기준에 대한 정보까지 제시했다. 그때마다 공장에서 일하던 나이 많은 근로자들 다수가 기준을 달성했다. 이처럼 가까운 미래에 성취할 목표를 설정하고, 최종적 목표를 집단의 기준으로 받아들이게 하는 두 가지 요소를 결합시킴으로써, 이 집단의 초심자들은 향상을 훨씬 더 빨리 이룰 수 있었다. 학습 정체기가 전혀 없었던 것은 아니지만, 이 집단의 초심자들 중에서 14주 뒤에 목표에 도달한 사람들이 훨씬 더 많았다.

집단 목표를 추구할 때의 사기와 시간 전망

불행하게도, 집단적 사기와 시간 전망의 관계에 관한 과학적 결론을 끌어낼 자료를 제시하는 연구보고서는 거의 없다. 그러나 민주적 구조를 가진 집단과 독재적 구조를 가진 집단을 비교하면 어떤 결론이 가능하다. 예를 들어, 이 집단들은 지도자가 자리를 비운 동안에 매우 두드러진 차이를 보였다. 민주적인 집단의 사기는 리더가 없는 동안에도 높은 상태로 유지된 반면, 독재적 집단의 사기는 빨리 떨어졌다. 독재적인 집단은 단시간 안에 생산이 거의 중단되었다. 이 같은 차이의 원인은 개인들 사이의 관계와 집단의 목표, 시간 전망의 어떤 측면에서 찾아질 것이다.

독재적인 직장 조직은 독재적인 조직의 다른 모든 측면과 마찬가지로 지도자에 좌우된다. 집단의 정책을 결정하는 주체도 지도자이고,

집단의 구성원들을 위해 실행 목표를 설정하는 것도 지도자이다. 개인이 집단 구성원으로서 하는 행동뿐만 아니라 개인의 목표까지도 지도자에 의해 제시된다는 뜻이다. 개인이 앞으로 나아가도록 하는 것도, 또 작업장 내에서 개인의 사기를 결정하는 것도, 집단을 조직적인 단위로 만드는 것도 지도자의 역장(力場)에 속한다. 반면에 민주적인 집단 안에서는 모든 구성원이 집단의 정책 결정에 기여하고 또 계획 수립을 돕는다. 그 결과, 각 구성원은 독재적인 집단의 구성원에 비해 "우리 중심적" 경향이 강하고 "자기 중심적" 경향은 덜하다. 집단이 자체의 힘으로 앞으로 나아가기 때문에, 민주적인 집단의 사기는 지도자의 역장이 사라지더라도 금세 약해지지 않는다.

독재적인 집단의 구성원들이 집단 목표를 수용한다는 것은 감독관의 권력에 굴복하고 자신의 의지를 종속시킨다는 것을 의미한다. 반면에 민주적인 집단의 구성원들이 집단의 목표를 받아들인다는 것은 그 목표를 넘겨받아서 자신의 목표로 만든다는 것을 의미한다. 민주적인 집단인 경우에 개인이 집단의 목표를 자신의 목표로 받아들이려 하는 태도는 부분적으로 그 사람의 시간 전망에 근거하고 있다. 말하자면, 개인이 과거에는 집단의 목표 설정에 참여했고 현재는 목표 실현에 대해 책임감을 느끼고 있다는 뜻이다. 미래의 계획에는 두 집단의 구성원들의 시간 전망에 나타나는 차이가 근본적으로 중요하지는 않다. 분명히, 독재적인 지도자가 조직원들에게 먼 미래를 위해 높고 이상적인 목표를 자주 제시할 것이다. 그러나 즉각적으로 취해야 할 행동에 대해서는 추종자들에게 다음 단계 그 이상을 보여주지 않는 것이 독재적인 지도자가 즐겨 사용하는 수법이다. 그렇게 함으로써, 독재적인 지도자는 구성원들의 미래를 자신의 손아귀에 쥘 수 있을 뿐만 아니라 구성원들을 매순간 자신이 원하는 방향으로 이끌 수 있다.

장기 계획의 수립에 직접 관여하는 민주적 집단의 구성원은 이와 다른 시간 전망을 갖고 있다. 민주적 집단의 구성원은 훨씬 더 분명한 상황에서 다음 단계를 밟을 뿐만 아니라 그 다음 단계도 꽤 독립적으로 따를 수 있다. 민주적 집단의 구성원은 집단의 큰 계획 안에서 자신이 서 있는 위치와 해야 할 일을 알고 있기 때문에 변화하는 상황에 따라 자신의 행위를 수정할 수 있다.

자유방임형 집단은 민주적인 집단이나 독재적인 집단과 여러 면에서 대조적인 모습을 보인다. 지도자가 집단의 일에서 손을 떼는 자유방임형 집단에서는 집단의 계획을 짜는 일이나 개인이 장기적 계획을 짜는 일이 아주 드물게 일어난다. 이런 집단의 사기는 민주적 집단이나 독재적 집단과 비교해 매우 낮다. 이는 집단 사기에 목표를 명확히 설정하는 일이 중요하다는 사실을 보여준다. 쉽게 성취될 수 있는 목표가 아니라, 높은 목표와 장애가 동시에 있는 심리적 미래는 높은 사기를 낳는다.

근로 캠프에 들어온 양심적인 병역 거부자들 중 일부 집단에겐 주어진 목표를 달성하는 방법을 스스로 계획하는 것이 허용된다. 보고서들이 정확하다면, 스스로 계획하는 조직을 갖춘 이 집단들은 일상적인 감독 방식을 채택한 집단보다 몇 배 더 높은 생산성을 발휘한다. 높은 생산성을 가능하게 하는 한 요소는 목표의 명확성과 장기적인 시간 전망이다. 양심적 병역 거부자들은 전후 유럽에서 벌어질 힘든 복구 작업에 필요한 훈련을 받고 있다.

리더십, 사기, 시간 전망

지도자들을 훈련시키는 문제를 연구 중인 앨릭스 베이블러스(Alex Bavelas)가 실시한 실험에서, 지도자들 본인의 사기뿐만 아니라 지도자들이 집단의 사기에 미치는 영향에 있어서도 시간 전망이 아주 중요하다는 사실이 분명하게 드러났다. 지도자들의 사기가 훈련 전의 "낮은" 수준에서 3주 훈련 뒤에 "높은" 수준으로 변화하는 놀라운 현상은 이 개인들의 목표가 매일 일을 찾으려 노력해야 했던 입장에서 아이들에게 순수하게 민주적인 집단생활을 경험할 기회를 준다는, 보다 넓고 비개인적인 목표로 바뀌었다는 사실과 밀접한 관련이 있다. 목표의 수준과 시간 전망에 그런 변화가 일어나게 된 것은 부분적으로 명확한 목표와 그것을 성취하기 위한 계획을 스스로 정하는 민주적인 훈련 집단을 거친 경험 때문이기도 하고, 또 부분적으로는 불확실하긴 하지만 추구할 만한 목표가 있는 미래를 위해 암울하고 편협하고 무의미한 과거를 버린 경험 때문이기도 하다.

긍정적인 시간 전망, 말하자면 가치 있는 목표를 바탕으로 한 시간 전망은 높은 사기에 기본적인 요소이다. 동시에 그 과정은 상호적이다. 말하자면 높은 사기 자체가 장기적인 시간 전망을 낳고, 가치 있는 목표를 설정하게 한다는 뜻이다. 훈련 과정이 끝날 시점에, 앞에 언급한 리더들은 예전에 꿈꾸었을 목표보다 훨씬 더 높은 목표를 스스로 설정했다. 지금 이 대목에서 우리는 사회심리학에서 자주 발견되는, 악순환 혹은 선순환의 의존 관계를 한 가지 다루고 있다. 예를 들어보자. 매우 지적인 사람은 다루기 쉬운 상황을 의지가 약한 사람들에 비해 더 잘 만들어낸다. 그 결과, 능력이 다소 떨어지면서 의지가 약한 사람들은 종종 자신이 정상적인 사람보다 더 힘든 상황에 처하게 된다. 마찬가지로, 사회적으로 적응력이 떨어지는 사람은 적응이 잘 된 사람에 비해 더 힘든 사회적 상황을 만들어내며, 이 힘든 상황을 제대로 처리하지 못하는 탓에 쉽게 악순환의 덫에 걸려들게 된다. 그러면 다시 형편없는 사기는 형편없는 시간 전망을 낳고, 형편없는 시간 전망은 사기를 더욱 떨어뜨린다. 반면에 높은 사기는 목표를 높이 설정하게 할 뿐만 아니라 더 높은 사기를 낳을 그런 긍정적인 상황을 만들어낼 가능성이 크다.

이런 순환적인 과정은 집단 전체의 사기에서도 관찰될 수 있다. 따지고 보면, 한 집단의 구성원들 사이의 의존성은 순환의 과정을 더욱 확실하게 일으킨다. 어느 실험을 보자. 민주적인 집단 안에서 한 시간 동안 함께 있었던 아이들은 그 집단을 지속시킬 것을 자발적으로 요구하고 나섰다. 그때 어른 지도자가 없다는 사실을 알려주자, 이 아이들은 스스로 조직하고 나섰다. 달리 말해, 이 아이들의 사기는 시간 전망을 확장시킬 만큼 충분히 높았다는 뜻이다. 이 아이들은 몇 주일에 걸쳐 달성해야 할 집단 목표를 스스로 설정했으며 후에는 반년짜리 프로젝트까지 계획했다.

현실성, 사기, 그리고 시간 전망

사기에 반드시 필요한 시간 전망의 한 가지 측면은 현실성이다. 여기서 또 다시 우리는 생산성에서 확인한 것과 똑같은 역설을 마주한다. 사기의 한 기준이 개인이 진지하게 받아들일 준비가 되어 있는 목표의 높이라는 점이다. 높은 사기를 위해서, 성취할 목표는 현재 상태에서 앞으로 큰 걸음을 내디딜 수 있는 것이어야 할 것이다. 언제나 두 발로 땅바닥을 딛고 손은 정부 보조금 주머니에 찔러넣고 있는 "현실적인" 정치인은 낮은 사기를 보여주는 상징이다. 그런 한편, 높은 이상을 품고 있으면서도 그걸 이루기 위해 진지한 노력을 하지 않는 "이상주의자"도 마찬가지로 사기가 높은 사람이라고 하기 어려울 것이다. 사기는 현재 상태보다 충분히 높은 어떤 목표를 요구할 뿐만 아니라 현실성 있는 계획적인 행동을 통해 먼 목표에 닿으려는 노력도 동시에 요구한다. 이 역설, 즉 현실적이면서도 높은 목표를 추구해야 하는 역설은 적어도 시간 전망에 관한 한, 사기 문제의 핵심을 이루고 있다.

지나치게 가깝거나 지나치게 먼 목표들

가깝거나 먼 목표가 현실주의와 사기에 어떤 의미를 지니는지, 그리고 가깝거나 먼 목표가 개인 혹은 집단의 시간 전망과 어떤 관계가 있는지는 발달의 어떤 측면에 의해 아주 쉽게 드러날 것이다. 정상적이고 건강한 초등학생이라면 아이들의 집단 속에서 살게 된다. 이 초등학생의 목표와 행동에 가장 중요한 것은 이 아이가 섞여 사는 집단의 기준과 가치, 이데올로기와 목표일 것이다. 만약에 이 초등학생이 운이 좋아 미국에서 태어났다면, 이 아이가 학교에서 속할 집단은 아이에게 민주적인 집단에서 추종자뿐만 아니라 지도자가 되는 것이 무슨 의미인지를 직접 경험할 기회를 줄 가능성이 크다. 이 초등학생은 이런 분위기 속에서 "공정한 경쟁"이 무슨 뜻인지를 파악하게 되고 또 의견 차이와 능력 차이를 아무런 편견 없이 인정한다는 것이 어떤 것인지를 배우게 될 것이다. 완벽한 민주주의에 가까운 것을 경험하는 아이들은 아마 극소수일 것이다. 그럼에도 미국의 아이들 대부분은 유럽 국가들의 시민들 대다수가 경험한 그 어떤 민주적 절차보다 더 훌륭한 민주적 절차를 경험할 기회를 누릴 것이다.

실험들에 따르면, 여덟 살 된 아이들은 성인들보다 더 이타적이고 열 살 된 아이들은 공정이라는 이데올로기의 영향을 강하게 받는다. 요약하면, 이 나이의 평균적인 아이의 행동은 자신이 속한 집단의 기준과 가치를 비교적 충실히 따르고 있다. 그러나 이 집단들은 학교나 가족, 갱단의 대면 집단이다. 이 기준과 목표가 현실과 연결되는 시간의 길이는 몇 주일이나 몇 달, 기껏 길어야 몇 년이다. 성인 사회에서 국가 정치가 벌어지는 시간의 길이는 어린아이에겐 너무나 길거나 압도적이기 때문에 아이는 그 시간적 길이에 대해 막연히 추상적으로밖에 생각하지 못한다.

사춘기를 거쳐 청년기로 성장한다는 것은 곧 아이의 심리적 세계의 범위와 시간 전망이 확대된다는 의미이다. 어떤 면에서 보면, 그것은 또한 가족과 같은 작은 대면 집단을 떠나거나 아니면 앞으로 직면할 보다 큰 사회적 세계 안에서 이런 작은 집단에 부차적인 지위를 부여한다는 것을 의미한다. 나이 많은 세대들이 주축이 되고 있는 보다 큰 세계의 기준과 가치를 비판적으로 고려하는 것은 모든 젊은 세대의 영원한 특권이다. 어린 시절의 교육이 훌륭하고 민주적이었을수록, 기성세대에 대한 젊은이들의 비판도 그만큼 더 진지하고 정직할 것이다.

이런 중요한 문제들을 직면하는 젊은이를 보면, 전형적으로 두 가지 반응이 나온다. 물론 젊은이만 이런 반응을 보이는 것은 아니다. 새로운 차원의 중요성을 지니는 문제들을 처음 접하는 모든 사람에게 똑같이 나타난다. 먼저, 개인은 그처럼 중요한 결정을 내리는 일을 망설일 것이다. 그러면서 자신이 막 벗어나고 있는 보다 좁은 시간 전망에다가 자신을 가두려고 애쓸 것이다. 그러면 젊은이의 사기가 떨어질 것이고, 떨어진 사기는 젊은이가 하루하루 작은 목표에 초점을 맞추도록 할 것이다. 이런 반응의 예를 들자면, "저쪽 유럽에서 벌어지고 있는" 전쟁에 혐오감을 지나치게 강하게 느낀 나머지 아예 신문을 보지 않으려 하거나 라디오를 들으려 하지 않는 여자 대학생이 있다.

또 다른 극단에는 천 년 미만의 시간 전망으로는 절대로 생각하지 않으려 드는 개인이 자리 잡고 있다. 이 사람은 "해야 하는 것들"만을 바탕으로 생각한다. 그런 바탕에서 나온 목표는 종종 탁월하지만, 그 사람은 자신의 원칙에 반할 수 있는 어떤 행동도 거부한다. 이 사람의 목표가 현실과 이상 사이의 불일치를, 미래에 대한 소망과 현실 사이의 불일치를 두드러지게 보이는 한, 그의 시간 전망은 현재 상태에 만족하고 있는 사람의 시간 전망과 정반대이다. 그러나 먼 목표가 그것을 진지하게 받아들이는 개인에게 지니는 중요성 때문에, 다시 말해 이 사람이 현재의 상황에 불만을 품고 있다는 사실 때문에, 그는 현재 상태의 실제 구조를 충분히 고려하기 어렵고 또 먼 목표를 성취하기 위해 현재의 세계 안에서 취할 수 있는 조치를 현실적으로 고려하지 못한다.

행동의 두 가지 바탕

어떤 행동이 개인이 가고자 하는 방향과 반대 방향이 아니라 같은 방향으로 이끌 것이라는 확신은 부분적으로 '전문 지식'에 근거하고 있다. 그러나 개인에게 이 지식은 제한적이다. 때문에 개인의 행동은 언제나 부분적으로 어떤 유형의 "믿음"에 근거하고 있다. 사기와 관련해서 현실주의 원칙이 근거로 내세울 수 있는 믿음들은 많다. 그 중에서 두 가지에 대해 언급하고자 한다.

현대 전쟁의 요구에 따라, 군대들은 개별 사병에게 상당한 정도의 독립을 부여하지 않을 수 없게 되었다. 어떤 측면에서 보면, 나치 독일의 군대가 장교와 사병 사이의 지위를 과거 그 어느 독일 군대보다 더 민주적으로 바꿔놓았다고 볼 수 있다. 그러나 대체로 보면, 특히 민간인의 생활과 민간인의 교육 분야를 보면, 히틀러는 지도자와 지도를 받는 사람들의 관계를 수도원 밖에서는 유례를 찾기 어려울 만큼 맹목적인 복종의 관계로 만들었다. 히틀러가 권력을 잡은 이후로, 예를 들어 보육원 선생은 아이에게 명령을 내릴 때에도 절대로 그 이유를 설명해서는 안 된다는 지시를 받았다. 아이가 이유를 충분히 이해할 수 있는 나이라 하더라도 그런 설명을 절대로 해서는 안 된다는 지시였다. 이유는 아이가 맹목적으로 복종하는 것을 배워야 하기 때문이다. "아무리 악한 짓이라도 용서될 수 있다. 그러나 총통에 대한 불충은 결코 용서될 수 없다."

이런 분위기에서, 사람의 행동은 올바른 방향으로 향하게 되어 있다는 믿음은 주로 리더에 대한 신뢰에 근거하고 있다. 독립적인 사고가 허용되는 영역은 좁으며, 행동도 바로 다음 단계의 목표를 실행하는 것으로 제한된다. 맹목적인 복종은 모든 중요한 영역에서, 히틀러가 권력을 잡기 전에 독일에서 널리 행해졌고 또 미국에서는 시민들의 권리로 자리 잡은 추론과 독립적인 판단을 포기한다는 것을 의미한다.

이성을 짓밟고 이성을 감정으로 대체하려는 노력이 시대를 막론하고 모든 정치적 반동 운동의 특징인 것은 결코 우연이 아니다. 사회적으로 이성을 인정한다는 것은 곧 건전한 논쟁이 "중요하다"는 점을 인정하는 것이고 또 인간들의 기본적인 평등을 인정하는 것이다. 독재 정치에서는 리더만이 정확한 정보를 알 필요가 있고, 민주주의에서는 목표 설정에 참여하는 사람들이 실제 상황을 잘 알아야만 정책 결정이 건전하게 이뤄질 수 있다. 달리 말해, 진실을 강조하는 태도, 말하자면 사람들에게 힘든 상황과 실패를 알리려 드는 태도는 단지 추상적인 "진실 사랑"에서 비롯되는 것이 아니고 정치적 필연이다. 바로 여기에 민주적인 사기가 장기적으로 독재적인 사기보다 더 우수할 수 있는 힘이 있다. 사기에 훨씬 더 안정적인 바탕이 되어 줄 수 있는 것은 리더의 능력에 대한 개인적 믿음이 아니라 진실 그 자체이다.

후기

이 에세이는 1941년 12월 이전에 쓰였다. 지금 미국은 전쟁을 벌이고 있다. 전쟁이 미국의 사기에 미친 영향은 즉각적이고 놀랄 만하다. 지금까지 이 에세이에서 논했던 요소들 일부를 뒷받침하는 상황이 전개되고 있는 것이다.

하와이에 대한 공격은 일본이 많은 사람들이 생각한 것보다 훨씬 더 큰 위험이라는 점을 보여주었다. 그러나 위험이 훨씬 더 가깝고 더 크다는 느낌은 미국인들의 사기를 떨어뜨리지 않고 오히려 더 높였다. 이 같은 현실은 목표들이 명확하게 지켜지는 한 사기는 곤경이 커질수록 높아진다는 일반적인 발견과 일치한다.

고국이 공격당한 경험은 가능성의 모호한 영역에 있던 전쟁을 하룻밤 사이에 현실로 끌어내렸다. 앞에서 언급한 대학생 소녀가 아직도 전쟁을 벌인다는 것이 무엇을 의미하는지를 모르고 있을지라도, 전쟁은 더 이상 "저 멀리 유럽에서 벌어지고 있는" 일이 아니다. 전쟁이 미국에서도 벌어지고 있는 것이다. 미국이 전쟁에 가담하게 된 결과, 전쟁을 승리로 이끌겠다는 의지가 이론의 여지없는 목표가 되었다.

진주만 공격이 있었던 1941년 12월 7일 이전에는, 어떤 사람에게 현실적이었던 견해도 두 번째 사람에 의해 회의의 대상이 되고, 그러다 세 번째 사람에 의해 불가능한 일로 치부되고 조롱의 대상이 되었다. 지금은 상황이 아주 분명해졌다. 미국 시민들 사이에서 일어났든 아니면 각 개인의 내면에서 일어났든, 무수한 갈등은 지금 완전히 정리되었으며, 시간 전망의 중요한 측면들이 명확히 설정되었다.

이처럼 새롭고 명확한 상황 속에 있다는 것은 곧 기본적인 목표와 필요한 행동이 "주어졌다"는 의미이다. 그런 상황에선 사기를 높이 유지하기 위한 특별한 노력이 전혀 요구되지 않는다. 명확한 목표와 최종적 승리에 대한 믿음, 그리고 큰 어려움을 현실적으로 직면하려는 노력이 서로 결합된 것이 곧 높은 사기이다. 가치 있는 목표를 위해 최대한 노력하면서 위험을 무릅쓰고 있는 개인은 자신을 희생하고 있다는 느낌을 받지 않는다. 오히려 당연히 해야 할 일을 하고 있다는 느낌을 받을 것이다.

중대한 결정이 이뤄질 때, 개인 혹은 집단은 전반적으로 펼쳐지고 있는 노력의 목표들이 돌연 분명하게 자각되기 때문에 높은 사기를 보일 것이다. 그러나 노력이 전개됨에 따라, 세부적인 문제들과 어려움들이 다양하게 나타나면서 더 중요한 자리를 차지하게 될 것이다. 그러면 처음에 열정적으로 시작했던 집단들이 "추진력"을 잃을 위험이 있다. 왜냐하면 결정의 순간에 상황이 디테일이나 문제, 어려움 등에 의해 흐릿해질 수 있기 때문이다. 노력이 장기간 전개되는 동안에, 집단의 사기는 구성원들이 전체 과업과 최종적 목표를 어느 정도 선명하게 볼 수 있는가 하는 점에 크게 좌우된다.

그렇다면 앞으로 몇 개월 혹은 몇 년 동안에, 미국 시민들의 사기는 전쟁 목표의 가치와 투명성, 그리고 그 가치들이 각 개인의 내면에 뿌리를 내리는 그 깊이에 좌우될 것이다.

8장

산업 현장의 만성적 갈등에 대한 해결책(1944)

사례 연구의 목적은 개별적인 한 사건을 묘사하고 분석하는 데에 있다. 이 분석은 좀처럼 이론의 증거로 이용되지 못한다. 그러나 이 분석은 그 사건의 밑바탕에서 작용하고 있는 몇 가지 요소들의 상관성을 보여주고 또 동시에 일반적인 문제들을 보는 데 도움을 줄 것이다.

어느 공장에서 일어난 갈등을 대상으로 한 이 사례 연구는 집단역학의 어떤 측면들과 그에 대한 이론적 해석을 보여주기 위한 것이다. 연구 대상이 된 사례는 주기적으로 터져 나오는데도 그때마다 미봉책을 제시하고 넘어간 갈등이다.

사건은 오후에 일어났다. 오후 1시 30분에서 오후 5시까지 이어진 사건이다. 이 문제를 다룬 심리학자는 이 일을 일상적인 사건으로 여기면서 그것에 대해 서술하는 일 자체를 오랫동안 망설였다. 이 심리학자는 많은 공장의 훌륭한 감독관도 이와 비슷한 해결책을 제시하고 있을 것이란 사실에 의문을 품지 않는다.

이 스토리는 심리학자 앨릭스 베이블러스가 맡은 큰 연구 프로젝트의 일부이며, 그가 쓴 형식 그대로 제시할 것이다.

> **등장 인물**: 기계공 폴슨, 감독관 술린다, 사장 앨런비, 심리학자이자 내레이터 베이블러스, 여자 재봉사들
> **배경**: 170명가량의 여자 재봉사와 사환 소녀 5명, 감독관 1명, 기계공 1명을 고용하고 있는 봉제 공장

1막 1장

어느 날 오후, 나는 사무실로 돌아가는 길에 사장실을 지나치다가 아무 생각 없이 사장실 안을 들여다보았다. 폴슨과 술린다가 사장 책상 앞에 서 있었다. 3명 모두 대단히 불편한 상황에 처한 것이 분명했다. 순간 나는 뭔가 잘못되었다고 짐작했다.

그래서 나는 그 자리에서 사장의 호출을 받아도 전혀 놀라지 않았다. "당신을 기다리고 있었어요."라는 것이 사장의 첫마디였다. 다른 두 사람은 아주 불편해 하는 표정을 지었다. 나는 사소한 농담을 한 마디 던지면서 시간을 벌기 위해 담배에 불을 붙였다. 그러면서 그들에게도 담배를 권했다. 사장만 담배를 받았다. 나는 사장의 책상 모서리에 걸터앉았지만, 그래도 살벌한 분위기는 조금도 바뀌지 않았다. "무슨 일이죠?"라고 나는 사장에게 물었다. 나에게도 정보가 필요했는데, 나는 그때 폴슨과 술린다가 다퉜다는 사실을 눈치 챘기 때문에 그들에게 물어 괜한 미움을 사고 싶지는 않았다.

1막 2장

　사장의 설명은 이랬다. 폴슨과 술린다가 어느 재봉틀을 먼저 고칠 것인가 하는 문제를 놓고 의견의 일치를 보지 못했으며, 그런 상태에서 여자 재봉사 하나가 좋지 않은 소문을 퍼뜨려 두 사람을 이간질하고 있다는 것이었다. 이 말에 술린다의 눈이 촉촉해졌는데, 나는 폴슨도 울음을 터뜨리기 직전이라는 사실을 알고는 적이 놀랐다. 그래서 나는 여자 재봉사의 이간질은 꽤 흔한 일이며 내가 옛날에 관여했던 다른 공장에서도 그런 일이 있었다고 말했다. 그러면서 나는 누가 무슨 말을 했는가 하는 문제는 입방아의 대상이 된 사람이 그런 말을 심각하게 받아들일 경우에 입게 될 마음의 상처에 비하면 그다지 중요하지 않다는 점을 강조했다. 또 말이란 것은 이 사람에서 저 사람으로 몇 차례 옮겨지다 보면 완전히 왜곡되기 때문에 처음에 어떤 말이 돌게 되었는지를 알아내는 것은 부질없는 짓이라는 점도 강조했다. 그런 다음에 나는 시계를 보면서 다른 여자 재봉사와 약속이 있다고 말했다. 그러나 그 약속은 몇 분이면 충분할 것이기 때문에, 약속을 끝낸 다음에 폴슨과 술린다와 소녀를 만나서 이 문제를 놓고 더 깊이 논의해 보겠다는 뜻을 전했다. 이때 나는 그들에게 소문을 퍼뜨린다는 소녀를 문제의 뿌리로 생각하고 있다는 인상을 주려고 노력했다.

1막 3장

　술린다 쪽으로 몸을 돌리면서, 나는 약속을 끝낸 다음에 나를 만날 수 있는지 물었다. 그녀가 바쁘다면, 오후 늦은 시간에 만나면 될 터였다. 그러면서 나는 지금 이층에서 그녀를 찾고 있다고 전했다. 그녀는 언제든 만날 수 있다고 대답했다. 나는 여자 재봉사와의 면담이 끝나는 즉시 그녀를 만나기로 약속했다. 이어 나는 폴슨 쪽으로 몸을 돌리면서 그의 수리실에서 이야기를 나눌 수 있는지 물었다. 그도 좋다고 대답했다.

1막 4장

나는 술린다와 함께 위층의 작업장까지 걸었다. 그녀가 먼저 말을 시작했다. 그녀를 미치게 만드는 것은 폴슨이 그녀에 대해 거짓말을 하고 있고, 소녀가 그녀의 면전에서 그녀를 거짓말쟁이로 만들려고 하고 있다는 점이었다. 이에 나는 나 자신도 그와 비슷한 상황에 처해 보았기 때문에 그런 사건이 어떤 기분을 느끼게 하는지 잘 안다는 식으로 대답했다. 나는 또한 전체 일이 오해일 수 있다는 생각도 들었다. 나는 더 이상의 대화를 허용하지 않고 "약속"을 지키러 갔다.

1막 5장

나는 몇 분 동안 사장을 만났다. 사장은 나에게 줄 정보를 추가로 더 갖고 있지 않았다. 사장은 술린다가 사무실을 막 "나가려" 하고 폴슨도 사표를 내겠다고 말하던 중에 내가 들어왔다고 설명했다. 사장은 내가 사태를 부드럽게 잘 해결할 수 있기를 바랐다. 그러면서 이런 일은 수시로 일어나지만 이번에는 좀 심각한 것 같다고 덧붙였다. 사장의 의견은 폴슨이 지나치게 독립적이고 술린다가 화를 너무 쉽게 내는 것이 문제의 원인이라는 쪽이었다. 모든 문제가 조직에 언제나 있게 마련인 상호 반감에서 비롯되었다.

(독자 여러분은 심리학자가 감독관과 기계공이 재빨리 외투를 벗게 만들었다는 사실을 눈치 챘을 것이다. 한 사람은 수리실로 돌아가고 다른 한 사람은 작업장으로 돌아갔으니 말이다.)

2막

술린다와의 면담이 진행되었다. 이 자리에서 술린다는 상황을 이런 식으로 묘사했다. 우선 폴슨은 매우 유능한 기계공이 아니었다. 종종 폴슨은 기계에 잘못된 것이 무엇인지도 모르는 상태에서 오랫동안 기계를 주물럭거리곤 했다. 그가 수리를 끝낸 뒤에도 기계는 여전히 부드럽게 돌아가지 않았다. 그러면 그는 재봉사들이 기계를 잘못 다뤄서 그렇다느니 실이 좋지 않다느니, 어쨌든 다른 구실을 대곤 했다.

술린다에 따르면, 어떤 소녀가 그날 오후 그녀에게 와서 폴슨이 자신의 기계를 고치길 거부했다고 일러주었다. 그래서 그녀는 폴슨에게 가서 기계를 고쳐야 한다고 말했다. 아울러 그 소녀가 한 말까지 전했다. 이 말에 폴슨은 크게 화를 내며 자기는 그런 말을 한 적이 없다고 말했다. 그는 소녀에게로 가서 나중에 고쳐주겠다고 했을 뿐인데 왜 술린다에게 그런 말을 했는지 따져물었다. 소녀는 자신은 술린다에게 그런 말을 한 적이 없으며 술린다가 거짓말을 하고 있다고 했다. 이어서 폴슨과 소녀는 술린다에게 갔고, 거기서 소녀는 술린다가 폴슨에게 거짓말을 했다는 사실을 뒷받침하는 증인의 역할을 했다. 술린다는 당장 외투를 걸쳐 입고 사장실로 내려갔다. 회사를 그만두겠다는 뜻을 전하기 위해서였다. 사장은 그녀의 이야기를 듣고 폴슨을 불렀다.

(술린다 밑에서 일하는 소녀들은 주로 그녀에게 의존했지만 기계 수리는 폴슨에게 의존했다. 거짓말이 그처럼 중요한 이슈가 된 것은 폴슨의 권위와 술린다의 권위가 걸린 문제였기 때문이다. 거짓말을 인정한다는 것은 곧 술린다에게 체면 손상을 의미하고 소녀들과의 관계에서 그녀의 위치를 크게 약화시킬 수 있었다. 더욱이, 소녀가 "거짓말"이라고 생각한 것이 바로 술린다가 그 소녀를 위해서 한 행위였기 때문에, 술린다는 상처를 특별히 많이 받았다. 술린다는 소녀가 기계 수리를 기다리다가 시간과 돈을 잃는 일이 얼어나지 않기를 바랐다. 폴슨에게 이 문제는 자신의 명예를 위협하고, 소녀들과의 관계에서 누리던 권위 있는 위치를 위협하고, 술린다와의 평등 관계를 훼손시킬 수 있는 문제로 다가왔다.)

3막 1장

나는 술린다에게 고장의 빈도나 특별히 고장이 잦은 기계의 종류가 있는지 질문을 던지기 시작했다. 어느 정도의 논의가 있은 뒤, 폴슨이 170대 가량 되는 기계를 모두 지속적으로 가동시키려다 보니 매우 바쁠 수밖에 없다는 사실이 명백해졌다. 술린다도 폴슨이 시간에 쫓기지만 않으면 짜증의 원인이 많이 해소될 것이라는 점에 동의했다. 나는 술린다에게 소녀들을 면담해 이 문제에 대한 태도가 어떤지를 알아보는 것이 도움이 되겠다고 생각하는지를 물었다. 그녀는 자신이 언급한 소녀들이 언제나 불평을 터뜨리고 있고 그런 자세가 다른 소녀들까지 전염시키고 있기 때문에 내가 소녀들과도 면담을 하는 것이 바람직하다고 생각했다. 그래서 나는 술린다에게 소녀들과 면담할 계획인데 그 결과를 알고 싶은지를 물었다. 알고 싶다는 대답이 돌아왔다. 나는 기계공과 소녀들 사이에 일어나는 불화의 상당 부분을 기계공의 빡빡한 일정 탓으로 돌리는 술린다의 판단이 옳은 것 같다는 말로 면담을 끝내면서, 그녀의 객관적인 태도를 높이 평가했다.

3막 2장

이어서 나는 폴슨을 면담했다. 폴슨은 자신이 일을 대단히 열심히 하고 있다는 사실에 대한 언급으로 말을 시작했다. 그러면서 자신에겐 손이 두 개밖에 없으며 어느 순간이고 기계는 하나밖에 고치지 못한다는 점을 강조했다. 한두 마디 농담으로 분위기를 조금 부드럽게 가라앉힌 뒤, 나는 폴슨이 짜증의 대부분을 소녀들의 조급증과 기계를 수리할 시간이 부족한 탓으로 돌리고 있다는 사실을 쉽게 파악할 수 있었다. 그도 내가 소녀들과 대화해야 한다고 생각했으며 소녀들의 생각을 알게 되면 자신도 도움을 받을 것이라고 판단했다. 그는 특히 소녀들이 한 사람의 인간으로서 자신을 어떻게 생각하는지에 대해 알고 싶어 했다.

(기계공과의 면담은 감독관과의 면담과 다소 비슷한 패턴을 따르고 있다. 폴슨도 술린다와 마찬가지로 상황을 "옳은가 그른가" 하는 측면에서만 판단했다. 폴슨은 술린다가 잘못이고 자신이 옳다고 생각했다. 여기서도 면담자는 폴슨이 상황을 객관적으로 인식하도록 이끌 수 있다. 기계 수리 시간이 불충분한 점이 강조되지만, 이번에는 소녀들의 타고난 조급증이 다소 더 강조되고 있다.

단순한 "실태 조사 면담"과 뚜렷이 구별되는 "실행 면담"을 통해서 이런 식으로 지각을 변화시키려는 시도는 치료의 기본적인 요소이다. 술린다의 지각과 폴슨의 지각을 개인적인 감정 관계라는 필드로부터 서로 똑같은, "객관적인" 사실이라는 필드로 옮겨놓음에 따라, 이 사람들이 행동하는 생활공간들이 서로 많이 비슷해졌다. 그래도 본인들은 아직 그 유사성을 자각하지 못하고 있다.

　몇 가지 추가적인 요소들이 언급될 수 있다.

　(a) 똑같은 인지 구조를 "끌어내는" 것이 가능했음에도, 면담자는 폴슨과 술린다에게 사실들을 "전함으로써" 그들의 관점을 재조정하지 않는 방법을 택했다. 대신에 폴슨과 술린다는 객관적인 상황을 보고, 따라서 그 상황을 "사실들"로 받아들이라는 권고를 받았다. 술린다에게는 이 과정이 완전히 먹히지는 않았다.

　(b) 베이블러스는 권력관계에 민감하기 때문에 술린다의 권위를 빌려 소녀들에게 접근하기 전에 술린다의 동의를 받으려고 세심하게 신경을 쓴다. 술린다는 기꺼이 동의한다. 이유는 사고뭉치들이 그 동안 그녀를 괴롭혔기 때문이다. 이런 식으로 몇 가지 측면에서 진전이 분명히 이뤄지고 있다. 베이블러스는 감독관의 권위의 뒷받침을 받으면서 소녀에게 접근할 수 있다. 그는 술린다에게 소녀를 면담한 결과를 알고 싶어 하는지를 물음으로써 다음 행동을 준비하고 있다. 이 행동은 협력적인 노력의 성격을 띠고 있으며 베이블러스와 술린다 사이에 좋은 관계를 형성한다. 이리하여 술린다는 실행 계획에 적극적으로 개입하게 되었으며, 따라서 제안된 해결책과 자신을 동일시할 준비를 더 적극적으로 갖추게 된다.

　(c) 폴슨과의 면담에서도 약간의 변화만 주었을 뿐 똑같은 절차를

따른다. 베이블러스는 폴슨의 특별한 동기에 주의를 기울이려고 노력한다. 예를 들어, 베이블러스는 소녀들이 자신을 좋아하는지 알고 싶어 하는 폴슨의 소망을 즉시 받아들인다. 베이블러스가 기계공과 감독관 두 사람과 긴밀히 협력함으로써, 결과적으로 두 사람은 똑같은 계획의 당사자가 된다. 물론 이 단계에서는 어떤 협력적인 결정의 결과로서가 아니라 사실에 입각하다 보니 그런 결과가 나타난다.)

3막 3장

이어 나는 짧게 면담을 하기 위해 소녀들을 모두 찾아 기계 수리가 충분히 이뤄지고 있는지 여부를 물었다. 소녀들 모두는 폴슨이라는 사람 자체는 좋지만 그가 너무 바빠서 일을 제대로 처리하지 못한다는 점에 동의했다. 그래서 나는 각 소녀에게 기계 문제로 힘들어 하는 소녀들 모두를 한자리에 모아 놓고 수리를 기다리느라 잃는 시간을 줄일 방안을 모색하는 것이 어떨지 물어보았다. 소녀들도 이런 종류의 조치를 간절히 바라고 있었다.

4장 1막

소녀들이 모두 모였고, 나는 그 자리에서 문제를 제시했다. 소녀들 모두는 슐린다나 폴슨과 마찬가지로 동시에 재봉틀이 한 대 이상 고장나는 경우에는 수리가 늦어질 수밖에 없다는 사실에 동의했다. 폴슨이 병역을 연기하는 데 어려움을 겪고 있다는 사실을 감안한다면, 다른 기계공을 추가로 고용할 가능성은 거의 없다. 그렇기 때문에 문제는 기계공 한 사람의 노동을 어떻게 하면 최대한 효율적으로 활용할 수 있는가 하는 것이었다. 나는 다음과 같은 상황이 벌어질 때 어떤 식으로 조치를 취하는 것이 가장 공정한지를 놓고 집단 토론을 벌이도록 이끌었다. 기계 한 대가 고장 난 경우, 기계 두 대가 동시에 고장 났지만 소녀들이 일을 하지 못하는 시간을 고려할 경우에 어느 기계나 똑같이 중요한 경우, 한 대 이상의 기계가 고장 났는데 소녀들이 작업을 하지 못하게 될 시간을 근거로 판단할 때 어느 한 기계가 다른 기계보다 특별히 더 중요한 경우 등을 놓고 토론을 벌이게 했다.

집단 토론에서 다음과 같은 계획이 나왔다. (1) 기계들의 중요성에 전혀 차이가 없을 때, 이때는 "먼저 신고된 기계가 먼저 수리를 받는다". (2) 기계마다 중요도가 다르다면, 가장 중요한 기계가 가장 먼저 수리를 받는다. (3) 이 계획을 폴슨과 술린다에게 제출한다.

(지금까지 성취된 내용을 요약하면 다음과 같다.

1. 회사를 그만두려고 하던 기계공과 감독관이 공장에 그대로 남게 되었다.

2. 호전적인 세 당사자들, 말하자면 기계공과 감독관, 가장 비판적이고 능동적인 집단인 여자 재봉사들의 인지작용이 이전엔 "거짓말"과 체면 문제에 초점을 맞추고 있었으나 지금은 생산 현장의 객관적인 어려움에 맞춰지고 있다.

3. 세 당사자 사이에 직접적인 접촉이 없는 상태에서도 생산 현장의 문제를 보는 관점이 어느 정도 일치하게 되었다.

4. 이 문제와 관련있는 모든 개인들은 미래의 일부 조치들에 대한 동의를 자유롭게 표현할 수 있었다.

5. 세 집단 모두가 심리학자와 우호적인 관계를 유지하고 있다.

심리학자가 밟고 있는 절차는 만성적인 갈등은 적어도 부분적으로는 잘못된 생산 조직의 산물이라는 가설에 근거를 두고 있다. 따라서 치료 방법이 발견되기 전에 생산 과정에 대한 분석이 현실적으로, 또 깊이 이뤄져야 한다. 이때 분석은 문제의 원인이 드러날 만큼 철저해야 한다.

　공장 계급조직에서 가장 낮은 집단이 문제와 관계있는 사실들을 발견해내는 바탕이 되고 있다. 이는 아마 재봉틀을 직접 다루는 여직원들이 문제 발생에 따른 영향을 가장 먼저 받고 또 문제의 일부 양상에 대해 잘 알고 있어야 하기 때문이다. 또 여직원들이 공장 계급조직에서 낮은 지위에 있기 때문에, 권위자들이 제안하는 규칙이나 "사실"로 제시하는 견해가 소녀들에게 강요로 느껴지기 쉽기 때문이다. 이 소녀들로부터 진정한 협력을 구하기 위해선, 실태를 조사하는 단계에서부터 세부적으로 임하는 것이 최선의 방법인 것 같다. 또 소녀들이 생산의 새로운 규칙을 위한 제안을 처음 제시하도록 할 필요가 있다.

　여직원 전부가 아니라 불평을 가장 많이 하는 여직원만을 면담했다. "말썽"을 덜 일으키는 소녀들이 상황에 대한 그림을 보다 객관적으로 그릴 수 있다는 점을 고려한다면, 이 조치는 좀 이상해 보인다. 말썽을 일으키는 여직원들이 조사의 대상이 된 이유는 그들이 공장의 집단역학에서 특별히 중요하기 때문이다. 더욱이, 평소에 말썽을 일으키지 않는 여직원들이 해결책을 주도한다면, 말썽을 일으키는 여직원들은 처음에는 자신들이 배제되었다고 느끼고, 그 다음에는 무엇인가를 강요당하고 있다고 느끼면서 아마 저항할 것이다.

　심리학자는 집단 토론의 지도자로서 문제를 생산 절차에 관한 객관적인 문제로 제시하고 있다. 심리학자가 집단의 관심을 상황의 이 측면으로 모으는 데 전혀 아무런 어려움을 느끼지 않고 있다는 사실은 사전 면담이 이런 인지작용이 일어날 무대를 마련해놓았다는 점을 암시한다.

집단 토론을 통해서 그 어려움은 전시(戰時)에 일어나는 생산 문제의 일부라는 점이 확인된다. 이 같은 사실들이 개인적 논의가 아니라 집단 토론을 통해서 나왔다는 점이 여러 가지 면에서 매우 중요하다. 집단 토론을 거치면, 상황을 그린 그림이 대체로 더 풍성해지고 더 세세해지고 균형을 유지하게 된다. 개인적으로 정보를 전달할 경우엔 비밀이 생기게 되지만, 집단 토론을 할 경우에는 공개적인 분위기가 조성된다. 이런 공개적인 분위기도 협력의 분위기를 조성하는 데에 매우 중요하다.

토론에서 나오는 규칙들은 객관적인 생산 문제를 해결하게 되어 있었다. 어떤 상황에선 권력 갈등보다 객관적인 사실들이 행동을 결정한다. 이 규칙들은 공장이 최대의 산출을 내는 데 필요한 규칙들과 일치한다. 심리학자는 소녀들에게 생산에 가장 적합한 수리 절차에 대해 물었을 수도 있었을 것이다. 그렇게 했을 경우에 소녀들도 아마 똑같은 규칙을 제시했을 것이지만 "사장을 위해서" 일을 한다고 느꼈을 것이고, 그들에게 동기를 부여하는 것은 "관용" 또는 애국심으로 여겨졌을 것이다. 심리학자는 이 노선을 따르지 않고 공정성에 근거한 해결책을 물었다. 이 해결책은 소녀들 사이의 관계가 걸린 문제이며, 또한 수입 감소와도 직결되기 때문에 소녀들의 이기심과도 관계가 깊은 문제였다. 집단에서 사회적 행위의 원칙으로 공정성을 제시하는 것은 틀림없이 미국 문화에서 가장 강력한 동기를 제시하는 것이다.

규칙들이 소녀들 본인에 의해 만들어졌기 때문에, 소녀들이 규칙들을 받아들일 것은 거의 틀림없다.

그러면 두 가지 문제가 남는다. 첫 번째는 나머지 여직원들과 책임자인 술린다와 폴슨이 규칙을 받아들이는 문제이며, 두 번째는 규칙들을 실행할 사람들의 결단력이다.)

4막 2장

나는 소녀들이 폴슨에게 개인적으로 전혀 아무런 악감정을 갖고 있지 않고 오히려 반대로 기계공으로서 한 사람의 몫 그 이상을 한다고 생각하고 있다는 점을 강조하면서 소녀들과의 면담에서 얻은 결과를 그에게 보고했다. 동시에 나는 소녀들의 계획을 보여주었다. 이에 대한 그의 반응은 "모든 사람"이 자신에게 명령하는 듯한 태도를 버리기만 하면 그가 바라는 바도 소녀들의 입장과 똑같다는 것이었다. 나는 그에게 어떤 기계가 중요한지를 결정하는 문제 때문에 힘들어 할 이유가 전혀 없다는 점을 일러주었다. 그는 기계공이기 때문에 그런 책임에서 자유로워야 했다. 이 점에 대해 그도 아주 강하게 동의했다. 그래서 나는 우선적으로 고쳐야 할 기계를 결정하는 책임을 지는 사람은 술린다여야 하고 소녀들도 그 결정에 불만이 있으면 어디까지나 술린다와 해결해야 한다고 주장했다. 그는 이 점에 대해서도 동의했으나 술린다가 그걸 좋아할 것인지에 대해 의문을 표시했다. 그런 그에게 나는 술린다도 만날 것이며, 내 생각에는 그가 그녀의 행위를 명령으로 오해하지 않는다면 그녀도 그 점에 동의할 것 같다는 뜻을 전했다.

(심리학자는 먼저 기계공에게 접근한다. 심리학자가 면담을 시작하면서 소녀들이 그에게 나쁜 감정을 전혀 갖고 있지 않다는 점을 강조

할 때, 폴슨의 두려움이 누그러진다. 그런 찬사의 말이 폴슨의 기분을 좋게 만들고 또 동시에 폴슨이 그 상황을 객관적으로 볼 자세를 취하도록 만든다. 이 같은 분위기에서 폴슨은 계획에 쉽게 동의하게 된다.

나머지 면담 시간에 심리학자는 우호적인 분위기 속에서 갈등을 영구히 해결할 방안을 찾으려 노력하고 있다. 영구한 해결책이 나오려면 생산의 관점에서 올바른 환경이 조성되어야 하고, 책임자들이 명확한 목표 의식을 가진 상태에서 서로 갈등을 빚지 않을 수 있어야 한다. 이 예의 경우, 갈등의 원인은 기계 수리 분야에서 두 사람의 권위가 중복되는 데에 있었다. 이제 규칙이 세워지고 책임 소재가 명백해졌다.

심리학자는 유일하게 분별 있고 안정적인 절차는 기계공이 먼저 수리할 기계를 결정하는 책임을 감독관에게 주는 것뿐이라고 느끼고 있다. 최고의 생산 실적을 내는 것이 감독관의 책임이라는 판단에 따른 결정이다.

베이블러스가 기계공에게 문제를 제기하는 방식은 앞에서 소녀 재봉사들과 면담할 때와 똑같은 원칙을 따르고 있다. 현실을 있는 그대로 제시하면서도, 당사자의 심리적 상황과 관계있고 또 동기부여를 일으킬 측면을 전면으로 부각시키고 있다. 심리학자는 권력을 나눈다는 식으로 말하지 않고 기계공의 일이 아닌 결정이나 책임을 덜어줄 가능성을 강조하고 있다.

수리할 기계가 한 대 이상일 때마다 기계공이 직면할 상황을 조금 더 깊이 고려한다면, 이 같은 접근이 옳고 현실적이라는 사실이 확인된다. 폴슨에게 있어서 수리실은 더없이 편안한 공간이며, 할 일이 있는 한 자신이 보스가 될 수 있는 그런 성역 같은 곳이었다. 그는 가능한 한 그 영역에 오랫동안 머물려고 노력했다. 수리를 위해 공장의 작업장으로 들어갈 때, 그는 감독관의 감시를 받는 "외국 땅"에 들어가는 것이나 마찬가지였다. 만약에 기계 3대가 동시에 고장 나면, 기계공은 3대 모두를 수리해야 한다는 마음 때문에 스스로 갈등을 겪게 된다. 고장 난 기계 3대는 그의 마음이 분산되도록 만든다. 또 기계가 고장 나서 일을 하지 못하는 여직원들도 그의 마음을 압박하게 되는데, 어쩌다 여직원들이 불만을 터뜨리기라도 하면 그 압박은 훨씬 더 세진다. 게다가, 감독관이 먼저 수리하기를 원하는 기계가 어떤 것인지를 모른다는 사실도 그에게 압박감을 더한다.

이 상황이 팽팽한 긴장을 야기하는 그런 결정 상황의 전형적인 예인 이유가 두 가지 있다. 한 가지 이유는 결정을 저지하고 나서는 힘들이 상당히 크다는 점이다. 결정을 잘못 내렸다가는 여자 재봉사와 감독관과의 사이에 문제를 야기할 수 있기 때문이다. 다른 한 이유는 기계공이 어느 기계를 먼저 수리할 경우에 곤경에 처하게 될 것인지를 모르는 상황에서는 인지적으로 필드가 형성되지 않는다는 점이다.

이 같은 요인들 때문에 이 결정 상황이 폴슨에게 가장 못마땅하게 여겨졌다. 그 상황이 폴슨에게 얼마나 불편했던지, 그는 구체적으로 결정을 내려야 하는 순간을 아주 싫어했으며 여직원들이 일하는 현장에 있는 것 자체를 싫어했다. 따라서 기계공은 이런 고통스런 상황에서 빠져나올 희망을 주는 조치라면 무엇이든 기꺼이 받아들일 마음의 준비가 되어 있었다.

심리학자가 폴슨에게 문제를 제시하면서, 기계공이 규칙에 동의하도록 하기 위해 (그리고 그를 감독관의 권력 밑으로 편입시키기 위해) "속임수"를 쓰지 않았다는 사실도 강조되어야 한다. 심리학자가 문제를 처리한 과정은 철저히 사실들을 바탕으로 하고 있었다. 새로운 계획은 기계를 수리하는 순서와 관련해, 객관적인 바탕 위에서 규칙들을 명확히 정하고 있다. 누군가는 개별적 상황에서 실태를 조사하는 절차를 밟아야 한다. 또 불명확한 경우엔 여직원들의 시간 손실을 최소화하는 방향으로 기계를 수리할 순서를 정해야 한다. 이것은 모두 감독관이 결정해야 할 사항이다. 감독관에겐 기계공이 해야 할 일을 자의적으로 말할 자유가 없다. 사실 감독관은 기계공에게 명령을 내릴 수 있는 상황이 아니다. 감독관이 할 수 있는 일이라곤 기계공에게 기계의 상대적 중요성에 관한 정보를 전달하는 것밖에 없다. 이 정보를 바탕으로, 기계공은 모두가 동의한 규칙을 따르기만 하면 된다. 심리학자는 기계공의 자존심을 상하게 할 수 있는 오해를 피하기 위해 마지막 논평에서 이 점을 강조하고 있다.

대체로, 4장 2막은 짧고 기계공이 새로운 계획을 전적으로 받아들이는 방향으로 부드럽게 나아가고 있다. 술린다가 동의할까 하는 의문은 둘 사이에 긴장이 완전히 해소되지 않았다는 점을 보여주는 증거이다. 게다가, 그 같은 의문은 기계공이 협상에서 최악의 결실을 거두고 있다고 느끼지 않는다는 점을 암시한다.)

4장 3막

나는 술린다에게 소녀들의 계획을 보여주었다. 그녀도 자신이 바라던 바라고 생각했다. 그러면서 그녀는 자신도 그렇게 하려고 노력했으나 폴슨에겐 어떠한 말도 먹히지 않았다고 덧붙였다. 나는 술린나에게 폴슨이 수리 순서에 대한 그녀의 결정을 받아들일 준비가 되어 있다고 말했다. 나는 또한 소녀들도 그런 계획에 협력할 준비가 되어 있다는 사실을 전했다. 그러나 그녀는 그 계획을 받아들이면서도 여전히 회의적이었다.

술린다와의 의논은 폴슨과 한 것과 비슷한 패턴을 보여주고 있다. 그녀는 그 계획을 언제나 바라왔던 것이라며 즉각적으로 받아들인다. 그녀는 폴슨이 "수리할 순서에 관한 그녀의 결정"을 받아들일 준비가 되어 있다는 사실을 좀처럼 믿지 못한다. 그것으로서 그녀가 권력을 포기하고 있다는 느낌을 받고 있지 않다는 사실이 확인되고 있다. 그런 한편, 심리학자는 그녀의 판단이 수리 순서에 관한 결정으로 제한된다는 점을 명확히 하고 있다.

4장 4막

나는 폴슨에게 술린다도 그 계획을 좋아하고 그걸 실천할 준비가 되어 있다는 사실을 전했다.

4장 5막

이어 나는 소녀들을 불러 짧은 모임을 가졌다. 이 자리에서 우리는 그 계획을 다시 검토하고 절차를 세심하게 다시 상기시켰다.

4장 6막

그 후 나는 술린다와 폴슨에게 최종 계획이 확정되었으며 계획은 즉시 실천에 들어갈 것이라는 점을 전했다. 새로운 아이디어는 언제든 환영이라는 말도 덧붙였다.

(마지막 막들은 매우 짧다. 당사자들, 그러니까 기계공과 감독관, 여자 재봉사들은 다른 당사자들 모두가 그 계획에 동의했으며 새로운 절차는 즉시 시행된다는 사실을 알게 되었다. 심리학자는 언제든 새로운 아이디어를 환영한다는 점을 일부러 강조하고 있다. 이것은 훗날 바람직한 변화를 위한 일종의 안전장치 역할을 할 것이다.)

에필로그

몇 주일 후에 사장이 나에게 폴슨에게 어떤 변화가 보이지 않느냐고 물었다. 나는 아직 못 느끼겠다고 대답했다. 그러자 사장이 폴슨의 일이 많이 줄어서 시간이 많아진 것 같다고 설명했다. 폴슨과 술린다의 관계도 과거 어느 때보다 더 좋아졌고, 소녀들 사이에도 더 이상 갈등이 없었다. 일주일쯤 뒤에, 폴슨은 자신의 돈으로 공장에 스피커 시스템을 설치하고 하루에 두 번씩 레코드를 틀었다. 공장 전체가 음악을 즐겼으며, 그 후로 사람들의 관계가 어느 때보다 더 좋아졌다.

이 일이 있고 3개월 뒤, 그 사이에 새로운 어려움은 전혀 일어나지 않았는데, 제3자가 폴슨을 면담했다. 면담 결과에 대한 보고는 다음과 같다.

폴슨은 기계 수리 건수가 이전보다 3분의 1 정도 줄었다고 추산한다. 지금 그가 받는 전화는 하루에 평균 10통이다. 이전에는 15통 내지 20통을 받았다. 그는 이에 대해 사소한 전화가 줄어들었기 때문이라고 분석한다. 순수하게 기계 수리를 요구하는 전화는 예전과 똑같다고 한다. 그는 이전에 사소한 전화가 많았던 것이 "흥분"의 원인이었다고 말한다. "소녀들이 그냥 말썽을 일으키기 위해 건" 전화였다는 해석이다. 폴슨은 또한 술린다에게 화가 나는 일도 줄었다는 점을 강조했다.

이유를 묻자, 폴슨은 자신이 공장에 설치한 스피커 시스템을 언급하면서 "음악과 관련있다고 생각한다."고 대답했다. 음악이 소녀들이 서로 더 다정하게 지내도록 만들었다. 심리학자 베이블러스가 거기에 있다는 사실도 도움을 주었다.

한 가지 변화가 전반적인 흥분을 줄였다. 어쨌든 술린다와 폴슨이 서로 적이라는 인상은 있었지만, 그래도 두 사람은 공장을 벗어나면 친한 친구가 되었다. 폴슨의 말을 그대로 옮긴다. "우리도 공장 안에서 언쟁을 벌이지만 어쨌든 그런 언쟁이야 다른 사람들도 다 하고 있다. 우리는 그 정도의 언쟁에는 전혀 개의치 않는데도 사람들은 우리가 서로를 싫어한다는 인상을 받는 것 같다." 일부 소녀들이 문제를 일으키려는 시도를 했다. 그러나 폴슨과 술린다 사이에 적대감이 전혀 없다는 사실이 확인되자, 소녀들은 두 사람이 더 이상 호락호락하지 않다는 사실을 깨닫게 되었고 따라서 많은 동요가 사라지게 되었다.

대체로 보면, 간단한 치료를 통해서 만성적인 갈등이 실제로 해결된 것 같다. 예전에 싸움을 벌이던 세 당사자들, 말하자면 기계공과 감독관, 여자 재봉사들 사이에 좋은 관계가 형성되었으니 말이다. 마지막으로, 이 해결책은 뜻하지 않게 공장 안에서 기계 수리 건수까지 줄여주었다.

이 심리학자의 행동을 지배하고 있는 기본적인 원칙은 이런 식으로 요약될 것 같다. 생산 현장의 요구는 집단역학의 본질과 일치하는 방향으로 해결되어야 한다.

우호적인 관계를 창조해내는 것만으로는 영속적인 해결책이 마련되지 않는다. 앞에 묘사한 갈등은 생산의 한 요소에서 권력이 중복된 결과 일어난 것이었다. 새로운 해결책은 생산만 아니라 인간 관계의 문제도 똑같이 고려하고 있다.

세부적으로 파고들면, 다음과 같은 사항들을 언급할 수 있다. 공장의 작업은 추진력과 억제력에 의해 속도가 결정되는 과정이다. 생산 과정은 물리적 환경과 사회적 환경에 의해, 특히 "규칙"과 권력을 쥔 권위자들에 의해 결정되는 "경로들"을 거치게 되어 있다. 이때 생산을 증대시키려면, 보다 큰 자극이나 압력을 통해서 추진력을 높이거나 생산을 저해하는 힘들을 약화시키려 노력해야 한다. 여기 묘사된 절차는 생산을 저해하는 힘들을 약화시킬 가능성을 추구하고 있다. 이 절차는 집단 내의 갈등을 제거하고 중요한 개인(기계공)의 노력을 방해하는 심리적인 힘들을 약화시키려고 노력하고 있다.

지속적인 향상을 위한 노력은 생산 경로 중 어떤 부분(기계 수리)의 현재 상황에 대한 연구에 근거를 두고 있다. 새로운 규칙과 규정을 마련함으로써, 생산 경로들이 객관적으로 바뀌고 있다.

생산 경로들을 재조직하는 계획이 아무리 좋다 하더라도, 그 환경 안에서 생활하며 반응하게 되어 있는 인간 존재들에게 적합하지 않은 것이라면 아무 소용이 없다. 따라서 여기에 제시된 절차는 집단역학을 고려한 산물이다. 정말로, 모든 단계는 집단역학의 영향을 받고 있다.

실태 조사라는 첫 번째 단계조차도 사회적 절차 안에서 이뤄져야 한다. 그런데 실제로 보면 실태를 조사하는 첫 단계는 전문가들에게 대체로 사회적 행위로 여겨지지 않고 과학적 임무로 여겨진다. 실태를 조사하는 단계 자체가 변화의 초석으로 여겨지고 있는 것이 이 사례의 두드러진 특징이다.

실태 조사의 주요 대상으로 여직원들을 선택한 것은 그들이 생산 문제와 가장 가깝다는 사실 때문이었을 것이다. 노골적으로 권위적인 체계보다 전반적으로 우호적인 협력의 분위기를 창조할 뜻이라면, 그리고 완전한 협력을 성취하길 원한다면, 최하위 집단이 첫 단계의 계획을 직접 마련해야 한다. 왜냐하면 그 외의 다른 식의 접근에 대해 이 집단의 사람들은 권위자들이 정한 절차에 동의하게 하려는 시도로 볼 것이기 때문이다. 한편 기계공이나 감독관처럼 권력을 가진 사람은 여직원이 만든 계획에 동의하라는 요구를 받아도 그런 식의 반응을 보이지 않을 것이다. 왜냐하면 그들에겐 그것을 거부할 권력이 있기 때문이다.

실태 조사가 여직원 일부만을 바탕으로 한 것은 단지 여기 논의된 요소들의 결과였을 수 있다. 아마 다른 여직원들까지 포함시켰더라면 더 좋았을 것이다. 적어도, 적절한 사실들을 발견하고 여직원들의 협력을 추구하는 데 있어서는 여직원 집단 중 문제를 가장 많이 일으키는 사람들만을 대상으로 해도 충분할 것이다. 이런 유형의 문제 해결에서는 "사실"에 대한 정의조차도 생산의 측면과 집단역학의 측면에서 생각해야 한다. 생산 경로들과 문제들을 "충분히 객관적으로 그리는 그림"은 실태 조사에서 나와야 한다는 말은 맞는 말이다. 그러나 생산에 참여하는 사람들의 "주관적인" 견해가 중요하다는 사실을 깨닫는 것도 마찬가지로 중요하다.

사실들을 확실히 파악하는 외에, 실태 조사의 과정은 문제 해결에 중요한 기능을 두 가지 더 갖고 있다. 실태 조사의 과정은 개인의 지각이 이뤄질 차원 자체를 바꿔놓는 수단이 된다. 개인의 행동은 상황을 지각하는 방식에 크게 좌우된다는 말은 아마 맞는 말일 것이다. 생각 혹은 가치의 변화가 개인의 행동에 영향을 미치는지 여부는 그 사람의 지각이 변화하는지 여부에 달려 있다는 이론이 있다. 이 이론이 맞다는 사실은 말더듬이나 정신병리학 등 다양한 분야의 경험에 의해 뒷받침되는 것 같다. 이 방법의 중요한 특징 하나는 지각을 변화시켜 행동을 변화시킨다는 것이다.

이 방법에서 실행의 첫 단계로 실태 조사가 의식적으로 이용되고 있다. 심리학자나 전문가가 사실들을 알고 있다 하더라도 이 자료들이 집단 구성원들에게 사실로 받아들여지지 않는다면 아무런 소용이 없다. 실태 조사를 집단적으로 펴도록 하는 것이 특별히 이로운 이유가 바로 여기에 있다. 사실들에 대해 논의하고 계획을 마련하기 위해 서로 머리를 맞대는 것 자체가 이미 협력적인 노력이다. 이 절차가 추구하는 협력과 공개, 확신의 분위기가 확립되기까지 그 길은 아주 먼 길이다. 기계공과 감독관이 여자 재봉사들의 집단 토론에 직접 참여하지 않더라도, 심리학자는 두 사람이 실태 조사와 계획의 전체 과정에 능동적으로 가담하는 것과 똑같은 결과를 끌어내기 위해 세심한 주의를 기울였다.

집단의 만남을 만병통치약으로 여겨서는 안 된다는 점은 이미 언급한 바 있다. 집단의 만남은 개인의 심리적 상황을 고려하는 단계들을 거치면서 조심스럽게 준비되어야 한다. 개인에 대한 고려는 두 가지 방향으로 이뤄지고 있다. 첫째, 지각과 행동에 변화를 일으키도록 동기를 부여하는 것은 가능한 한 상황에 대한 그 사람 본인의 현실적 판단에 근거하고 있다. 둘째, 그 과정의 각 단계마다 감정적인 면을 누그러뜨리려 애를 쓰고 있다. 기회가 주어질 때마다, 개인에 대한 칭송이 이뤄지고 있다. 그러면 개인의 불안이 해소된다(폴슨과 여자 재봉사들). 관련 당사자들이 서로에게 좋게 비치도록 하기 위한 노력이 많이 기울여지고 있다. 그래도 비현실적으로 들리지 않는다. 감정을 약화시키려는 시도는 대체로 간접적으로 이뤄진다. 한 예를 든다면, 극단적으로 악화될 수 있었던 어느 여자 재봉사와의 갈등(거짓말 문제)이 문제를 일으키는 여자 재봉사들의 집단을 문제로 삼음에 따라 객관화되고 있다. 이런 식으로, 거짓말 문제는 덜 개인화됨과 동시에 한 사람의 소녀가 집단 속에 묻힘으로써 집단의 객관적인 문제로 바뀌었다.

여기서 원래의 문제, 말하자면 거짓말과 그에 따라 기계공과 감독관이 사표를 내겠다고 위협하던 문제는 직접적으로 다루지 않았는데도 감쪽같이 사라져버렸다는 사실을 강조할 필요가 있다. 상황에 대한 지각이 권력의 문제에서 공장 생산의 문제로 바뀌었을 뿐인데, 공장이 부드럽게 돌아가지 못하게 방해하고 있던 거짓말 문제가 감쪽같이 사라져 버렸다. 이것 자체가 모든 당사자들의 지각과 심리에 실질적인 변화가 일어났다는 사실을 보여주는 증거일 것이다.

집단 사이의 갈등과
집단 소속감

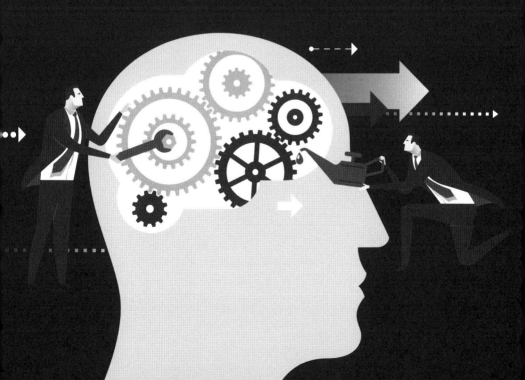

9장

어느 소수 집단의 심리사회적 문제들
(1935)

사람들이 자신의 안전에 영향을 미칠 수 있는 변화에 대단히 민감하게 반응하는 것은 부분적으로 생계를 꾸리지 못하게 되지 않을까 하는 두려움 때문일 것이다. 그럼에도, 이 민감성은 아마 굶주림에 대한 공포보다 더 근본적인 무엇인가와 연결되어 있을 것이다.

사람의 행위는 모두 특별한 "배경"을 갖고 있으며 또 그 배경에 의해 결정된다. 수영장에서 동료들 사이에 적절한 것으로 여겨질 수 있는 말이나 몸짓도 디너파티에서는 적절하지 않을 수 있고 심지어 모욕적으로 비칠 수 있다. 이렇듯, 배경을 모르는 상태에서는 판단이나 이해, 지각이 불가능해지며, 따라서 모든 사건의 의미는 그 배경의 본질에 좌우된다.

실험들은 어떤 지각이든 배경이 대단히 중요하다는 점을 보여주었다. 또 실험들은 종종 배경 자체는 지각되지 않고 거기 있는 "인물"이나 "사건"만 지각된다는 점을 증명해 보였다. 마찬가지로, 모든 행동은 그 사람이 그때 서 있게 된 바탕에 근거를 두고 있다. 그때 그 사람이 행동에서 보여주는 단호함과 결정에서 보여주는 명쾌함은 주로 이 "바탕"의 안정성에 좌우된다. 그럼에도, 그 사람 본인은 정작 이 바탕의 본질에 대해 알지 못할 것이다. 사람이 어떤 행동을 하거나 하길 원하든, 그 사람이 서 있는 "바탕"은 당연히 있게 마련이다. 이 바탕이 무너지기 시작하는 순간, 그 사람이 극단적일 만큼 영향을 강하게 받는 이유도 바로 거기에 있을 것이다.

개인이 서 있는 바탕을 이루는 가장 중요한 요소 하나가 바로 그가 "속한" 사회집단이다. 가족 안에서 성장하고 있는 아이의 경우에, 가족 집단은 종종 아이의 중요한 바탕이 된다. 어린 시절에 불안정한 배경에서 자라는 아이는 어른이 되어도 불안정한 모습을 보일 확률이 높다. 아이가 자신이 어느 집단에 속하는지를 명확히 모르고 있는 것 자체가 일반적으로 심각한 갈등의 원인이 된다.

소속의 기본적인 특징 한 가지는 같은 개인이 일반적으로 여러 집단에 속한다는 점이다. 예를 들어, 어떤 사람(p)은 경제적으로 중산층(uMCl)에 속할 수 있다. 아마 그는 번영을 누리는 상인일 수 있다. 또 3명으로 이뤄진 작은 가족(F)의 일원일 수 있다. 이 가족은 보다 큰 가족(lF)의 일부이며, 큰 가족은 미국 동부의 몇몇 도시에 집중해 있을 수 있다. 보다 큰 가족 집단은 어느 아일랜드 선조의 3대 후손일 수 있다(I3G). 정치적으로 이 사람은 공화당 지지자(Rep)일 수 있다. 종교적으로 가톨릭 신자이고, 자신의 교회 집단 안에서 지도적인 자리를 갖고 있다. 그는 우애조합인 엘크스(Elks)의 북동부 지부(E)의 사무총장일 수 있다.

〈도표 20〉은 위상수학을 빌려 사회학적 상황을 나타내고 있다. 한

사람이 속한 집단은 그가 부분을 이루는 "영역"으로 표시되고 있다. 같은 사람(p)이 속한 다양한 집단(A,B,C...)은 두 가지 방법 중 하나로 표현할 수 있다. 한 집단(A)은 다른 집단(B)의 하위집단일 수 있다. 예를 들면, F와 IF의 관계이다. 혹은 두 집단이 서로 중복될 수 있다. IF와 E가 그런 예이다.

성인은 인생 대부분 동안에 순전히 한 사람의 개인으로도 행동할 뿐만 아니라 사회집단의 구성원으로도 행동한다. 그러나 사람이 속한 다양한 집단들은 주어진 어떤 시점에 똑같이 중요하지는 않다. 가끔은 이 집단이 더 중요하고, 또 가끔은 다른 집단이 더 중요하다. 예를 들어, 그는 어떤 상황에서는 정치적 집단의 구성원으로 느끼며 행동할 것이고, 또 다른 상황에서는 가족이나 종교적 혹은 사업 집단의 구성원으로 느끼며 행동할 것이다. 일반적으로 말해, 모든 상황에서 사람은 자신이 어느 집단에 속하고 어느 집단에 속하지 않는지를 알고 있는 것 같다. 사람은 자신이 서 있는 곳이 어딘지를 다소 명확하게 알고 있으며, 이 위치가 그의 행동을 좌우한다.

그럼에도 불구하고, 개인이 어떤 집단에 소속되어 있는지가 불명확하거나 의문스런 경우도 가끔 있다. 예를 들어, 어떤 모임에 들어가는 사람은 한동안 자신이 거기에 속하는지 의문을 품을 수 있다. 이보다 덜 중요한 예를 든다면, 어떤 클럽의 신참자가 몇 개월 동안 자신이 받아들여지고 있는지를 확신하지 못할 수도 있다. 이 같은 상황의 불투명, 말하자면 그 사람의 행동을 떠받쳐줄 바탕의 불확실성은 일반적으로 행동의 불확실성으로 이어진다. 그 사람은 편안한 마음을 갖지 못하게 되고 따라서 자의식이 다소 강해지고 주저하거나 과도하게 행동하게 된다.

<도표 20>

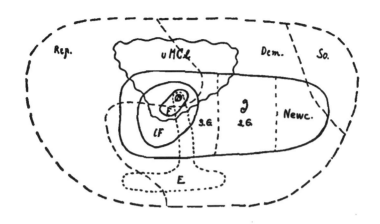

p: 사람	3.G: 미국 내 3세대
F: 가족	uMCl: 중상층
lf: 보다 큰 가족	Rep: 공화당 지지자
I: 아일랜드계 미국인	Dem: 민주당 지지자
Newc: 신참자	So: 사회주의자
2.G: 미국 내 2세대	E: 우애조합 엘크스 회원

두 예에서, 소속의 불확실성은 개인이 한 집단의 가장자리를 넘어서 다른 집단으로 옮겨간다는(외부 집단에서 모임이나 클럽으로 온다는) 사실 때문에 생긴다.

집단의 가장자리 가까운 곳에 서 있는 까닭에 삶 전반에 걸쳐서 집단 소속감을 분명하게 드러내지 않는 사람들도 있다. 사회계급의 가장자리를 가로지르고 있는 신흥 부자가 전형적인 예이다. 주류 집단으로 들어가려고 노력하고 있는 종교적 혹은 민족적 소수 집단의 구성원들도 그런 예에 속한다.

사회집단들 사이의 가장자리를 넘고 있는 개인들의 특징은 지금 들어가려고 하는 집단에도 소속감을 확실하게 느끼지 못할 뿐만 아니라 이제 막 벗어나려고 하는 집단에도 소속감을 확실히 느끼지 못한다는 점이다. 예를 들어, 유대인들이 종종 유대인 집단과의 관계에 대해 확신을 품지 못하는 것은 유대인 문제가 안고 있는 이론적 및 실질적 어려움 중 하나이다. 유대인들은 자신이 유대인 집단에 실제로 속하는지, 유대인 집단에 속한다면 어떤 점에서 속하는지, 그리고 어느 정도 속하는지에 대해 확신을 품지 못하고 있다.

　유대인 개인이 자신이 유대인 집단에 속하는지, 속한다면 어떤 면에서 속하는지를 이해하는 것이 어렵다고 느끼는 한 가지 이유는 그가 속한 집단들이 다양하게 중복되고 있다는 사실 때문이다. 틀림없이, 자신이 유대인이라는 사실을 강하게 의식하고 있는 유대인에게도 모든 사람들과 마찬가지로 자신이 속한 사회집단이 여러 개 있을 것이다. 그의 행동을 지배하는 집단이 유대인 집단이 아닌 상황이 많이 있다. 아일랜드계 미국인의 예에서 본 바와 같이, 유대인 가게 주인은 비즈니스 집단의 일원으로 행동해야 하고 또 자주 그렇게 행동하고 있으며, 특별한 어떤 가족 혹은 클럽의 구성원으로도 행동한다. 예를 들어, 유대인은 자기 가족의 구성원으로 다른 유대인 가족에 맞서 행동하거나 다른 비즈니스 집단에 속하는 유대인에 맞서 행동할 수도 있다.

　주어진 어떤 상황의 성격과, 그 상황에서 개인의 행동을 지배하는 집단의 성격 사이에 자연스런 어떤 관계가 존재한다. 상황이 달라지면, 그에 따라 다른 소속감이 지배할 것이다. 어떤 개인이 늘 똑같은 집단의 구성원으로서만 행동한다면, 그런 식의 행동은 대체로 그 사람이 균형 감각을 잃고 있다는 사실을 보여주는 증거일 것이다. 그는 어떤 한 집단에 소속감을 지나치게 강하게 느끼고 있으며, 이는 이 집단과 그의 개인적 관계가 건전하지 않다는 점을 암시한다.

일부 유대인들 사이에서 유대인 집단에 속한다는 사실을 과도하게 의식한 결과 일어나는 행동이 관찰된다. 이처럼 어느 집단에 대한 소속을 과도하게 강조하는 것은 그런 소속을 지나치게 낮추려 드는 것이나 다를 바가 하나도 없다. 유대인으로 대응하는 것이 자연스러운 상황에서 그런 식으로 대응하지 않는 유대인들이 있다. 그들은 유대인이라는 사실을 억누르거나 숨기려 든다.

똑같은 개인이 여러 사회집단에 소속되고 있다는 사실 때문에 많은 유대인들은 스스로에게 유대인 집단에 대한 소속감을 계속 지켜나가는 것이 과연 필요한지 묻게 된다. 그들은 종종 자신이 더 이상 유대인 집단에 속하지 않는다고 생각한다. 유대인 집단과 관련있는 불쾌한 사실들을 피하고 싶어 할 때, 그런 생각이 특히 더 강해진다.

행복한 위치에 있지 않은 소수 민족 또는 다른 사회집단의 구성원들 사이에, 자신의 집단과 다른 집단을 구분하고 있는 선을 넘는 데에서 큰 희망을 보는 사람들이 있다. 그들은 개인적으로 그 선을 넘기를 바라거나 그 선을 완전히 파괴하길 바란다. 이 대목에서 "동화"(同化)에 대해 논의할 수 있다. 또 개인의 이런 경향이 그가 속한 집단의 상황과 그가 집단 내에서 차지하는 위치와 어떤 식으로 연결되는지에 대해 묻는 것도 그만한 가치가 있을 것이다.

유대인들은 세계 곳곳에 흩어져 살고 있다. 그렇기 때문에 유대인 집단은 모든 나라에서 수적으로 소수 집단이다. 이는 곧 유대인이 보다 큰 사회 조직 안에서 상대적으로 작은 부분을 차지하고 있다는 뜻이다. 더욱이 유대인 집단의 성격은 유대인 집단을 다른 집단과 구분하는 경계의 힘과 성격에 의해 결정된다. 더 나아가 두 집단의 유사성이나 차이의 정도도 중요하다.

유대인 집단의 경계선의 힘과 성격은 역사를 내려오면서 크게 변했다. 게토(유대인을 격리시키기 위해 강제로 거주하게 한 지역. 16세기 이탈리아 베네치아에서 처음 시작되어 19세기 말까지 이어졌다/옮긴이) 시대에는 유대인 집단과 다른 집단 사이에 분명하고 두터운 경계가 있었다. 당시에 유대인들이 그 나라에서 제한된 영역이나 도시 안에서 살아야 했다는 사실 때문에 그 경계선은 모든 사람에게 의문의 여지없이 분명하게 보였다(도표 21).

하루에 적어도 몇 시간 동안은 게토의 벽이 유대인 집단을 다른 사회집단과의 커뮤니케이션으로부터 완전히 격리시켰다. 이 같은 물리적 제한 외에 사회적 경계도 있었는데, 이 경계는 유대인 집단에 속한 개인에 따라 그 정도가 다 달랐지만 대체로 두터웠고 유대인이나 비(非)유대인 모두에게 엄격히 지켜졌다.

사회생활에 가장 중요한 사실 하나는 아마 "자유로운 이동 공간"이라 부를 수 있는 공간의 크기일 것이다. 게토의 경계는 유대인의 "육체적 이동"에 엄격한 제한을 가했다. 유대인의 "사회적 이동"을 가로막는 제한 또한 이것 못지않게 강했다. 유대인에게 허용되지 않는 직업들이 많았다. 만약에 모든 가능한 직업들을 영역들의 전체로 나타낸다면, 직업에 제약이 있다는 것은 곧 자유로운 이동이 허용되는 사회적 공간이 전체 중 일부로 제한된다는 것을 의미한다.

<도표 21>

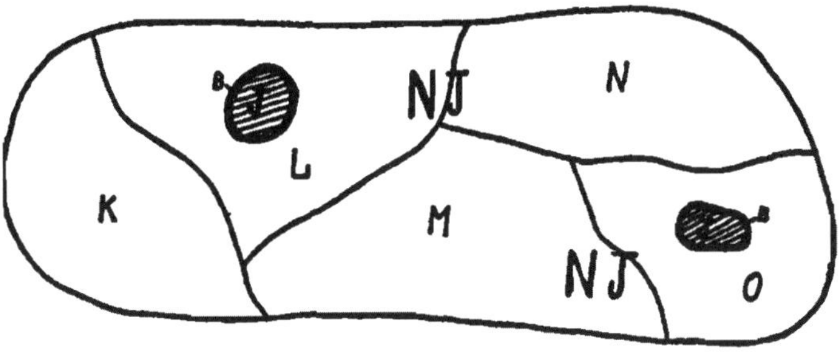

게토 시대의 유대인 집단을 빗금 친 영역으로, 비유대인 집단을 빗금 치지 않은 영역으로 표시함으로써, 집단들 사이의 유사성을 나타내고 있다. 해방된 유대인 집단들은 다소 넓은 영역에 걸쳐 흩어져 있는 것으로 그려지고 있다(도표 22).

J: 유대인 집단
NJ: 비유대인 집단
B: 유대인 집단과 비유대인 집단 사이의 경계
K. L. M. N. O...: 지리적 지역 혹은 직업 분야를 나타낸다

게토 시대의 유대인 집단과 관련해 다음과 같이 말할 수 있다.

유대인 집단은 공간적으로나 사회적으로 촘촘히 연결된 집단이었다. 따라서 이 집단은 한 개의 "결합된 영역" 혹은 상대적으로 작은 수의 촘촘한 영역들로 표시될 수 있다. 이 영역 안에는 이질적인 부분이 극히 작다.

집단에 대한 소속이 분명히 드러났다. 외부에서 유대인에게 노란색 배지를 강요하거나 유대인 내부에서 발달한 특별한 행동이 있었다. 이런 것들 때문에 누구나 유대인을 쉽게 알아볼 수 있었다. 그래서 유대

인 본인뿐만 아니라 다른 사람들도 그가 유대인 집단에 속한다는 사실에 대해 의문을 제기하지 않았다.

유대인 집단과 다른 집단들을 나누는 경계는 두터웠고 거의 극복 불가능한 장벽의 성격을 지녔다. 많은 사실들이 증명하는 바와 같이, 이 장벽의 힘은 유대인 집단에 의해 지켜지기보다 장벽 밖의 집단에 의해 지켜졌다.

이 같은 상황이 유대인 집단의 삶에 미치는 영향은 이 집단에 영향을 미치는 사회학적 힘들에 따라 달랐다. 자유로운 이동 공간을 엄격히 제한하는 조치는 개인뿐만 아니라 집단에도 높은 긴장을 야기한다. 실험 심리학은 감옥과도 같은 그런 상황에서 긴장이 생겨난다는 점을 보여주었다. 지나치게 강한 외부 압박이 어떤 집단에 작용하면, 그 집단에 과도한 압박이 아이들의 발달에 미치는 것과 비슷한 효과가 나타날 것이다. 유대인처럼 고립된 집단은 압박을 받는 상태에서 극단적일 만큼 보수적이며 심지어 발달이 지체되는 모습을 보이기도 한다. 한편, 이 보수주의는 집단을 고스란히 지켜나가는 힘이 되기도 한다.

게토 시대의 유대인 집단이 처한 이런 상황과, 예를 들어 제1차 세계대전 전에 독일에 존재했던 유대인 집단의 현대적인 상황을 대략적으로 비교하는 것도 가능하다. 제1차 세계대전 전에 독일에 거주했던 유대인과 관련해 다음과 같이 말할 수 있다.

1. 유대인 집단은 더 이상 촘촘하게 결합된 집단이라고 부를 수 없게 되었다. 유대인은 특정 지역에 살도록 강요당하지 않았다. 현대에 들어와서도 유대인들은 종종 도시의 일부 지역에 집중적으로 모여 살았다. 그럼에도 유대인들은 전국에 걸쳐 다소 흩어져 살았다. 위상수학을 빌려 말하면, 그 당시의 유대인 집단을 한 개 혹은 몇 개의 촘촘

히 결합된 영역으로 표시하지 못한다. 그보다는 분리된 많은 부분들로 이뤄진, 결합되지 않은 하나의 영역이라는 표현이 더 어울린다(도표 22). 유대인 개인들이 서로 가까이 정착해 살 때에도, 유대인 지역엔 이질적인 집단이 포함될 수 있었다. 유대인 정착 지역은 더 이상 동질적이지 않았다. 게토 시대(도표 21)와 비교할 때, 지금 우리는 훨씬 더 느슨하고 흩어진 집단을 다뤄야 한다(도표 22).

직업 분포에서도 똑같은 효과가 발견된다. 독일에는 가족 전통이나 다른 요인들 때문에 유대인이 특별한 직업에 집중하는 현상이 있었지만, 이제 거의 모든 직업에서 어느 정도의 유대인이 발견되게 되었다. 위상수학을 빌려 그린 직업 분야의 구조는 유대인들이 넓은 지역에 걸쳐 서로 섞이는 그림을 보여준다.

2. 유대인 집단의 각 부분이 넓은 지역에 걸쳐 분포함에 따라, 유대인 집단과 다른 집단들을 가르던 경계의 성격에도 변화가 나타났다. "해방"(유대인에게 개인적 차원에서뿐만 아니라 공동체적 차원에서도 평등권과 시민권을 부여한 조치를 말한다. 유대인은 13세기 이후로 유럽 각국에서 큰 제약을 받았다. 프랑스는 1791년에, 독일은 1871년에 유대인에게 동등한 권리를 부여했으나 독일에서는 1933년 나치의 등장으로 유대인이 다시 형용키 어려운 고난을 겪게 되었다/옮긴이) 이후로, 이 경계는 더 이상 법에 의한 경계가 아니었으며 훨씬 덜 분명하고 덜 구체적인, 사회집단들 사이의 경계였다. 경계는 여전히 존재했지만 그 힘과 구체성을 많이 상실했다. 적어도 일부 개인들에게는 경계를 통과하는 것이 가능하게 되었다.

<도표 22>

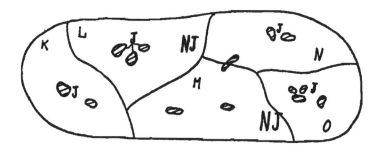

J: 유대인 집단
NJ: 비유대인 집단
B: 유대인 집단과 비유대인 집단 사이의 경계
K. L. M. N. O...: 지리적 지역 혹은 직업 분야를 나타낸다

3. 마찬가지로, 사회적 이동이 자유롭게 이뤄질 수 있는 공간도 더 넓어졌다. 그래도 일부 제한들은 여전히 남아 있었다. 대체로 외부에서 강요된 제한들이었다. 그러나 사회적 이동의 가능성은 전반적으로 훨씬 더 커졌다. 집단에 가해진 압박은 훨씬 더 약해졌다. 그 결과, 문화적 발달이 상당히 이뤄졌으며, 해방된 집단의 경우에 보수적인 경향이 훨씬 덜했다. 집단 속의 사람들이 진보주의와 급진주의 경향에서 장단점을 발견했던 것이다.

4. 한 집단의 경계선이 확장되면서 약화될 때에는 반드시 그 집단과 다른 집단들 사이의 접촉점이 많아지게 되어 있다. 보다 가까이 접촉하게 된 결과, 집단들 사이의 성격 차이도 다소 약화될 것이다. 개인이 그 집단에 속하는 것이 더 이상 노란 배지 같은 명백한 상징으로 표시되지 않는다. 또한 의상과 관습의 구분도 많이 사라진다.

5. 자유로운 이동 공간이 확장되고 또 외부에서 가해지던 압박이 약

해짐에 따라, 이 집단이 하나의 전체로서 살며 받았던 긴장도 틀림없이 사라졌을 것이다.

그러나 얼핏 보면 이상하게 들릴지 모르지만, 이 긴장의 완화가 유대인의 삶을 조금도 더 가볍게 만들지 못했으며 어떤 측면에서 보면 오히려 더 강한 긴장을 불렀다고 할 수 있다. 이런 역설적인 사실은 학문적 연구가 필요한 문제일 뿐만 아니라 현대 유대인의 삶을 가장 불쾌하게 만드는 요소 중 하나이다. 이 역설이 무슨 의미인지, 그리고 이 역설이 일어나는 이유가 궁금할 것이다. 그렇다면 여기서 유대인 집단이 아니라 유대인 개인을 고려하면서 개인으로서 유대인에게 작용하는 힘들이 어떤 것인지를 물어야 한다. 또 동시에 그 힘들의 크기와 방향이 그 집단의 지위에 나타난 변화의 영향을 어떤 식으로 받는지를 물어야 한다. 그러면 앞의 궁금증이 쉽게 풀릴 것이다.

게토 시대의 개별 유대인의 지위(도표 23a)와 현대의 개별 유대인의 상황(도표 23b)을 비교해 보라. 그러면 개별 유대인이 지금 스스로의 힘으로 홀로 서야 하는 경향이 훨씬 더 강하다는 사실이 확인될 것이다. 유대인 집단이 보다 널리 흩어짐에 따라, 가족 또는 개인도 기능의 측면에서 서로 멀리 떨어지게 되었다. 역동 심리학의 표현을 빌리면, 개별 유대인은 유대인의 정체성에 관한 한 게토 시대에 비해 "분리된 하나의 전체"라는 성격이 더 강하게 되었다. 게토 시대에 유대인 개인은 기본적으로 압박을 유대인 집단 전체에 가해지는 것으로 느꼈다(도표 23a). 집단이 해체된 결과 지금은 개별 유대인으로, 한 사람의 개인으로서 압박에 훨씬 더 많이 노출되게 되었다. 게토 시대 이후로 유대인 집단에 대한 압박이 크게 약화되었지만, 그와 동시에 외부 힘이 작용하는 초점이 집단에서 개인으로 이동하는 현상이 나타났다. 그

개인과 집단에 가해지는 힘들

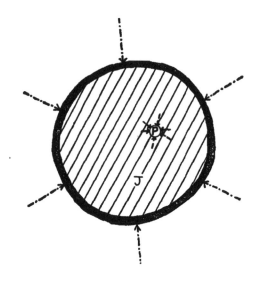

<도표 23a> 게토 시대(<도표 21>과 일치)

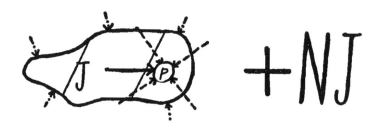

<도표 23b> 해방 후(<도표 22>와 일치)

p: 개별 유대인
J: 유대인 집단
NJ: 비유대인 집단
―― 유대인 개인의 욕망에 따라 그 사람 본인에게 작용하는 힘
――― 외부에서 유대인 개인에게 작용하는 힘
―·―·― 외부에서 유대인 집단에 작용하는 힘

러다 보니 전체 집단에 대한 외부의 압박이 약해지는 때에도 개인 유대인에 대한 압박은 상대적으로 커지게 되었다.

게토 시대에 유대인은 자신의 집단 밖에서 활동할 때 특별히 강한 압박에 노출되었지만, 그런 한편으로 "편안한" 느낌을 받을 수 있는 일부 영역도 있었다. 이 영역 안에서 유대인은 집단의 구성원으로서 자유롭게 행동하고 외부로부터의 압박에 홀로 맞설 필요가 없었다. 달리 말하면, 압박의 강도가 높은 때조차도, 이 압박이 한 개인으로서 유대인에게 차별적인 압박의 성격을 지니지 않는 그런 영역도 있었다는 뜻이다. 그러던 것이 유대인 집단과 비유대인 집단이 섞임에 따라, 유대인이 유대인들에게 가해지는 압박을 개인으로서 직면해야 하는 경우가 상대적으로 더 잦아졌다.

이 같은 역설적인 결과를 낳는 요인이 한 가지 더 있다. 심리학과 마찬가지로, 사회학도 개인에게 작용하는 두 가지 종류의 힘을 서로 구분해야 할 것이다. 개인 자신의 소망과 희망에서 비롯되는 힘들과 그 개인에게 다른 행위자에 의해 외부에서 사회적으로 가해지는 힘들을 구분해야 하는 것이다. 외부에서 개인에게 가해진 사회적 힘은 게토 시대에 더 컸고 또 더 큰 압박으로 작용했다. 그런 한편 그 시대엔 비유대인 집단 쪽으로 향하려는 유대인 개인의 소망에 따른 힘은 거의 없었다. 일부 개인이 자신의 집단의 경계를 뛰어넘으려는 소망을 은밀히 품었을지라도, 이 경계가 워낙 두텁고 현실적으로 통과 불가능한 장벽의 성격을 지녔기 때문에 그 앞에서 그런 소망은 즉시 깨어졌다. 그 시대에 유대인에겐 자신의 집단 밖의 영역들은 아마 강력한 매력을 발휘하지 못했을 것이다. 심리학적 용어를 빌리면, 그 영역들은 "긍정적인 유의성(有意性)"을 전혀 지니지 못했다고 할 수 있다. 어쩌다 유의성이 있었다 하더라도, 그것은 꿈을 꾸게 하는 선에서 그쳤지 "현실적 차원"에서 강력한 힘을 일으키지 못했다.

현대 들어서 유대인 개인의 입장에서 보면 과거와 매우 다른 상황이 전개되고 있다. 유대인 집단의 구성원과 다른 집단들의 구성원 사이에 접촉이 다양하게 이뤄지고 있다. 이제 장벽은 그 구체성과 힘을 잃었다. 경계는 적어도 통과 가능할 것처럼 보인다. 왜냐하면 많은 점에서 습관과 문화, 사고의 차이가 매우 작아졌기 때문이다. 집단들 사이에 거의 아무런 거리가 없는 것처럼 보일 때도 종종 있다. 아이들과 성인을 대상으로 한 실험을 통해서, 목표가 "거의 성취된" 상황이 그 사람에게 엄청난 영향을 미친다는 사실이 확인되고 있다. 많은 예 중 하나로, 3년 형기를 거의 다 끝내가는 죄수가 석방을 불과 며칠 남겨놓고 탈옥하기도 한다는 사실을 들 수 있다. 마찬가지로, 몇 주일 후면 감화원에서 풀려날 청소년이 그 시간을 참지 못하고 예전의 나쁜 행동을 보이는 경우가 드물지 않다. 보다 깊이 관찰한 한 연구서는 무엇인가가 거의 이뤄진 상황에서처럼 유대인 집단의 경우에도 유대인 개인은 갈등을 매우 강하게 느낀다는 점을 보여준다. 이 갈등은 부분적으로 손에 잡힐 듯한 목표가 목표 성취 쪽으로 매우 강력한 힘을 발휘한다는 사실에서 비롯된다. 더욱이, 곧 석방될 죄수나 청소년은 자신이 합류하게 될 집단의 일원이 된 느낌을 강하게 받는다. 이 죄수나 청소년은 이전의 집단에 속한다고 느끼는 한, 그 집단의 규칙에 맞춰 행동했다. 그러나 지금은 다른 집단의 구성원이 거의 다 되었다고 느낌과 동시에 그 집단의 모든 특권을 누릴 권리와 욕구도 강하게 느낀다.

해방 후 많은 유대인들에게 이와 비슷한 상황이 벌어지고 있다. 여러 면에서 다른 집단들만큼 권리와 기회를 누리지 못했던 집단의 구성원으로서, 유대인 개인은 자연히 유대인 집단에 대한 소속감이 의문스러워지는 즉시 다른 집단에 들어가려는 경향을 보이게 되어 있다. 유대인 집단과 다른 집단들 사이의 경계가 약해질 때마다, 다른 집단으로 들어가려는 경향은 거꾸로 더 커질 것이다. 달리 표현하면, 유대인 집단의 개별 구성원들은 완전한 해방과 그에 따른 집단의 해체 쪽으로 나아가자마자 주어진 새로운 환경 안에서 갈등을 겪게 될 것이다. 새로운 환경에서 나오는 행동은 아마 이 갈등 상황에서 비롯될 것이다.

어떤 갈등이든 반드시 긴장을 낳게 되어 있다. 그러면 긴장은 불안과, 균형감 잃은 행동, 이 방향 혹은 저 방향을 과도하게 강조하는 행태를 낳는다. 정말로, 유대인들은 일반적으로 불안을 갖고 있는 것으로 여겨진다. 가장 생산적인 유형의 불안이 바로 일에 몰입하는 것이라고 할 수 있다. 19세기에 유대인들이 이룬 최고의 업적 일부는 부분적으로 이 같은 '지나친 노력'의 결실이었다.

이 불안은 유대인들의 타고난 특징이 아니고 유대인들이 처한 상황의 결과이다. 다양한 관찰자들에 따르면, 팔레스타인에 거주하는 유대인들의 두드러진 특징 하나는 이 같은 불안이 없다는 점이다. 많은 점에서 크게 다른 팔레스타인 지역에 적응하는 일이 대단히 어려울 것임에도 불구하고, 어른들조차도 이민 후 몇 개월 안에 불안을 덜 보이게 된다는 사실은 특별히 흥미롭다. 이는 이전의 행동이 유대인이 처한 상황 때문이었다는 점을 보여준다. 이전의 상황에서 유대인 개인은 자신의 일에 대한 비난이 실력이 부족한 탓으로 돌려질 것인지 아니면 유대인이라는 사실로 돌려질 것인지를 확실히 몰랐다. 이런 불확실성을 일으키는 일이 드물었을지라도, 그런 일들은 유대인으로부터 자신의 능력의 범위와 한계를 측정할 기준을 박탈해버리는 무서운 결과를 낳을 것이다. 그렇게 되면 유대인은 자신의 가치를 확신하지 못하게 된다.

세계 곳곳에 흩어져 사는 동안에 유대인들의 불안을 낳은 갈등은 유대인 개인이 유대인 집단에 소속되는 것에 대해 느끼는 감정에서 비롯되었다. 일반적으로, 경계를 넘어서 사회적으로 보다 높은 집단으로 들어가려고 노력하는 개인들은 불가피하게 내적 갈등을 겪게 마련이다. 사회적으로 보다 높은 집단의 구성원들은 그 집단에 속한다는 사실을 자랑스럽게 여기며 집단의 이상과 기준에 맞춰 판단하고 행동하면서 아무런 부담을 느끼지 않는다. 그러나 보다 높은 집단으로 들어가려고 노력하는 사람은 이전에 속했던 집단의 사상과 연결되는 모습을 보이지 않으려고 특별히 조심한다. 이런 이유 때문에도 유대인의 행동은 불확실해진다. 시오니스트 사상가 아하드 하암(Achad Haám)은 이 같은 해방 상황을 "자유 안에서의 노예제"라고 불렀다.

갈등은 부유한 가정의 젊은 구성원들에게 특히 심각하게 나타나는 것 같다. 이는 갈등 상황의 힘은 관련 집단들 사이의 경계가 약해질수록 더 강해진다는 우리의 주장과 일치한다. 부유한 계층에서는 유대인 가족과 비유대인 가족의 경계가 비교적 약하다. 그런 한편, 젊은이는 자신이 강한 존재가 될 수 있을 만큼 자신을 증명해보일 기회를 별로 갖지 못할 것이다.

지금까지, 유대인 문제를 소수 집단이 처한 상황의 한 예로 논했다. 그러나 유대인의 특별한 본질을 간과해서는 안 된다. 종교적, 민족적, 인종적 소수 집단들 사이에도 중요한 차이가 있으며, 소수 집단들이 다수 집단과 동화하려는 경향도 서로 크게 다르다. 이 경향은 집단 자체의 성격뿐만 아니라 주변 집단들의 성격과 전체 상황의 구조에 따라 달라진다.

유대인들은 가끔은 종교적 집단으로, 또 가끔은 민족적 집단으로 여겨져 왔다. 유대인 본인들도 집단의 성격에 대해 확신을 갖지 못하는 편이었다. 평균적인 유대인이 자신이 태어난 국가에 속한다고 느끼는 감정은 일부 나라(예를 들면 독일)의 경우에 유대인 집단에 속한다는 감정보다 더 크다. 비슷한 소수 집단과 달리, 유대인들은 1,000년 이상 동안 지리적 조국을 갖지 못한 채 살아왔다.

이런 현실 때문에 유대인 집단의 통합이 다소 "추상적"이고 비현실적으로 보인다. 당연히 집단의 구성원들에게도 불확실성을 안겨주고, 주변 집단들에겐 유대인 집단은 "비정상적"이라는 인상을 주게 된다. 만약에 유대인의 고국이 팔레스타인에 건설된다면, 모든 곳에서 유대인의 상황이 훨씬 더 정상적인 방향으로 변할 것이다.

우리는 여기서 사회학적 문제에 위상 및 벡터 심리학(vector psychology: 목표나 욕망, 행동 경향 등으로 이뤄진 생활공간 속의 힘들과 그 힘들이 작용하는 방향 등을 연구하는 심리학을 말한다/옮긴이)의 개념들을 적용했다. 이 방법을 이용하면, 특히 사회학적 집단을 하나의 전체로 다룰 수 있는 이점을 누릴 수 있다. 또 사회집단들의 단결 정도도 고려하고, 집단들의 다양한 구조와 분포도 고려하고, 마지막으로 필요하다면 다른 새로운 개념에 의존하지 않고 집단의 문제를 개인의 문제로 바꾸는 것도 가능해진다.

10장

위험에 직면할 때 (1939)

세계는 지금 평화와 전쟁의 갈림길에 위태롭게 서 있다. 어떤 때는 전쟁을 막을 수 있을 것 같은 희망이 보이고, 또 어떤 때는 전쟁이 곧 시작될 것처럼 보인다. 대부분의 사람들은 전쟁을 싫어한다. 전쟁이 파괴적이고 터무니없기 때문이다.

한편 민주주의에 관심을 두고 있는 사람들은 두 가지 대안 중 하나밖에 없다는 사실을 깨닫고 있다. 파시즘 치하에서 노예로 살든가 아니면 민주주의를 위해 죽을 준비를 하는 길밖에 보이지 않는 것이다. 따라서 자유를 사랑하는 사람의 가슴은 지금 두 극단 사이에서 크게 흔들리고 있다. 유대인들의 가슴은 특히 더 심하게 흔들리고 있다. 유대인이라면 몽상가가 아닌 이상 누구나 전쟁과 평화에서 공포를 추가로 더 예상해야 한다는 사실을 깨닫고 있다.

모든 유럽 전쟁에서 유대인들은 자기 나라를 위해 싸우다 죽었다. 그러면서도 유대인들은 친구와 적 모두로부터 학대의 표적이 되었다.

나는 유대인들이 이런 식으로 당했던 곤경이 지금 그 전 어느 때보다 더 가혹해지지 않을까 두렵다. 지금 모든 생계 수단을 박탈당한 채 군에서조차도 배제되고 있는 독일의 유대인은 그럼에도 불구하고 다음번 전쟁에서 독일 "고국"을 위해 죽을 확률이 아주 높다. 지난번 전쟁에서 그랬던 것처럼 말이다. 이미 독일 신문들, 달리 말해 독일 정부는 특별히 위험한 전투를 위해 유대인 특수 부대를 창설하자고 제안하고 있다. 독일 유대인들은 독일 자동소총을 어깨에 메고 전선에서 적과 맞서 싸워야 할 것이다. 이탈리아와 헝가리에 사는 유대인의 상황도 그리 다르지 않다. 식량 부족을 가장 먼저 느낄 사람은 틀림없이 그들일 것이다. 현재 울타리 반대편에 있는 나라인 폴란드의 많은 유대인들의 상황도 이보다 그리 더 낫지 않은 것이 아닐까 걱정된다.

하지만 나라들이 나치의 지배나 파시즘 밑으로 하나씩 끌려 들어오고 있는 것처럼 보이는 그런 평화가 유대인에게 어떻게 비칠까? 오스트리아와 체코슬로바키아를 삼킨 독일은 오늘날 틀림없이 유럽 최강국이다. 독일은 거기서 더 나아가 독일 게슈타포의 지배를 받고 있다고 봐도 무방한 이탈리아까지 삼키려 하고 있다. 헝가리를 포함한 이들 나라들에서, 유대인들을 사회에서 매장시키는 조치가 실시되었다. 평화의 시기에 나치 이데올로기가 퍼뜨려지고 있는 것도 그 못지않게 비참한 결과를 낳고 있다. 오늘날 세계의 모든 나라를 보면 막강한 나치 요원뿐만 아니라 강력한 시민 집단까지도 파시스트 신념을 믿고 있으며, 경제적 어려움이 큰 나라일수록 파시스트를 신봉하는 사람들의 숫자도 더 크다. 유대인에 대해 말하자면, 파시즘은 당연히 박해를 의미한다. 아니면 적어도 게토 같은 유대인 강제 거주 지역의 설치를 낳게 되어 있다. 유대인들은 겨우 미국 혁명과 프랑스 혁명의 사상, 특히 인간은 기본적으로 평등하다는 사상이 팽배하게 된 이후부터 인간 존재로 인정을 받고 있다. 유대인의 권리는 이 평등 철학과 밀접히 연결되어 있다. 나치즘의 기본 원칙 하나는 인간의 불평등이다. 따라서 나치즘은 당연히 유대인에게 평등한 권리를 인정하지 않게 되어 있다.

평화와 전쟁에 대해 이런 식으로 생각하면서, 유대인은 무엇을 예상해야 하는가? 유대인에 대한 고문과 파괴가 따르게 마련인 파시즘의 확산이 일어나는 가운데서도 평화를 바라야 하는 것인가, 아니면 전쟁의 재앙을 바라야 하는 것인가? 유대인들은 혼란스런 세계 속에 있는 하나의 작은 원자에 불과하다. 유대인들의 운명은 그들의 영향력 밖에 있는 막강한 힘들에 좌우된다. 따라서 유대인들은 스스로에게 이렇게 물어야 할 것이다. 우리는 어떻게 해야 하는가? 조상들이 죽음과 파괴 앞에서 거듭해서 외쳤듯이, 우리도 쓰러지면서 "쉐마 이스라엘!" (Shema Yisroel: 유대교 기도문의 일부로 '들으라! 이스라엘'이라는 뜻/옮긴이)이라고 울부짖어야 하는가? 일부 유럽 국가들의 유대인에겐 선택의 여지가 거의 없는 것 같다. 그러나 나머지 유대인에겐 아직 생각하고 행동할 시간이 있다.

많은 사람들이 오늘날 유대인의 삶에 필요한 것은 행동이라는 점을 나 못지않게 깊이 느끼고 있을 것이다. 유럽에서 살고 있는 나의 세대는 4년 동안 전쟁을 치르고도 경제적 혼란과 혁명의 소용돌이를 겪었다. 다가올 10년도 이보다 더 차분하거나 더 안락하지 않을 것 같다. 유대인 문제는 절대로 덜 심각하지 않을 것이다.

유대인 문제가 개인적인 문제인가 사회적 문제인가 하는 의문이 제기된다면, 빈의 거리에서 유대인이면 과거의 행적이나 지위를 막론하고 쇠몽둥이를 휘두르던 돌격대들이 분명한 대답을 제시하고 있다. 전 세계의 유대인들은 지금 유대인 문제를 사회적 문제로 인식하고 있다. 그래서 이 문제의 해결에 과학적 도움을 받기를 원한다면, 사회학과 사회심리학으로 눈길을 돌려야 한다. 과학적으로, 유대인 문제는 특권 없는 소수 집단의 문제로 다뤄져야 한다. 디아스포라('흩어지다'라는 뜻의 그리스어에서 유래한 단어로, 특정 민족 집단이 자의든 타의든 자신의 땅을 떠나 다른 지역으로 옮기는 현상을 말한다/옮긴이) 상태에 있는 유대인은 다수 집단과 똑같은 기회를 누리지 못하고 있다. 유대인에게 가해지는 제약의 정도와 종류는 나라에 따라, 또 시대에 따라 크게 다르다. 유대인은 법의 보호를 받지 못하는 때도 간혹 있다. 또 제한이 성격상 단순히 사회적이어서 직업이나 정치적 활동에는 큰 장애가 따르지 않는 때도 있다. 일부 유대인은 다른 유대인에 비해 나은 조건을 누리는 경우도 있다. 그러나 전체로 보면 유대인 집단은 대개 특권을 누리지 못하는 소수 집단의 지위에서 그치고 있다.

특권 없는 소수 집단은 특권을 누리는 다수 집단에 의해 그런 지위에 묶이게 된다는 사실을 이해할 수 있어야 한다. 유대인이 게토에서 해방된 것은 유대인의 행동을 통해 성취된 것이 아니었으며, 다수 집단의 필요와 정서의 변화에 의해 이뤄진 것이었다. 다수 집단의 경제적 곤경의 심화 또는 약화가 곧 소수 집단인 유대인에 대한 압박의 증감으로 이어진다는 사실이 오늘날 또 다시 확인되고 있다. 이것이 세계 곳곳의 유대인들이 자신이 사는 곳의 다수 집단의 행복에 관심을 갖는 이유 중 하나이다.

반(反)유대주의의 바탕에는 부분적으로 다수 집단이 희생양을 필요로 한다는 사실이 깔려 있다는 점은 오래 전부터 인정되어 왔다. 현대의 역사를 보면, 대중의 관심을 다른 곳으로 돌리는 수단으로 희생양을 필요로 하는 것은 그런 다수 집단이 아니라 그 다수 집단을 지배하는 독재 집단인 것이 자주 확인되고 있다. 가장 두드러진 최근의 예를 들자면, 반유대인 감정을 전혀 보이지 않던 무솔리니가 돌연 이탈리아의 유대인들을 공격한 예가 있다. 불과 몇 년 전까지만 해도 시오니즘에 호의적이었던 바로 그 무솔리니가 히틀러의 예를 따르는 것이 현명하다고 판단했거나 아니면 히틀러로부터 그렇게 하도록 강요받았을 것이다. 분명한 것은 이탈리아의 유대인들이 무솔리니의 태도 변화를 부를 원인을 조금도 제공하지 않았다는 점이다. 다수 집단의 필요 혹은 다수 집단을 지배하는 엘리트 계층의 필요가 유대인 공동체의 운명을 결정한다는 사실이 여기서도 다시 확인되고 있다.

유대인은 이런 일들이 유대인 본인의 좋거나 나쁜 행동과 거의 아무런 상관이 없다는 사실을 알 필요가 있다. 모든 유대인이 적절히 처신하기만 하면 반유대주의는 일어나지 않을 것이라고 믿는 것만큼 어리석은 생각은 없다. 오히려 반유대주의를 강화하는 것이 유대인들의 선한 행동이라고 볼 수도 있다. 유대인의 근면과 효율성, 그리고 사업가와 의사, 변호사로서의 성공이 반유대주의를 강화할 수 있다는 뜻이다. 반유대주의는 유대인 개인의 선한 행동으로는 절대로 근절되지 않는다. 반유대주의가 개인적인 문제가 아니고 사회적인 문제이기 때문이다.

유대인의 행동과 반유대주의 사이에 거의 아무런 관계가 존재하지 않는다는 사실은 다수 집단이 유대인을 박해하는 공식적인 이유로 내세우는 것이 수시로 변한다는 사실에서도 확인된다. 과거 수백 년 동안 유대인들은 종교적인 이유로 박해를 받았다. 그러나 오늘날엔 인종 이론이 구실로 제시되고 있다. 반유대주의의 구실은 그때마다 가장 효과적인 것이 제시되고 있다. 미국에서 가장 영향력 있는 제조업자들의 단체 하나는 두 가지 종류의 팸플릿을 마련해 놓고 있다는 말을 들은 적이 있다. 한 종류는 근로자나 중산층 집단에 다가서려 할 때 이용하는 것으로, 거기엔 유대인이 자본가와 국제 금융가로 묘사된다. 그러나 똑같은 선전자가 제조업자들에게 호소할 때에는 유대인을 공산주의자로 묘사한 인쇄물을 이용한다는 것이다.

　주변의 비난에 대응하는 유대인은 그 비난은 겉일 뿐이라는 사실을 알아야 한다. 유대인과 관련한 주장이 호의적으로 나올 때조차도, 그 밑을 들여다보면 보다 깊은 사회적 문제들이 숨어 있다. 다수 집단이 희생양을 필요로 하는 때는 긴장이 팽팽해질 때이다. 예를 들면, 경제적 불황이 깊어질 때 희생양에 대한 필요성이 커지는 것이다. 과학적 실험들은 독재 통치로 인해 긴장이 일어날 때 희생양의 필요성이 더욱 커진다는 점을 보여주고 있다. 어떤 "논리적인" 주장도 이런 근본적인 힘을 파괴하지 못할 것이다. 유대인들이 아주 선한다는 점을 많은 사람들에게 알리는 방법으로 찰스 코플린(Charles Coughlin: 미국에서 활동한 캐나다 출신 신부로 1930년대에 라디오를 통해 반유대주의를 부추긴 선동가로 유명했다/옮긴이) 신부의 선동에 맞설 수 있을 것이라고 생각하는 것은 터무니없다.

　사회적 현실을 바꾸려면 자기 방어의 말 그 이상의 노력이 필요하다. 분명히 말하지만, 유대인들은 파시즘과 맞서 싸우는 다른 세력들과 연합하려는 노력을 최대한 기울여야 할 것이다. 유대인이 수적으로 극소수이기 때문에, 다른 집단의 도움을 얻으려고 노력하는 것은 유대인들의 의무이다. 그러나 유대인 집단도 특권을 누리지 못하는 다른 모든 집단들과 마찬가지로 다음과 같은 진리를 늘 명심해야 한다. 어떤 집단을 해방시킬 수 있는 것은 어디까지나 그 집단 자체의 노력이라는 진리 말이다.

유대인에게 남겨진 행동 필드가 하나 있다. 이 필드에선 결과가 주로 그 사람 본인에 좌우된다. 바로 유대인의 삶이라는 필드이다.

운명의 상호의존성

무엇이 유대인들을 하나의 집단으로 만들며, 무엇이 한 개인을 유대인 집단의 구성원으로 만드는가? 이 질문 앞에서 많은 유대인들이 당혹해 하는 것으로 나는 알고 있다. 유대인들은 이 질문에 명쾌한 대답을 전혀 내놓지 못하고 있으며, 따라서 유대인들의 전체 삶이 무의미해질 위험에 처하게 된다. 영문도 모른 채 운명을 맞아야 하는, 유대인 피가 반이나 4분의 1쯤 섞인 수만 명의 독일인들에겐 이 같은 질문은 어떠한 의미도 지니지 못한다.

역사적으로 보면, 이 문제는 유대인에게 비교적 새로운 문제이다. 불과 150년 전만 해도, 독일에서도 유대인 집단에 속하는 것이 아무런 의문을 불러일으키지 않는 하나의 사실로 여겨졌다. 게토 시대에, 유대인들은 하나의 집단으로 압력에 시달렸을 수 있지만 개인으로선 자신이 분명히 속하는 사회적 단위를 갖고 있었다. 폴란드와 리투아니아와 다른 동부 유럽 국가들의 유대인들은 각자에게 "사회적 고향"이 되어줄 민족적 삶을 지켜 왔다. 동부 유럽의 유대인들은 미국으로 건너오면서 이 집단생활의 상당 부분을 그대로 가져왔다. 그들은 집단의 내부 응집력을 지켰다.

특권 없는 모든 소수 집단은 구성원들 사이의 응집력뿐만 아니라 다수 집단이 소수 집단의 개인들이 넘지 못하도록 세운 경계 때문에도 자기들끼리 살게 되어 있다는 사실이 중요하다. 소수 집단을 특권을 누리지 못하는 상태로 지켜나가는 것이 다수 집단의 이익과 부합한다. 그런 식으로 다수 집단이 세운 장벽에 의해 거의 전적으로 자기들끼리만 지내는 소수 집단들이 있다. 이런 소수 집단의 구성원들은 그런 상황에서 비롯되는 전형적인 특징들을 보인다.

모든 사람은 예외없이 사회적 지위를 얻기를 원한다. 따라서 특권을 누리지 못하는 집단의 구성원은 특권을 누리는 다수 집단에 속하기 위해 소수 집단을 벗어나려고 노력할 것이다. 달리 말해, 소수 집단의 구성원들은 흑인들의 경우 "패싱"(passing: 다양한 인종을 조상으로 둔 흑인이 백인 집단으로 여겨지는 것을 말한다/옮긴이)을, 유대인의 경우 "동화"를 추구하게 될 것이라는 뜻이다.

개인적 동화를 통해서 해결될 수 있는 문제라면, 소수 집단의 문제도 그리 어렵지 않을 것이다. 그러나 실제로 보면 특권을 누리지 못하는 어떤 집단이든 그런 식의 해결은 불가능하다. 여성의 평등권도 여성들에게 차례로 투표권을 허용하는 방식으로는 절대로 이뤄질 수 없었을 것이다. 마찬가지로 흑인 문제도 개별 "패싱"으로는 절대로 해결되지 않는다. 극소수의 유대인은 비유대인에게 전적으로 받아들여질 수 있을 것이다. 그러나 그런 기회는 오늘날 그 어느 때보다 더 희박해졌으며, 1,500만 유대인들이 한 사람씩 경계선을 몰래 넘어설 것이라고 믿는 것은 부조리하다.

그렇다면 오로지 다수 집단의 반발 때문에 격리된 소수 집단의 구성원은 어떤 상황에 처하게 되는가? 그의 삶에 기본적으로 작용하는 한 가지 요소는 극복 불가능한 이 경계를 넘겠다는 소망이다. 따라서 그는 거의 영원히 갈등과 긴장 상태에서 살게 된다. 그는 자신의 집단을 좋아하지 않거나, 자신의 집단이 짐만 되기 때문에 혐오하기까지 한다. 더 이상 아이로 지내고 싶지 않은데 그렇다고 어른으로 받아들여지지도 않는 청소년처럼, 소수 집단의 개인은 집단의 경계에 서서 여기에도 속하지 않고 저기에도 속하지 않는 그런 상황에 처해 있다. 그런 개인은 불행하며, 자신이 속하는 곳이 어딘지를 모르는 경계인의 전형적인 특성을 보인다. 이런 유형의 유대인은 유대인만의 특별한 점을 싫어할 것이다. 이유는 그런 특별한 점이 그가 다수 집단에 들어가지 못하도록 막는 것처럼 보이기 때문이다. 그는 유대인의 특성을 노골적으로 드러내는 사람들을 좋아하지 않을 것이며 자주 자기혐오에 빠질 것이다.

자신의 집단에 대해 긍정적인 태도를 갖고 있는 소수 집단의 구성원과 반대로, 외부 압박에 의해 격리된 소수 집단에만 나타나는 특징이 한 가지 더 있다. 스스로에게 긍정적인 태도를 보이는 소수 집단은 나름대로 유기적인 삶을 살고 있을 것이다. 그런 집단은 조직과 내적 힘을 보일 것이다. 그러나 외부의 힘에 의해서만 서로 뭉치게 된 소수 집단은 그 자체가 혼돈스럽다. 그런 집단은 서로 내적 관계가 전혀 없는 개인들의 집합에 불과하다. 따라서 조직되지 않고 힘이 약한 집단에 지나지 않을 것이다.

역사적으로 보면, 디아스포라 상태에 살고 있는 유대인들은 부분적으로 자기 집단의 내적 응집력에 의해, 또 부분적으로는 적대적인 다수 집단의 압박에 의해 서로 단결하는 모습을 보였다. 이 두 가지 요소의 비중은 시대에 따라, 또 나라에 따라 달랐다. 동부 유럽 일부 지역에 사는 유대인의 경우에 문화적으로 주위보다 우월하다는 사실 때문에 긍정적인 태도가 강했다. 미국에서도 지금까지 긍정적인 태도가 강하다. 그러나 다수 집단의 외적 압박 때문에 유대인과 어쩔 수 없이 깊은 관계를 맺고 있는 유대인이 많다는 사실을 간과해서는 안 된다.

나는 미국 중서부의 유대인 학생들이 뉴욕 출신의 유대인보다 중서부 지역의 비유대인이 더 가깝게 느껴진다고 하는 소리를 종종 들었다. 종교적인 이슈가 유대인에게나 기독교인에게나 똑같이 중요성을 잃었기 때문에, 두 집단 사이에 명백한 차이가 존재하지 않게 되었다. 유대인을 대상으로 유대교나 민족주의에 대해 설교하는 행위는 더 이상 깊은 효과를 발휘하지 못하는 것 같다. 유대인들의 영광스런 역사와 문화 운운하는 것도 유대인들에게 설득력을 발휘하지 못할 것이다. 유대인들은 과거의 일을 위해 자신의 삶과 행복을 희생시키길 원하지 않는다.

유대인 인구가 제한적인 곳이나 특히 청소년들 사이에, 자신이 어떤 점에서 유대인 집단에 속하는지 그 이유를 몰라 당혹스러워하는 유대인들이 많다. 그런 유대인들에게 어떤 집단을 이루는 것은 개인들의 유사성이나 차이가 아니고 운명의 상호의존성이라는 식으로 설명하면 도움이 될 것이다. 정상적인 집단, 그리고 잘 발달되고 잘 조직된 집단은 당연히 서로 다른 성격의 개인들을 포함하고 있다. 어느 가족의 구성원 두 사람이 다른 가족의 두 사람보다 서로 덜 닮을 수 있다. 그러나 두 사람은 성격이나 관심이 서로 많이 달라도 운명으로 서로 얽혀 있으면 한 집단에 속할 것이다. 마찬가지로, 종교적 사상이나 정치적 사상이 서로 다른 두 사람도 같은 집단에 속할 수 있다.

모든 유대인들의 공통적인 운명이 현실 속에서 유대인을 하나의 집단으로 만들고 있다는 사실이 쉽게 확인된다. 이 간단한 사실을 이해한 유대인은 자신이 유대인 문제에 대한 태도를 바꿀 때마다 유대인 집단에서 벗어나야 한다고 느낄 필요가 없을 것이며, 오히려 유대인들 사이에 확인되는 다양한 의견에 관용의 태도를 더 넓게 보일 것이다. 더욱이, 자신의 운명이 전체 집단의 운명과 어떤 식으로 깊이 얽혀 있는지를 알게 되는 사람은 그 집단의 행복에 대한 책임을 더욱 적극적으로 떠안고 나설 것이다. 사회학적인 사실들을 이런 식으로 현실적으로 이해하는 것은 특히 유대인의 환경에서 성장하지 않은 사람들이 사회적 바탕을 견고히 다지는 데 대단히 중요하다.

적과 친구의 구분

특권을 누리지 못하는 소수 집단의 문제는 다수 집단의 처지와 직접적으로 연결되어 있다는 사실에 대해서는 앞에서 이미 언급한 바 있다. 현실이 이런데도 유대인들 중 일부는 다수 집단으로부터 호의적인 태도를 끌어내기를 바라면서 공격적인 측면을 피하고 불쾌한 사건들에 대해 가급적 쉬쉬하려 든다. 일부 유대인들이 취하고 있는 이런 방침의 바탕에 작용하고 있는 동기는 부분적으로만 맞다. 유대인들은 두 가지 상황을 확실히 구분해야 한다. 친구나 중립적인 사람들을 대하는 상황과 적을 다뤄야 하는 상황을 명확히 구분해야 하는 것이다.

사람이 모든 것을 유대인 문제와 연결시키고 모든 상황에서 유대인 문제를 끄집어내는 것도 부적응을 보여주는 증거이다. 그러나 유대인 문제에 대해 언급하는 것이 지극히 자연스러운 곳에서도 그 문제에 침

묵을 지키는 것 또한 부적응의 증거이다. 경험에 비춰보면, 비유대인들은 대체로 자신이 유대인임을 지나치게 강조하는 사람보다 비유대인처럼 행동하려는 사람에게 더 민감하게 반응한다. 자신이 소수 집단에 속한다는 점을 밝히는 사람은 경계선을 몰래 넘으려 노력하지 않을 것이며, 따라서 다수 집단에게 거부당할 필요가 없다. 그러나 "다수 집단"으로 여겨지려 노력하는 듯한 행동을 하는 소수 집단 구성원들은 즉시 반발을 불러일으킬 것이다.

그러므로 유대인 집단에 충실한 모습을 보일 경우에 비유대인과의 우정은 방해를 받는 것이 아니라 더욱 깊어질 수 있다. 인간 존재들 사이의 자연스런 관계와 유대인의 정치적 이익은 다수 집단이나 개인들과 우정 관계를 가능한 한 많이 맺을 것을 요구한다.

그러나 유대인들은 우호적인 접근이 부적절한 상황이 어떤 것인지를 분명히 알아야 한다. 침략자에게 우정을 보이는 것은 절대로 적절한 반응이 아니다. 지난 몇 년 사이에 유대인들은 세계 정치에서 침략자를 달래는 정책이 얼마나 무모하고 도덕적으로도 혐오스럽고 또 현명하지 못한지를 똑똑히 보았다. 당신을 죽이려 드는 사람과 대화하는 것은 수치스럽기도 하고 바보스럽기도 한 일이다. 그런 식의 우호적인 대화는 적에겐 당신이 허약하거나 적과 싸우지 못할 만큼 겁쟁이라는 의미로 다가올 뿐이다. 유대인들은 다음과 같은 사실도 명심해야 한다. 아직 편견을 갖지 않은 방관자는 침략자를 물리치려고 사력을 다해 싸우는 민족 집단이나 개인에겐 쉽게 설득 당하고 또 공감하지만, 모욕에 굴복하는 민족에겐 공감하지 않을 것이라는 사실 말이다. 영국은 이런 단순한 관찰의 진리를 지난 2년 동안 절실히 느꼈다.

나는 미국의 유대인들도 더 늦기 전에 이 진리를 깨닫기를 바란다.

지금 유대인들 중에 "서로 만나 대화를 해보자"는 식의 태도를 취하고 있는 사람들이 많다. 상대가 친구이거나 중립적인 사람이라면, 당연히 이 같은 태도는 옳고 권장할 만하다. 그러나 유대인을 파괴하기로 마음을 먹은 집단을 상대한다면, 이런 태도는 절대로 적절하지 않다.

나치와 그 동맹군과 싸울 때에는 점잖은 태도는 아무런 소용이 없다는 사실을 유대인들은 빨리 깨달아야 할 것이다. 적과 맞서 싸우는 방법은 한 가지밖에 없다. 주먹에는 주먹으로, 그것도 즉시, 가능하다면 더 세게 대응해야 한다. 유대인들은 자기방어를 위해 끝까지 싸우겠다는 용기와 결단을 먼저 보여줄 수 있을 때에만 다른 사람들로부터 적극적인 도움을 기대할 수 있다. 유대인들은 일상의 행동에서 새로운 규모의 위험에 적응해야 할 것이다. 세계의 유대인에게는 한 가지 선택밖에 없는 것 같다. 독일과 오스트리아, 체코슬로바키아의 유대인들처럼 노예로 살면서 굶어죽거나 자살을 할 것인가, 아니면 온갖 수단을 다 동원해서 싸우다 필요하다면 목숨까지 버릴 것인가? 둘 중 하나를 선택해야 한다.

이 선택은 절대로 유쾌한 선택이 아니다. 특히 젊은이들을 우울하게 만드는 선택이다. 그러나 유대인 젊은이들은 곧 이해하게 될 것이다. 적들이 자신의 의지를 강제로 실현시킬 수 있을 만큼 충분히 강해질 때까지 기다릴 것이 아니라 최초의 모욕에 즉시 강력하게 대응하는 것이 유대인과 미국인의 기질과 더 부합하고 더 정직하고 더 위엄 있는 행동이라는 것을 말이다. 모욕을 눈감아주는 것은 세련된 정신의 소유자에게는 관대한 행위로 보일 수 있다. 그러나 유대인의 생존이 걸린 지금과 같은 상황에서 유대인은 이런 제스처로 사치를 부리고 있을 수 없다. 도덕적인 문제를 떠나서, 기개를 보여주지 않는 사람은 현명하게 행동하지 않는 사람이다. 그런 사람은 오히려 호시탐탐 공격을 노리면서도 저항에 봉착할까 두려워 망설이는 오합지졸의 잔인성을 자극하게 될 것이다.

방어를 위한 싸움은 이기적인 행위 그 이상일 것이다. 그것은 다수 집단이 경제적 및 정치적 문제들을 해결하는 방식에도 직접적으로 영향을 미칠 것이다. 유대인의 운명은 다수 집단의 경제적 행복과 직결되어 있다는 사실은 앞에서 이미 강조했다. 불행하게도, 특권 없는 소수 집단이 값싼 노동을 제공하고 정치적 희생양이 되는 한, 경제적 문제의 해결은 불가능할 것이다. 현재 상태라면, 유대인들이 하나의 집단으로서 나라의 경제적 복지를 위해 할 수 있는 일은 파시즘의 힘들이 유대인에 대한 억압을 다른 민족 및 종교 집단과 대중을 억압할 디딤돌로 사용하지 못하도록 막는 것이다.

운명이 요구하는 행동과 위험을 받아들일 준비가 되어 있는 사람은 항상 긴장과 불안의 상태에서 살게 될 것이라고 믿는 것은 실수이다. 그 반대가 진실이다. 불안은 혼란을 느끼고 또 해야 할 바를 모르는 사람의 특징이다. 적의 발에 짓밟히기를 기다리기보다 위험을 적극적으로 맞닥뜨리려는 사람은 다시 깨끗한 환경에서 살게 될 것이며 위험에 둘러싸인 상황에서도 삶을 즐길 수 있을 것이다.

11장

유대인 아이를 키우는 법 (1940)

자유 국가의 숫자가 갈수록 줄어들고 있는 상황에서, 미국의 미래 세대 유대인의 태도와 행동은 전체 유대인에게, 말하자면 아메리카 대륙뿐만 아니라 유럽 대륙과 팔레스타인에 사는 유대인들에게 엄청난 중요성을 지닐 것이다. 아이들의 행동은 성장하면서 습득하는 태도에 크게 좌우될 것이다. 따라서 유대인 부모와 선생들이 심리학적 및 교육학적 문제들을 현실적으로 이해하는 것이 대단히 중요하다. 유대인 아이가 직면하고 있는 사회적 환경을 논함으로써 이 문제들을 명쾌히 밝히고자 한다. 이런 식으로 사회적 환경을 고려하는 교육만이 성공을 거둘 수 있을 것이다.

대학생 나이에 두드러지는 구별

미국 중서부에 위치한 중간 규모의 도시를 생각해보자. 이곳의 유대인 집단은 작으며, 기독교 신자들과 좋은 관계를 유지하며 살고 있다. 주로 중산층인 유대인들은 자기 민족의 구호 문제를 돌보는 한편으로 그 도시의 경제적, 정치적, 사회적 활동에도 적극적으로 협력하고 있다. 그러다 보니 다수의 기독교 신자들이 유대인의 자선 단체에 기부하는 일도 일어난다.

처음에는 자라나는 유대인 아이가 비유대인의 환경에서 기독교 아이들과 다르게 분류된다는 느낌을 받는 일이 자주 일어나지는 않을 것이다. 그런 가운데 유대인 아이는 보육원과 유치원을 거쳐 초등학교 4학년까지 마칠 것이다. 그러다 아마 그때쯤 아이들과 싸우다가 "더러운 유대인"이라 불리는 경험을 처음 하게 될 것이다.

부모들의 판단에 아이가 이성 간의 우정이 결혼으로 발전할 수 있다고 생각되는 나이에 가까워질 때, 유대인 아이가 기독교 가정으로부터 사교적인 모임에 초대를 받지 못할 확률이 높아진다. 그러나 그 같은 구분이 언제나 명확한 것은 아니다. 기독교 가정이 유대인 아이에게 초대장을 보내지 않는 것이 아이가 유대인이기 때문인지 아니면 다른 이유 때문인지 분명하지 않을 때가 종종 있다. 유대인 청년은 직장을 얻으려고 노력하기 전까지 개인적으로 심각한 제약에 맞닥뜨리지 않을 가능성이 크다.

그러나 대학에 들어가길 원하는 유대인 소년이나 소녀는 틀림없이 분류의 대상이 된다. 중요 대학 대부분에서, 특히 전문 대학원에서 비공식적이지만 분명한 할당제를 실시하며 유대인 숫자를 제한하고 있다는 것은 공공연한 비밀이다. 유대인 학생에게 열려 있는 동아리도 유대인 클럽뿐이다. 따라서 유대인 학생이 유대인으로 분류되는 현실은 유대인 학생이 짐작하는 것보다 훨씬 더 강하게 느껴진다.

이런 상황에 처하면 유대인 학생은 어떤 식으로 반응할까? "상황을 그런대로 받아들이는" 학생들이 많다. 즉 유대인 학생들은 유대인 집단이나 비유대인 집단이나 똑같이 두루 잘 섞이고 행복하게 살면서 잘 적응하는 행동을 보인다는 뜻이다.

그러나 적응력이 결정적으로 떨어진다는 사실을 보여주는 유대인 학생들도 많다. 히틀러가 등장하기 전에 독일에서 미국으로 이주한 사람에겐, 과도한 긴장과 시끄럽게 떠드는 태도, 과도한 공격성, 지나칠 정도의 노력 같은, 유대인의 부적응을 보여주는 전형적인 신호들이 독일 유대인보다 미국 유대인들 사이에 더 심하다는 사실이 꽤 인상적으로 다가왔다.

사회적 좌절

그렇다면 유대인 개인이 균형 잡힌 행동을 보일 것인지 불안정한 행동을 보일 것인지를 결정하는 요인은 무엇이며, 또 유대인 학생들이 균형 잡힌 행동을 하도록 하려면 어떻게 교육해야 하는가?

여기서 이런 식으로 주장하고 싶은 사람도 있을 것이다. 반유대주의는 아이가 직면할 많은 어려움들 중 하나에 지나지 않는다. 학교에서 일상적으로 겪는 어려움도 있고, 부모나 친척과의 사이에서 겪는 어려움도 있고, 친구들과의 사이에서 겪는 어려움도 있다. 사실, 아이가 앞에 묘사한 상황에서 반유대주의를 경험하는 일은 다른 문제에 비하면 드문 편이다. 반유대주의 때문에 일어나는 문제를 집단의 관점이 아니라 개인의 관점에서 본다면, 유대인 아이가 반유대주의를 경험하게 될 때를 대비해 교육까지 시킬 필요가 있을까? 아이가 곤경에 대처하는 전반적인 능력을, 특히 사회적 좌절을 받아들이는 능력을 강화시키는 것으로도 충분하지 않을까? 적어도 어린 시절 초기에 특별히 준비할 필요까지는 없을 것처럼 보인다. 실제로 문제가 발생할 때 아이를 도와주는 것만으로도 충분할 것처럼 보인다.

유대인 부모들이 이런 태도를 선호하게 하는 요인들이 있다. 추가적인 문제로 아이를 짓누르는 것은 언제나 불쾌하다. 아이가 유대인이라는 사실을 의식하게 할 경우에 아이가 자신은 비유대인 급우들과 다르다고 느낄 수 있다. 그런 의식 자체가 아이의 내면에 의문을 불러일으키고 결과적으로 분리를 낳을 수 있다. 그렇다면 아이가 "받아들일 수 있을 만큼" 충분히 강해질 때까지 가능한 한 이 문제를 억제하는 것이 더 바람직하지 않을까? 전반적인 환경이 우호적이어서 유대인 아이가 반유대주의 문제로 힘들어 하지 않아도 되는 상황에서는 그 문제를 가급적 다루지 않는 것이 교육학적으로 적절한 정책이 아닐까?

부모들 사이에 뚜렷이 나타나는 이런 태도의 바닥에는 종종 제2의 감정이 자리하고 있다. 히틀러가 등장하기 전에 독일에서 살았던 유대인 중 다수가 전형적으로 그런 태도를 보였다. 절대적으로 필요하지 않은 상황에서 유대인 문제를 거론하는 것은 유대인과 비유대인의 분리를 강화할 수 있기 때문에 유대인의 지위에 위험한 것으로 여겨졌다. 말하자면, 유대인 문제를 최대한 약화시키면 문제가 서서히 사라질 것이라는 기대가 있었던 것이다.

그런 태도는 유대인 아이들에게 도움이 되지 않고 거꾸로 정반대의 효과를 낳을 가능성이 크다는 것이 나의 믿음이다. 그것은 교육학적으로 형편없는 정책이며 아이가 불필요하게 심각한 갈등을 겪도록 만들 확률이 높다. 또 아이의 문제 해결 능력을 약화시킬 수 있다. 더욱이, 그렇게 될 경우에 아이의 행동은 반유대주의를 약화시키기는커녕 오히려 강화시킬 위험이 있다.

이 문제를 명쾌하게 밝히기 위해서, 거기에 관계된 심리적 문제의 본질을 아이 본인의 관점에서 세세하게 논해야 한다.

문제의 바탕에 깔린 문제

유대인 문제의 바탕에 깔려 있는 문제는 절대로 유대인들만의 문제가 아니다. 특권 없는 모든 집단의 구성원은 그 같은 사실을 직시해야 한다. 미국의 흑인처럼 권리의 박탈이 사회적 차별 때문인 경우만 아니라 청각 장애 같은 육체적 장애로 인한 경우에도 이 말은 놀랄 정도로 들어맞는다. 이 일반적인 문제의 핵심을 파고들기 위해선 이런 물음을 던져야 한다. 한 집단에 소속된다는 것이 그 개인에게는 어떤 의미이며, 그런 소속감은 특정한 상황에서 개인의 행동에 어떤 영향을 미치는가? 비유대인의 예를 두 가지 제시함으로써 이 문제를 명쾌하게 밝히고 싶다.

북부 공업 지대의 중심 도시에 사는 흑인 소녀는 가사를 돕고 있던 중에 백인 선생으로부터 공무원 시험에 한 번 도전해 보라는 권유를 받는다. 소녀는 훌륭한 성적으로 시험에 합격해서 공공 수영장에 배치를 받는다. 그 수영장엔 흑인은 들어오지 못하게 되어 있다. 수영장의 책임자는 흑인을 고용하길 원하지 않는다. 이 책임자의 반대는 정부 당국의 결정에 의해 뒤집어진다. 그는 흑인 소녀를 그녀의 능력보다 낮은 자리에 앉힌다. 청소하는 일이다. 그래도 소녀는 불평을 하지 않고 일을 한다. 몇 주일 뒤에 그녀는 자신이 일하는 수영장에서 수영을 하고 싶다는 마음이 생겼다. 그래서 그녀가 물로 들어가려 하는데, 바로 그 순간 일단의 백인 소년들이 그녀에게 다가와 형편없이 굴면서 수영을 하지 못하도록 막는다. 충격이 얼마나 컸던지, 소녀는 일을 그만두었을 뿐만 아니라 더 이상 다른 일자리를 구하려고 시도조차 하지 않는다. 흑인 소녀에게 용기를 불어넣었던 백인 선생이 얼마 뒤 소녀를 만났는데, 그때 소녀는 백화점에서 엘리베이터 걸을 하고 있다. 선생은 공무원 일자리에 한 번 더 지원하라고 그녀를 붙잡고 다시 설득하지만, 그녀는 보조적인 자리 그 이상의 자리에 대한 관심을 완전히 잃은 듯하다.

흑인 소녀가 이처럼 무너지는 현실 앞에서, 나는 이 소녀가 어린 시절에 백인 아이들과 평등한 바탕에서 특별히 우애롭게 지낸 것이 아닐까 하고 생각했다. 그래서 특별히 조사를 해보았는데, 소녀는 아이들 틈에서 흑백 차별을 느끼지 않는 가운데 성장한 것이 확인되었다.

소수 집단의 문제와 거의 아무런 관계가 없어 보이는 예를 보면, 근본적인 문제가 훨씬 더 명확하게 드러날 것이다.

입양아들의 이야기 중에 비극적인 사연이 종종 보인다. 아주 어릴 때 입양된 한 아이는 양부모가 자기를 낳은 부모라고 믿으면서 성장하고 있다. 양부모는 대체로 아이에게 진실을 말해주지 않는다. 그러면서 아이가 자신들을 진짜 부모라고 믿기를 바란다. 그러나 열다섯 살이나 열일곱 살쯤 되면 누군가가 아이에게 입양아라는 사실을 말해주는 경우가 드물지 않다. 그 결과 종종 상상을 초월할 정도로 충격적인 일이 벌어진다. 그때까지 학교에서 공부를 잘 하던 아이가 성적이 뚝 떨어지고, 어떤 일이든 진지하게 받아들이지 않고, 심한 경우에 떠돌이가 되는 예도 있다. 양부모가 아이에게 변함없는 사랑을 쏟으며 헌신하고 있는 때조차도, 말하자면 "객관적인" 가족관계에 전혀 아무런 변화가 없는 때조차도 그런 반응이 관찰되었다. 그런 경우에 그 같은 결과가 과도한 것처럼 보인다. 아이가 양부모에게 느끼는 소속감 외에 아무것도 변한 것이 없는데도 그런 현상이 나타나니 말이다.

이런 경험들 때문에 아이들의 입양을 주선하는 사람들은 양부모들에게 아이가 어릴 때 진실을 알려주라고 조언한다. 양부모들은 입양아에게 대체로 이런 식으로 말한다. 대부분의 아이들은 선택의 여지없이 그냥 부모에게 주어진다. 그러나 입양아는 많은 아이들 가운데서 양부모에게 선택된다. 따라서 입양아는 "선택된 아이"라는 점을 특별히 자랑스러워해도 된다. 이런 식으로 접근한 결과, 입양아가 선택된 아이라는 점을 실제로 자랑하고 나서는 경우도 종종 있다. 이런 아이는 사춘기도 별다른 문제없이 넘기지만, 사춘기에 이르러서야 진실을 알게 되는 입양아는 존재의 바탕이 뒤집어지는 경험을 할 수 있다.

존재의 바탕

입양아가 자신의 출생에 관한 진실을 세 살에 아느냐 열다섯 살에 아느냐에 따라 결과가 그처럼 다르게 나타나는 이유는 무엇일까?

다음과 같은 사실에서 적어도 이 질문에 대한 부분적인 대답이 발견될 것이다. 개인이 속한 집단은 그 사람이 서 있는 바탕이고, 그에게 사회적 지위를 부여하는 바탕이고, 그에게 안전이나 도움을 주기도 하고 거부하기도 하는 바탕이다. 이 바탕의 견고함이나 약함은 의식적으로 지각되지 않을 수 있다. 우리가 밟고 서 있는 물리적 바탕에 대해 언제나 생각하고 있지 않는 것이나 똑같다. 그러나 이 바탕의 견고함과 명확함은 그 사람이 하기를 원하는 것과 할 수 있는 것, 그리고 그 사람이 그런 것들을 하는 방식을 결정한다. 이 말은 사회적 바탕에나 물리적 바탕에나 똑같이 유효하다.

　실험 심리학이 발달함에 따라, 사람과 그 사람의 심리적 환경은 별도의 실체로 다뤄질 수 없고 역학적으로 같은 필드라는 사실이 점점 더 명백하게 확인되고 있다. 예를 들어, 최근의 실험들은 아이의 지능이 환경의 유형에 따라 크게 달라진다는 사실을 보여주었다. 주변 환경의 안정성 또는 불안정성이 자라나는 아이의 안정성 또는 불안정성과 깊은 관계가 있다는 사실을 뒷받침하는 증거도 많다. 어머니의 기분이나 긴장이 아이의 기분이나 긴장에 어떤 식으로 영향을 미치는지는 잘 알려져 있다.

　이 사실을 보다 기술적으로 표현하면 이렇게 된다. 아이가 분화되고 안정적인 존재로 성장하는 것은 곧 아이의 심리적 환경을 기능적으로 분화되고 안정적인 환경으로 가꾸는 것과 똑같다. 아이의 눈으로 보면, 아이의 세계는 처음에는 분화되지 않았으며 젖을 빠는 경험 같은 극히 일부 영역만 명확한 형태와 색깔로 두드러져 보인다. 아이의 세계 중에서 범위가 분명한 부분들이 갈수록 넓어진다. 이때 사람들은 "아이가 배우고, 지식을 습득하고, 스스로 적응하고 있다."고 말한다.

그러나 이때 아이의 학습은 그 이상의 무엇인가를 의미한다는 사실을 알아야 한다. 아이가 살아갈 세상을 구축하고, 아이가 설 바탕을 구축하고 있는 것이다. 아주 어린 시절부터, 사회적 사실들, 특히 어떤 집단에 대한 소속감은 이처럼 점점 더 넓어지는 아이의 세계를 구성하는 가장 근본적인 요소들이며 장래 아이가 옳거나 그르다고 판단할 것들을 결정하고 아이의 소망과 목표를 결정할 것이다.

앞에서 예로 든 흑인 소녀의 행동을 이제 조금 더 잘 이해하게 되었을 것이다. 소녀는 서로를 평등한 바탕에서 대하는 흑인과 백인들 사이에서 성장했다. 그러면서 학교에서 배운 그대로, 미국 헌법이 모든 시민에게 부여하는 평등권을 글자 그대로 믿었다. 한마디로 말해, 소녀는 흑인과 백인의 평등이라는 이데올로기를 믿으며 성장했으며, 그녀의 미래 전망은 바로 이 이데올로기에 바탕을 두고 있었다. 이 믿음이 환상인 것으로 확인되는 순간, 이 소녀의 세계는 깊이 무너져 내릴 수밖에 없다는 사실은 충분히 이해가 된다.

이 소녀가 수영장에서 다소 거칠게 다뤄졌는지 여부는 대단히 중요하지 않을 수 있다. 중요한 것은 이 사건이 그녀가 자신의 집단과 다른 집단의 관계에 대해 품고 있던 감정의 변화에 지니는 중요성이다. 소녀는 자신의 심리 세계 안에 몇 년에 걸쳐 서서히 구축했던 사회 구조가 일순간에 무너져 내리는 것을 확인했다. 그래서 그녀는 정신적 혼란 상태에 빠졌다. 균형 잡힌 행동을 할 바탕을 잃어버린 것이다. 지금까지 어떤 목표에 부합하는 행동이라고 믿어왔던 행동이 정말로 그런지, 그녀로서는 이제 더 이상 확실히 알 수 없게 되었다. 더욱이, 세상은 안정적인 곳이라는 그녀의 믿음도 산산이 깨어졌으며, 안정성이 느껴지지 않는 상태에서 계획을 미리 짜는 것은 무의미한 일이었다.

"객관적으로" 아무것도 변화하지 않았음에도 불구하고, 입양아가 깊이 절망하는 현상 그 뒤에도 비슷한 원인들이 작용하고 있다. 그가 품고 있던 집단 소속감이 완전히 바뀌었고, 따라서 그의 세계 안에 존재하는 사실들 전체와의 관계도 완전히 뒤틀려버렸다. 그도 몇 년 동안 구축했던 세계가 일순간에 무너져 내리는 것을 보았다. 그가 서 있는 바탕의 안정성에 대한 믿음도 사라지고, 미래를 계획하려는 의지도 완전히 사라지게 되었다.

여기서 유대인 문제와 관련해 두 가지 추론이 가능하다.

(1) 어떤 사회집단에 대한 소속이나 그 집단 안에서의 지위와 관련해 겪는 경험의 중요성을 판단할 때, 그 경험 자체의 빈도나 불쾌감에 지나치게 큰 비중을 둬서는 안 된다. 대신에 그런 경험의 의미를, 개인이 영위하는 생활공간의 구조에 얼마나 큰 변화를 일으켰는가 하는 측면에서 고려해야 한다. 그렇기 때문에 유대인 부모들은 아이들이 편견을 얼마나 자주 경험하는지, 또는 아이가 편견을 거칠게 겪는가 부드럽게 겪는가 하는 문제는 그다지 중요하지 않다는 것을 배워야 한다. 중요한 것은 이 경험들이 유대인 집단이 비유대인과의 관계에서 취하게 되는 태도에 미치는 영향이다.

(2) 안정적인 사회적 바탕을 아주 일찍부터 다지는 것이 대단히 중요하다. 15세 소년을 무너지게 만든, "입양아"라는 사실도 세 살 때 적절히 전달되었더라면 아이에게 거의 아무런 상처를 남기지 않았을 것이다. 성장하는 아이가 비교적 안정적으로 자신을 적응시킬 수 있는 사회 구조의 종류는 놀랄 만큼 다양하다. 그러나 한 사회 구조가 무너진 뒤에 안정적인 사회적 바탕을 다시 구축하는 것은 대단히 어려운 일인 것 같다.

집단의 한계

사람이 속한 집단은 지원과 보호의 원천이 될 뿐만 아니라 규제와 금기를 의미하기도 한다. 달리 말하면, 집단은 개인의 "자유로운 이동 공간"을 좁힌다는 뜻이다. 이 점은 개인이 집단에 적응하는 문제에 매우 중요하다. 기본적인 문제는 이런 물음으로 바꿀 수 있다. 개인은 집단의 삶과 목표를 지나치게 방해하지 않고 자신의 개인적 욕구를 충분히 충족시킬 수 있을까?

만약에 어떤 집단에 속하는 것이 개인의 목표 성취에 도움이 되지 않고 방해가 된다면, 그 사람과 집단 사이에 갈등이 일어나고 심지어 집단을 떠나고 싶은 욕망이 생길 것이다. 널리 알려진 일부 유대인들의 반유대주의는 유대인 개인들이 유대인 집단에 소속되기를 싫어하는 감정을 겉으로 표현한 것이다. 독일에서는 독일 유대인과 동부 유럽 유대인 사이에 그런 혐오 감정이 뚜렷이 보인다. 미국에서는 스페인 출신 유대인과 독일 출신 유대인 사이에, 보다 최근에는 독일 출신 유대인과 폴란드나 러시아 출신 유대인 사이에 그런 반목이 보인다. 대학 캠퍼스에서도 부유한 유대인 학생들의 클럽과 가난한 유대인 학생들의 클럽 사이에 똑같은 경향이 존재한다.

특권 없는 모든 집단을 보면 그 사회에서 특권을 누리고 있는 집단의 가치를 받아들이려는 경향이 존재하는 것 같다. 따라서 특권을 누리지 못하는 집단의 구성원은 자신의 집단 안에 있는 것들 중에서 특권 집단의 가치와 부합하지 않는 것에 대단히 예민하다. 왜냐하면 특권을 누리는 집단의 가치와 일치하지 않는 바로 그것이 그 사람으로 하여금 수준이 낮은 집단에 속한다는 느낌을 갖도록 만들기 때문이다.

자신의 집단을 싫어하는 감정은 자신의 집단을 좋아하게 되어 있는 타고난 경향과 충돌을 빚는다. 그 결과, 특권을 누리지 못하는 집단의 구성원들이 자신의 집단에 대해 모호한 태도를 보이게 된다.

<도표 24>

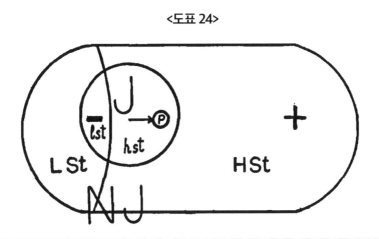

J: 유대인 집단
NJ: 비유대인 집단
LSt, HSt: 비유대인의 낮은 사회계층과 높은 사회계층
lst, hst: 유대인의 낮은 사회계층과 높은 사회계층
P: 사람
→ : lst에서부터 멀어지는 방향으로 개인에게 작용하는 힘

특권 없는 소수 집단(J)의 구성원(P)이 자신의 집단 중에서 다수 집단(NJ)의 높은 사회계급(HSt)과 다른 부류(lst)에게 품는 반감은 이 부류의 존재로 인해 다수 집단이 소수 집단을 낮은 계층으로 여길 위험이 있다는 사실 때문에 더욱 악화된다.

주변인

입양아의 심리적 붕괴와 비슷한 사례는 나치의 반유대주의로 인해 정신적 붕괴를 가장 심하게 겪은 사람들이 유대인 피가 반 혹은 4분의 1 섞인 사람들, 그러니까 스스로 선량한 가톨릭 또는 프로테스탄트라고 믿으며 살아 온 사람들이라는 사실에서 확인된다. 이 불행한 사람들은 평생 동안 자신이 소속되어 왔다고 믿었던 집단에 소속될 권리를 돌연 박탈당할 때 자신의 사회적 바탕이 무너져 내리는 것을 경험했다. 가장 계몽되고 교육이 잘 된 나라로 여겨졌던 독일이 유대인 박해를 악랄하게 시작했을 때, 유대인들이 밟고 서 있던 바탕은 전 세계에 걸쳐서 어느 정도는 다 흔들렸다. 독일에서 벌어진 유대인 박해는 그때까지 많은 유대인들이 선호하던 이데올로기, 즉 반유대주의는 "교육이 잘 된 사람들에겐 없고" 또 계몽되면 언젠가 극복될 수 있는 "편견"일 뿐이라던 이데올로기에 결정타를 날렸다. 따라서 유대인 문제는 개인적인 바탕에서는 해결될 수 없으며, 집단들의 사회적인 문제로 인식되어야 한다는 사실이 명백해졌다.

그러나 미국에 있는 많은 유대인 개인들 사이에서도 적응력이 부족하다는 사실이 관찰된다는 점을 고려한다면, 또 다른 요소가 더 중요할 수 있다. 많은 유대인들이 "주변인"의 위치에 서 있다는 점이다.

최근 동부의 한 여대생이 이 감정을 이런 식으로 표현했다.

당신은 아마 나의 태도가 어중간하다는 사실을 눈치 챘을지 모르겠다. 나에겐 중도적인 위치가 매우 적절해 보인다. 양쪽 사이에서 중용을 취하고 있어서가 아니라, 담 위에 서 있기 때문이다. 나는 나 자신이 무엇을 생각할 것인지, 왜 그걸 생각하는지에 대해 깊이 생각하지 않는다. 그런 점에서 나는 전형적인 유대인이다.

나를 보라. 나는 여기에도 있지 않고 저기에도 있지 않다. 유대인 여자로서, 나는 대단한 존재가 아니다. 나는 나 자신이 나서야 할 때에만 나선다. 사람들은 나의 유산이 소중한 유산이라고 말한다. 그러나 나는 유산이란 것이 무엇인지 전혀 모른다. 나는 그다지 중요하지 않은 영국 시인들의 이름은 다수 댈 수 있다. 그러나 내가 아는 위대한 유대인 시인은 누구일까? 없다. 나의 교육은 전적으로 기독교식으로 이뤄졌다. 내가 중요하게 여기는 덕목은 기독교 덕목이다. 적어도 나의 생각엔 그렇다. 이따금 나는 나의 내면에서 유대인다운 무엇인가를 발견하고는 크게 놀라며, 그럴 때에는 나 자신이 낯설게 느껴진다. 나는 사람들로부터 들어서 나 자신이 유대인이라는 것을 안다. 또 유대인 친구가 있기 때문에 나 자신이 유대인이라는 것을 안다. 그 외에, 내가 유대인이라는 사실은 나에게 별다른 의미를 지니지 못한다.

당신이 보다시피, 나는 유대인 여자로서 별다른 존재가 아니다. 그러나 나는 미국인으로서도 더 나은 존재가 못된다. 여기 학교에서 나는 유대인 서클에서 활동하고 있다. 다른 비유대인 서클은 나에게 관심이 없다. 나 또한 그들에 대해 신경을 쓰지 않는다. 이따금 서클들이 서로 접촉한다. 접촉은 어떤 때는 깊고 또 어떤 때는 깊지 않다. 나는 다른 서클에 소속된 사람과 친구가 된다. 그러나 그건 남의 눈을 의식한 친구이다. 만약에 그 친구가 남자라면, 나는 그가 나에 대해 어떤 식으로 생각하는지 궁금해 할 것이다. 그도 아마 서클 동료들이 자신에 대해 어떤 말을 할지 궁금해 할 것이다. 만약에 그 친구가 여자라면, 우리 둘은 인종 편견을 넘어서고 있다는 사실에 대해 속으로 축하할 것이다. 파이 베타 카파

소사이어티(Phi Beta Kappa Society: 1776년에 결성된, 미국에서 역사가 가장 깊고 또 가장 명예로운 학생 단체이다. 미국 대학생 중에서 성적이 우수한 학생들만 가입할 수 있다. 클럽의 이름은 라틴어로 '배움에 대한 사랑이 곧 삶의 등불'이라는 뜻이다/옮긴이)의 명단을 보면서, 나는 거기에 선택된 사람들 중에 유대인이 몇 명인지를 말하지 않으려고 조심한다. 나는 다른 사람에게 숨기려 하든 드러내려 하든 나 자신이 유대인이라는 것을 언제나 의식하고 있다.

그렇다면 나는 어떤 존재인가? 유대인들에 따르면, 나는 미국인이다. 미국인들에 따르면, 나는 유대인이다. 그런 식으로 통하는 나는 완전히 잘못되었다. 그렇다면 유대인들이 반유대주의로부터 해방되려면 나 같은 사람들을 담에서 밀어내야 할 것이다.

많은 유대인 청년들에게 전형적으로 나타나는 이 같은 불확실성은 유대인 개인이 유대인일 뿐만 아니라 미국인이기도 하다는 사실 때문에 일어날 가능성은 거의 없다. 이중의 충성은 모호함을 낳지 않는다는 브랜다이스(Louis Brandeis)의 유명한 말은 사회학적으로 맞는 말이다. 아일랜드인, 폴란드인, 독일인, 스웨덴인 등 다소 민족적 성격을 지닌 소수 집단이 아주 많은 미국에서 이 말은 더욱 맞는 것으로 확인된다. 더욱이, 모든 개인은 중복되는 집단에, 예를 들면 가족 집단과 친구 집단, 직업 또는 비즈니스 집단 등에 소속되어 있다. 그러면서도 개인은 갈등과 불확실성을 지속적으로 느끼지 않고 소속된 집단 모두에 충실할 수 있다.

여러 집단에 소속되어 있다는 사실이 아니라 소속이 불확실하다는 사실이 어려움의 원인이다.

특권 없는 집단 거의 모두를 보면, 특권을 누리는 다수 집단이 정작 다수 집단의 구성원으로 받아들이지 않는데도 마치 자신이 다수 집단의 구성원이라도 되듯 특권 없는 소수 집단에 속한다는 느낌을 진정으로 받지 못하는 사람들이 다수 발견될 것이다. 사회학자들이 "주변인"이라고 부르는 사람들을 보면, 특권 없는 집단 안에서 다소 특권을 누리고 있는 사람이거나 경계를 넘어려는 의도를 공개적으로나 비밀리에 간직하고 있는 사람인 경우가 자주 있다. 그들은 집단들 "사이"에 서서 여기에도 소속되지 않고 저기에도 소속되지 않고 있는 사람들이다. 이 주변인이 직면해야 하는 심리적 어려움들, 이를테면 다소 지속적으로 갈등의 상태에 처해 있기 때문에 생기는 불확실성과 불안정성, 자기혐오 등은 사회학 학생에게 잘 알려져 있다.

특권 없는 집단의 "주변인" 숫자가 늘어날수록, 특권을 누리는 집단과 특권 없는 집단 사이의 차이가 줄어들 것이다. 그 결과, 집단의 향상이 개인의 불확실성과 긴장을 심화시키는 역설적인 현상이 나타난다.

현대의 유대인에겐 불확실성을 강화하는 요인이 한 가지 더 있다. 유대인은 자신이 유대인 집단에 어떤 식으로 소속되어 있는지, 또 어느 정도 소속되어 있는지 잘 모르고 있다. 특히 종교가 사회적으로 덜 중요한 문제가 되었기 때문에, 유대인 집단 전체의 성격을 자신 있게 묘사하기가 어렵게 되었다. 유대인 집단은 많은 이단자를 포함하고 있는 종교 집단일까? 인종적 특징이 다양한 민족일까? 아니면 국민 다수가 사는 국가나 영토가 없는 민족일까? 하나의 문화와 전통으로 결합된 집단이면서도 대부분의 측면에서 구성원이 살고 있는 나라의 다양한 이상과 가치를 수용한 그런 집단일까? 유대인 집단의 성격을 명확히 규정하는 것만큼 당혹스런 일도 없다고 나는 생각한다. 그런 집단이 하나의 별도 단위로 보전되어야 하는 이유와 이 단위가 지속하려는 의지를 완전히 포기하지 않는 이유, 그리고 각국이 유대인에게 완전 동화를 허용하지 않는 이유를 밝히는 것은 결코 쉬운 과제가 아니다.

많은 유대인들이 유대인 집단에 속한다는 것이 무슨 의미인지, 그리고 개인으로서 유대인 집단과 자신을 동일시해야 하는지 아니면 집단에서 벗어나려고 노력해야 하는지에 대해 모르는 것은 전혀 이상하지 않다. 또 유대인이 유대인 집단에 대한 태도를 자주 바꾸는 것도 전혀 이상하지 않다. 유대교에 대한 믿음을 잃거나 유대인의 특별한 이상이나 임무로 여겼던 것들에 대한 믿음을 잃은 유대인이라면, 집단에서 벗어나려는 경향을 강하게 보일 것이다.

두 집단 사이의 경계 위에 머물거나 두 집단 안에 있으면서 진정으로 어느 집단에도 속하지 않는 태도는 생물학적으로 유대인 피를 반만 타고난 사람에게 자연스러울 수 있다. 그러나 "사회적으로 반(半)유대인"이라 불릴 수 있는 사람, 말하자면 전적으로 유대인에게 속한다고 느끼지 못하는 사람도 이와 비슷하게 어려운 상황에 처해 있다는 사실을 알아야 한다. 주변부에 선 이런 유대인 남녀들은 청소년과, 말하자면 더 이상 아이가 아니고 또 더 이상 아이이기를 원하지 않는데도 그렇다고 성인으로 받아들여지지도 않는다는 사실을 잘 알고 있는 그런 청소년과 다소 비슷한 입장에 처해 있다. 자신이 서 있는 바탕과 자신이 속한 집단에 대해 불확실성을 느끼기 때문에, 청소년은 종종 요란해지고, 불안해하고, 소심함과 동시에 공격성을 보이고, 지나치게 민감하고, 극단으로 흐르고, 타인과 자신에 대해 과도하게 비판적인 모습을 보인다.

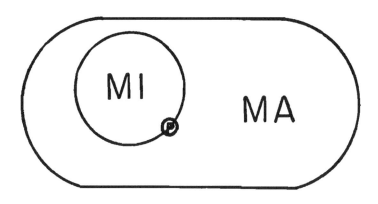

소수 집단 MI와 다수 집단 MA의 경계에 서 있는 사람(P).

주변부에 서 있는 유대인은 평생 비슷한 상황에 처하게 된다. 유대인 문제가 제기될 때마다, 이 유대인은 유대인의 눈과 비유대인의 눈으로 본다. 만약에 이 유대인이 이슈를 훤히 꿰뚫어보고 있고 또 자신의 개인적 가치들이 어떤 것인지를 잘 알고 있다면, 그런 입장도 전혀 문제가 되지 않는다. 그가 합리적이고 공정한 결정을 내릴 확고한 바탕 위에 서 있기 때문이다. 그러나 주변부에 선 유대인은 대체로 이 집단 중 어느 곳에도 뿌리를 충분히 깊이 내리지 못하고 있다고 느끼고 있으며 자신의 견해에 대해서도, 또 양 집단과의 개인적 관계에 대해서도 확신을 느끼지 못하고 있다. 따라서 그는 어쩔 수 없이 모호하고 불확실한 내적 갈등을 지속적으로 겪게 된다. 그는 영원히 "청소년"의 위치에 머물며 불행과 적응력 부족을 보일 것이다.

다수 집단의 문제

유대인의 "선한 행동"은 반유대주의를 퇴치하는 보증이 절대로 될 수 없다는 사실을 역사는 충분히 보여주고 있다. 대체로, 유대인에게 불리하게 작용하는 힘들은 주로 비유대인인 다수 집단의 상황 때문에 일어난다. 예를 들면, 희생양이 요구되는 상황이 있다. 이 힘들은 유대인의 행동과는 거의 아무런 관계가 없다. 그러나 굳이 유대인 집단의 행동과 관련있다고 보자면, 유대인들의 열등성보다 탁월성에서 장기적으로 더 심각한 문제가 비롯될 수 있다는 주장이 가능하다. 독일에서 반유대주의에 불을 붙인 것은 유대인의 경제적, 사회적, 문화적 성취였다. 유대인의 자질을 규제하려는 시도에서 그럴 듯한 의미를 찾는다면, 궁색하지만 다음과 같은 처방이 가능할 것이다. 반유대주의를 피하기 위해, 유대인 젊은이들이 탁월한 자질을 발휘하도록 훈련시키지 마라. 유대인 젊은이 모두를 평균적인 존재로 만들어라. 아니, 평균 이하의 존재로 키우는 것이 더 바람직하다.

유대인 문제를 가급적 겉으로 드러내지 않고 쉬쉬하는 방침이 반유대주의의 강도에 미치는 효과는 전적으로 긍정적이지는 않다. 유대인은 대략 세 집단으로 분류된다. 유대인임을 과도하게 강조하는 사람들이 있는가 하면, 정상적으로 행동하는 사람들이 있고, 유대인임을 숨기거나 약화시키려는 사람들이 있다. 자신이 유대인이라는 점을 어떤 상황에서 어느 정도 강조해야 하는지를 잘 아는 중간 집단의 개인이 아마 처신을 가장 잘 할 것이다. 그 외의 유대인들을 놓고 말하자면, 기독교 신자는 유대인임을 숨기려는 유대인보다 유대인임을 다소 강조하는 유대인에게 적대감을 보이지 않을 확률이 더 높다. 기독교인이 유대인의 완전한 동화를 원하지 않는 이상, 기독교인은 틀림없이 세 번째 유형의 유대인을 가장 쉽게 의심할 것이지만 첫 번째 유형과의 관계에서는 오히려 안전감을 느낄 것이다. 왜냐하면 세 번째 집단에 속하는 유대인들의 불분명한 행동 앞에서 기독교인들이 유대인들에게 똑같은 특권을 부여하는 것이 위험하겠다는 느낌을 받을 것이기 때문이다. 기독교인의 이런 감정은 입장이나 행동이 꽤 명쾌한 유대인들 앞에서는 다소 누그러진다. 왜냐하면 자신이 유대인임을 내세우는 사람들은 직장이나 비즈니스 혹은 정치에서 경계선을 넘기 위해 동등한 권리를 내세울 확률이 낮을 것이기 때문이다.

그렇다면 유대인 문제와 관련해서 유대인 부모의 행동은 섹스나 다른 교육 문제에서 하는 행동과 똑같아야 한다고 결론을 내릴 수 있다. 말하자면 솔직하고, 개방적이고, 현실적이어야 한다는 뜻이다. 여기서 고려해 볼 사항은 다음과 같다.

(1) 근본적인 사실은 유대인들의 아이는 특권을 누리지 못하는 집단의 구성원이 될 것이고, 아이는 이 같은 사실을 직시해야 한다.

(2) 이 문제를 가능한 한 아이로부터 멀리 떼어놓으려고 노력할 경우에 아이는 훗날 이 문제에 적응하면서 엄청나게 힘들어할 것이다.

(3) 아이가 어린 시절에 반유대주의 문제에 봉착하지 않고 자랄 수 있는 그런 행복한 공동체에도 이 같은 사실은 그대로 유효하다. 유대인 부모는 유대인 문제가 언젠가는 불거져 나오게 되어 있다는 사실을 알아야 한다. 유대인 문제는 빨리 직시할수록 더 좋다.

(4) 아이들이 유대인 집단에 대한 소속감을 어릴 때부터 긍정적으로 느끼도록 해 주는 것도 유대인 부모들이 자식들의 행복을 위해 할 수 있는 몇 안 되는 노력 중 하나이다. 그렇게 하면, 유대인 부모들은 유대

인이라는 소수 집단에 따르게 마련인 모호성과 긴장을 최소화하고 모호성과 긴장에서 야기될 수 있는 다양한 형태의 부적응을 예방할 수 있다.

(5) 부모들이 활용하는 방법 중에서 가장 두드러지는 것은 유대인 문제들을 개인적이거나 은밀한 문제가 아니라 사회적 이슈로 다루는 것이다. 예를 들어, 아이가 선한 행동을 하도록 심하게 압박하거나 아이의 개인적 야망을 기독교인 다수 사이에 관행으로 통하는 그 이상으로 높이는 것은 단지 아이가 더욱 팽팽한 긴장 상태를 겪도록 할 뿐이다. 이런 긴장 상태에서 아이는 적응력을 제대로 키우지 못한다. 부모들은 처음부터 유대인 문제의 사회적인 측면을 강조해야 한다. 이런 식의 접근이 보다 현실적이며, 그렇게 하지 않았을 경우에 아이들이 반유대주의 앞에서 느끼게 될 개인적 불확실성과 자책, 자기연민 등을 사전에 막을 수 있을 것이다.

(6) 반유대주의와 관계있는 사회학적 문제들을 잘 이해하는 것이 유대인 청소년들에게 특별히 중요하다. 그럴 경우에 앞에서 언급한 수수께끼 중 하나를 푸는 데에 도움을 얻을 것이기 때문이다. 유대인들은 어떤 종류의 집단인지, 그리고 청소년 자신이 개인적으로 유대인 집단에 속하는지 여부에 대한 궁금증이 풀릴 것이다. 유대인 청소년은 종종 자신이 일부 유대인보다 기독교인 친구들과 더 비슷하다는 점을 느낄 것이다. 그러면 이 청소년은 유사성이나 차이에 대한 느낌을 집단소속감의 잣대로 이용하기 쉽다.

일부 사회학자들은 구성원들 사이의 이런저런 유사성을 집단을 규정하는 표시로 보고 있는 것이 사실이다. 그러나 같은 사회집단에 속한다는 것은 사람들 사이의 상호관계가 구체적이고 역동적이라는 것을 의미한다. 남편과 아내, 아이는 자연적인 집단에 속함에도 불구하고 서로 별로 비슷하지 않다. 아이는 다른 아이들과 더 비슷하고, 남편은 다른 남자들과 더 비슷하고, 아내는 다른 여자들과 더 비슷하다. 강력하고 잘 조직된 집단은 완벽하게 동질적이지 않으며 다양한 하위집단과 개인들을 두루 포함하고 있다. 두 개인이 같은 집단에 속하는지 다른 집단에 속하는지를 결정하는 것은 유사성이나 차이가 아니고, 사회적 상호작용이나 상호의존이다. 하나의 집단은 유사성보다는 상호의존성에 근거한 역동적인 전체로 정의된다.

대체로, 유대인 청소년은 이 사실을 잘 이해할 수 있다. 이 사실만 이해하고 나면 유대인 청소년이 유대인 집단에 속하는지 여부는 유사점이나 차이의 문제도 아니고 좋아하느냐 싫어하느냐의 문제도 아니라는 것을 보게 될 것이다. 유대인 청소년은 유대인 집단이 인종적, 종교적, 민족적 혹은 문화적 집단인지를 떠나서 유대인 집단이 다수 집단에 의해 하나의 집단으로 뚜렷이 구분되고 있다는 사실이 중요하다는 점을 이해할 것이다. 그러면 그는 유대인 집단 안에 존재하는 다양한 의견이나 믿음을, 다른 집단에서 나타나는 것과 다를 바가 하나도 없는 것으로 받아들일 것이다. 그는 집단에 소속되는 중요한 기준이 운명의 상호의존성이라는 점을 확인할 것이다. 미국의 유대인 청년들은 유대인의 신비주의적인 분위기를 싫어할 수도 있고, 충분히 이해하지도 못하는 문화적 또는 종교적 가치 때문에 고통 받으려 하지 않을 수도 있다. 혹은 그런 가치를 싫어할 수도 있다. 그러나 유대인 청년들은 자신들의 운명이 미국의 다른 유대인들과, 더 나아가 전 세계의 유대인들과 연결되어 있다는 사실을 충분히 볼 수 있을 만큼 사실을 중시하는 마음을 가질 수 있어야 한다.

상호의존에 대해 이처럼 현실을 바탕으로 사회학적으로 이해하고 또 그런 이해를 바탕으로 소속감을 느끼는 유대인은 노력하기에 따라서 행동에서 적절한 균형을 유지할 수 있을 것이라고 나는 생각한다. 그런 소속감은 개별 유대인이 유대인 문제를 과도하게 강조하지 않도록 막을 것이지만 동시에 자신의 집단을 위해 적절한 책임을 받아들이겠다는 의지를 키워줄 것이다. 또 오늘날 많은 유대인들의 행동을 마비시키고 있는 상충하는 감정들과 불확실성을 말끔히 없애줄 것이다.

(7) 부모들은 소위 말하는 "이중의 충성"을 두려워하지 말아야 한다. 중복되는 한 가지 이상의 집단에 소속되는 것은 모든 사람들에게 자연스럽고 또 필요한 일이다. 진짜 위험은 "어디에도" 서 있지 않는 데에, 말하자면 "주변인"이, "영구한 청소년"이 되는 데에 있다.

12장

유대인들의 자기혐오(1941)

유대인들 사이에 자기혐오가 있다는 것은 비유대인들은 좀처럼 믿지 않는 사실이지만 유대인들 사이에는 꽤 잘 알려진 사실이다. 유대인의 자기혐오는 유대인들의 해방이 있은 뒤로 지속적으로 관찰되고 있는 현상이다. 테오도르 레싱(Theodor Lessing) 교수는 『유대인의 자기혐오』(Der Jüdische Selbsthass: 1930)라는 책에서 이 주제를 다뤘다. 루드윅 루이손(Ludwig Lewisohn)의 작품 『내면의 섬』(Island Within: 1928)은 1930년경의 뉴욕 유대인을 그리고 있다. 아르투어 슈니츨러 (Arthur Schnitzler)의 작품들은 1900년대 오스트리아 유대인의 문제들을 다루고 있는데도 이 작품 속의 문제들은 앞의 작품에 나오는 문제들과 놀랄 만큼 비슷하다. 서로 다른 나라에서 똑같은 갈등이 나타나고, 사회 계층과 직업이 서로 다른 유대인들이 똑같이 다양한 해결책을 시도하고 있는 것이다.

  유대인의 자기혐오는 집단적인 현상임과 동시에 개인적인 현상이다. 유럽에서 유대인 집단 사이의 적대적 감정을 보여주는 두드러진 예로는 동부 유럽 유대인과 맞서는 독일 또는 오스트리아 유대인, 보다 최근에는 독일 유대인과 맞서는 프랑스 유대인이 있다. 유대인들이 독일에서 겪는 모든 어려움은 동부 유럽 유대인의 나쁜 행동 때문이라는 의견이 독일 유대인 사이에 자주 들렸다. 미국에서는 스페인 출신 유대인이 독일 출신 유대인에게 품는 반감과 독일 출신 유대인이 동부 유럽 출신 유대인에게 품는 반감이 유럽의 상황과 비슷하다.

집단보다는 개인의 차원에서 비롯된 유대인의 자기혐오는 하나의 집단으로서 유대인 전체로 향할 수도 있고, 유대인들 중 특별한 일부 계층으로 향할 수도 있고, 자기 가족에게, 혹은 자기 자신에게로 향할 수도 있다. 유대인의 자기혐오는 또한 유대인의 제도와 유대인의 습관, 유대인의 언어, 유대인의 이상으로 향할 수도 있다.

유대인의 자기혐오나 자기혐오가 나타나는 형식은 무한할 만큼 다양하다. 자기혐오의 대부분은 일종의 간접적인 자기혐오로 위장해서 나타나는데, 이런 형식의 자기혐오가 가장 위험한 것으로 여겨진다. 유대인들 사이에서 공개적이고 노골적인 경멸을 경험한 예를 제시하라면, 아마 그 숫자는 아주 작을 것이다. 나에게 가장 놀랍게 느껴진 예는 오스트리아에서 온 유대인 난민의 행동이었다. 교육 수준이 높은 이 유대인 난민이 다른 유대인 난민 2명을 만난 자리에서 격한 증오가 실린 어조로 독일 유대인의 바람직하지 못한 성격을 근거로 히틀러를 옹호하고 나섰으니, 그 상황이 얼마나 놀라웠겠는가.

그러나 이 예는 드문 사건에 속한다. 대부분의 경우, 유대인이 동료 유대인에게, 혹은 한 사람의 유대인으로서 자기 자신에게 증오를 표현하는 것을 보면 이보다 훨씬 더 미묘하다. 이 증오엔 다른 동기들도 섞여 있다. 그렇기 때문에 구체적인 예에 자기혐오가 얽혀 있는지 여부를 밝히기가 아주 어려워진다.

사원에서 연설을 하기로 어렵게 동의한 유대인 무신론자의 예를 보자. 그의 연설 앞에 있었던 예배 시간에, 그는 탈리스(유대교 제복의 일종)를 보는 고통을 나에게 털어놓았다. 또 이 같은 혐오가 시나고그에 부정적인 태도를 취했던 자기 아버지를 통해 처음 생기게 된 사연도 들려주었다. 그렇다면 이 사람의 예에서 우리는 반유대인 정서를 다뤄야 하는 것일까, 아니면 무신론자의 종교 혐오를 다뤄야 하는 것일까? 유대인 자선 단체에 기부하기를 거부하는 부유한 유대인 상인은 자기 민족을 혐오하는 것일까 아니면 단지 수전노일까? 백화점이나 상점의 유대인 주인은 마치 유대인을 고용하지 않으려고 머리를 굴리는 것처럼 보일 수 있다. 그러나 이때 이 주인의 행동은 어쩌면 그 상황에서 최선의 행동일 수도 있다.

유대인이 자신은 유대인과 함께하기를 싫어한다는 사실을 솔직하게 밝히는 경우도 간혹 있다. 유대인 단체를 극구 피하는 사람들 대부분은 "합당한 이유들"을 갖고 있다. 그들은 비유대인 단체와 지내는 것만으로도 바쁘기 때문에 그냥 "시간이 없을 뿐"이다. 유대교보다 "윤리협회운동"(Ethical Culture: 독일 태생의 미국 종교 지도자 펠릭스 아들러(Felix Adler)가 19세기 후반에 시작한 운동으로, 윤리 원칙에 따라 사는 것을 의미 있는 삶의 핵심으로 보았다/옮긴이)이나 "크리스천 사이언스"(Christian Science: 메리 베이커 에디(Mary Baker Eddy)가 19세기 뉴잉글랜드에서 시작한 신흥종교/옮긴이)를 더 좋아하는 소년은 유대인의 것을 멀리하는 것이 아니라 다른 집단의 가치에 더 끌린다는 식으로 말할 것이다.

물론 일부 예의 경우엔 이 "이유들"이 진짜 이유일 수 있다. 그럼에도 궁금증을 불러일으키는 사실들이 있다. 유대인과 결혼한 비유대인 배우자는 종종 자식들의 교육에 훨씬 더 현실적일 수 있다. 비유대인 배우자는 자식이 유대인 집단 안에 있거나 밖에 있는 것이 어떤 의미인지를 명백히 이해하는 가운데 성장할 필요가 있다는 점을 인정하는 것 같다. 그러나 유대인 배우자는 미국에서 아이들은 단지 인간 존재로 성장할 수 있다는 입장을 종종 보인다. 그러면서 이 유대인 배우자는 부유한 오스트리아 유대인들과 독일 유대인들이 자식들에게 일찍 세례를 받게 하거나 다른 길로 비유대인 집단과 가능한 한 많이 연결될 기회를 주려 하는 그런 정서에 자신도 휘둘리고 있다는 점을 부정할 것이다.

그러나 만약에 앞에 소개한 무신론자의 유일한 동기가 유대교의 상징들에 대한 혐오라면, 그는 다른 조직화된 종교의 상징에 대해서도 똑같이 혐오감을 느껴야 할 것이다. 그렇지 않다는 사실은 그의 행동의 바탕에 다른 무엇인가가 작용하고 있다는 점을 보여준다. 유대교를 믿지 않는 가정의 유대인 아이가 하나 있다. 이 아이는 자기 어머니에게 "나이 많은 유대인이 탈리스를 입고 기도하는 모습을 보면 기분이 좋아져요. 마치 나 자신이 기도하고 있는 것 같은 기분이 들어요."라고 말한다. 이 아이는 종교적 무관심이 반드시 그런 혐오를 낳는 것은 아니라는 점을 보여준다. 유대인의 복지에 돈을 기부하길 거부하는 유대인 상인이 비유대인의 활동에 돈을 아낌없이 지출하는 이유는 무엇인가? 유대인 아이들만 받는 캠프들이 비유대인 카운슬러를 고용하고 기독교 주일 예배를 보면서도 유대인 노래나 다른 유대인의 활동을 전혀 하지 않는 이유는 무엇일까?

사회적 현상으로서의 자기혐오

유대인의 자기혐오를 인간의 내면 깊은 곳에 자리 잡고 있는 본능의 파생물로 설명하려는 시도가 있었다. 자기혐오는 지그문트 프로이트(Sigmudn Freud)가 자기파괴의 충동, 즉 "죽음 본능"의 중요한 예처럼 보인다. 그러나 그런 식의 설명은 별다른 가치를 지니지 못한다. 왜 영국인들은 같은 영국인에게 그 정도의 증오를 보이지 않는 것일까? 왜 독일인들은 같은 독일인에게 그런 증오를 보이지 않는 것일까? 만약에 자기혐오가 어떤 일반적인 본능의 결과라면, 자기혐오의 정도는 개인의 성격에 의해서만 달라져야 한다. 그러나 개별 유대인이 보이는 자기혐오의 크기는 그 사람의 성격보다 유대인을 대하는 태도에 훨씬 더 크게 좌우되는 것 같다.

유대인의 자기혐오와 비슷한 현상은 특권을 누리지 못하는 많은 집단에서도 나타난다. 비교적 잘 알려진 극단적인 자기혐오의 예는 미국 흑인들 사이에서 발견된다. 흑인들은 자신의 집단 안에서 피부색이 짙거나 옅은 정도에 따라서 4개 내지 5개의 계층을 구분한다. 피부색이 옅을수록 계층이 높아진다. 흑인들 사이에 일어나는 차별은 대단히 심하다. 그래서 피부색이 옅은 소녀는 자기보다 짙은 피부색의 남자와 결혼하기를 거부하기도 한다. 이보다 덜 강하지만 그래도 뚜렷이 구별되는 자기혐오의 한 요소는 미국으로 이민 온 그리스인이나 이탈리아인, 폴란드인들의 2세들 사이에서 발견된다.

조금 너 면밀히 조사하면, 자기혐오의 역학과 자기혐오와 사회적 사실들의 관계가 분명하게 드러난다. 미국 중서부의 한 상류 대학에 다니던 유대인 소녀는 친구들에게 자기 부모는 미국에서 태어난 사람이라고 말했다. 실제로 그녀의 아버지는 동부 유럽에서 이민 온 1세대이며 억양도 센 편이다. 지금 그녀는 아버지를 지극히 사랑하는데도 아버지만 보면 마음에 거리끼는 구석이 있어서 대학을 떠날 생각을 하고 있다. 왜 그랬을까? 그녀는 자신의 부모가 알려지면 캠퍼스에서 인기 있는 서클에 가입하지 못할 것이라고 느꼈기 때문이다.

가족 집단을 혐오하는 듯한 이런 행동의 원인은 그래도 분명한 편이다. 그 사람이 미래를 위해 어떤 기대와 목표를 갖고 있기 때문이다. 자신의 집단에 소속되는 것이 이 목표의 성취에 방해가 되는 것처럼 보일 수 있다. 그러면 개인은 집단을 멀리하는 경향을 보이게 된다. 이 여학생의 경우 이 경향이 가족과의 심리적 연결과 갈등을 빚게 되는데, 여학생으로서는 견디기 힘든 갈등이다. 그러나 이 좌절감이 여학생으로 하여금 자신의 집단을 좌절의 원인으로 보게 하고 따라서 집단에 대한 혐오감을 키우게 하는 과정은 쉽게 확인된다.

유대인 부인이 비유대인 친구와 함께 멋진 식당에서 저녁 식사를 하고 있었다. 그런데 그때 다른 손님 한 쌍이 시끄럽게 굴면서 다소 흥분한 태도를 보이고 있었다. 유대인 부인은 이 손님의 태도에 크게 성가셔 했다. 그녀는 이런저런 이유로 이 손님들이 유대인일 수 있겠다는 느낌을 받았다. 그러자 유대인이 아닌 그녀의 친구가 그들이 유대인이 아니라는 점을 분명히 암시하는 말을 했다. 그러자 유대인 부인은 마음이 편해졌으며 그때부터 이 손님들의 떠들썩함을 귀찮아하기보다 즐기는 편이었다. 이런 일들은 일상적으로 일어나고 있다. 여기서 눈에 두드러지는 현상은 유대인 부인이 다른 유대인의 행동에 극도로 민감한 것처럼 보인다는 점이다. 어린 자식들이 사람들 앞에서 놀 때, 어머니가 아이들의 행동에 민감하게 반응하는 것과 비슷했다. 이 유대인 부인과 앞에 소개한 여대생에게 공통적으로 확인되는 것은 어떤 집단과 동일시됨에 따라 자신의 지위가 위협받거나 미래가 위협받는다는 느낌을 받는다는 점이다.

집단 내의 다른 구성원들의 행동에 민감하게 반응한다는 것은 집단 생활의 근본적인 사실, 즉 운명의 상호의존성을 보여주는 것에 지나지 않는다. 그 같은 민감성은 유대인과 어떤 연결도 없다고 주장하는 유대인들이 여전히 그 연결에 대단히 예민하다는 사실을 보여준다. 그것은 이 사람들이 말과 달리 사회적 현실을 다소 자각하고 있다는 사실을 암시한다. 정말로, 미국의 모든 유대인 공동체들과 모든 유대인 개인들의 삶과 자유, 행복의 추구는 유대인들이 집단으로서 미국이라는 보다 큰 공동체 안에서 갖는 사회적 지위의 영향을 받고 있다. 히틀러가 전쟁에서 승리할 경우, 이 같은 운명의 특별한 상호의존성은 모든 유대인 개인들의 삶에서 가장 중요한 요인이 될 것이다. 히틀러가 전쟁에서 패한다 하더라도, 이 상호의존성은 여전히 유대인 아이들의 삶을 지배하는 요소가 될 것이다.

집단을 꺼리게 하거나 선호하게 하는 힘들

깊이 분석하면, 어떤 집단에서든 구성원들에게 작용하고 있는 힘이 두 가지 확인된다. 하나는 구성원들을 집단으로 끌어들이고 또 구성원들이 집단 안에 남도록 하는 힘이고, 다른 하나는 구성원들이 집단을 멀리하도록 하는 힘이다. 집단 쪽으로 향하도록 하는 힘들의 원천은 다양할 수 있다. 개인이 그 집단의 다른 구성원들에게 끌릴 수도 있고, 다른 구성원들이 개인을 집단으로 끌어들일 수도 있고, 개인이 그 집단의 목표에 관심을 갖거나 이데올로기와 일치한다고 느낄 수도 있다. 아니면 개인이 홀로 있는 것보다 그 집단에 소속되는 것을 더 좋아할 수도 있다.

마찬가지로, 집단을 멀리하게 하는 힘들은 그 집단의 불쾌한 특성의 결과일 수 있다. 아니면 다른 집단의 매력이 훨씬 더 크다는 점을 표현하는 것일 수도 있다.

집단을 멀리하려는 힘이 집단 쪽으로 끌리는 힘보다 더 커지면, 다른 요인들이 개입하지 않을 경우에 그 개인은 집단을 떠나게 될 것이다. 따라서 "자유로운" 조건이라면 집단엔 그 집단에서 부정적인 힘보다 긍정적인 힘을 더 강하게 느끼는 구성원들만 남게 될 것이다. 만약에 어떤 집단이 충분한 숫자의 개인들을 끌어들일 만큼 매력적이지 못하다면, 그 집단은 사라지고 말 것이다.

그러나 집단으로 끌리는 힘과 집단을 멀리하려는 힘들이 항상 그 사람의 욕구를 표현하는 것은 아니라는 점을 알아야 한다. 그 힘들이 외부 권력에 의해 개인에게 강요될 수도 있는 것이다. 달리 말하면, 개인은 떠나고 싶어 하면서도 자신의 의지와 반대로 집단에 강제로 남을 수도 있다는 뜻이다. 혹은 개인이 가입하기를 원하는 집단에 들어가지 못할 수도 있다는 뜻이다. 예를 들어, 독재자라면 아무도 나라를 떠나지 못하게 국경을 폐쇄할 수 있을 것이다. 혹은 인기 높은 서클은 가입하길 원하는 많은 사람들을 받아들이지 않을 것이다.

특권 없는 집단의 응집력과 분열 성향

집단에 다가가려는 힘과 집단으로부터 멀어지려는 힘의 강도에 중요한 요인 하나는 집단에 소속됨에 따라 그 사람의 욕구 성취가 얼마나 더 용이해지거나 더 어려워지는가 하는 점이다. 상공회의소나 노조 같은 일부 집단들은 구성원들의 이익을 증대시킨다는 분명한 목적을 위해 존재한다. 한편, 어떤 집단이든 구성원들의 행동의 자유를 어느 정도 제한하게 되어 있다. 결혼해서 유능한 아내를 두는 것은 남편이 야망을 성취하는 데에 큰 도움이 될 수 있지만, 동시에 결혼은 큰 장애가 될 수도 있다. 대체로 보면, 개인의 목표 성취가 집단에 의해 용이해지거나 방해를 받는 정도가 심할수록, 집단에 남거나 집단을 떠나려는 힘도 그만큼 더 커질 것이다.

이 분석을 바탕으로, 사회적으로 특권을 누리거나 특권을 박탈당한 집단의 구성원들에 대한 일반적인 의견을 하나 제시할 수 있다. 지위를 얻는 것이 미국 사회에서 개인의 행동을 결정하는 두드러진 한 요소라는 점이다. 특권을 누리는 집단은 대체로 특권을 누리지 못하는 집단에 비해 회원들에게 도움을 더 많이 주고 방해는 덜 하게 된다. 이런 이유들 때문에, 어느 나라든 엘리트 집단의 구성원들은 그 집단 안에 머물려는 성향을 강하게 보인다. 그래서 엘리트 집단을 떠나길 원하는 개인은 언제나 아무런 방해를 받지 않고 떠날 수 있다.

특권을 누리지 못하는 집단의 구성원은 그 집단의 소속이라는 사실 때문에 도움보다 방해를 더 많이 받는다. 그래서 지위를 얻으려 하는 성향은 곧 그 집단을 멀리하려는 힘을 의미한다. 동시에, 사회적으로 특권을 박탈당한 집단의 경우에 경계를 자유롭게 넘는 이동성은 능력

부족이나 외부 힘에 의해 제한되거나 완전히 차단되고 있다. 특권을 더 많이 누리는 다수 집단이나 이 다수 집단 중에서 영향력이 더 막강한 계층이 자유로운 이동을 방해하고 있는 것이다. 따라서 사회적으로 특권을 박탈당한 집단에는 거의 예외 없이 집단을 떠나길 원하는 구성원들이 다수 있게 마련이다. 그런 사람들은 자신의 욕구 때문이 아니라 자신들에게 강요되는 힘들 때문에 그 집단 안에 머물게 된다. 이 같은 현실은 특권 없는 집단의 분위기와 구조, 조직, 그리고 그 구성원들의 심리에 엄청난 영향을 미친다.

집단 충성과 쇼비니즘

모든 집단을 들여다보면, 문화적으로 중심적인 계층과 주변적인 계층이 구분된다. 중심적인 계층은 그 집단이 가장 근본적이고 대표적인 것으로 여기는 가치들과 습관, 관념과 전통을 표현하고 있다. 음악가에게 이 중심적인 계층은 이상적인 음악가를 의미하고, 영국인에게 이 중심적인 계층은 전형적인 영국인을 의미한다.

어떤 집단에 충성하는 사람들은 핵심적인 계층을 더 높게 보는 경향을 갖고 있다. 달리 말하면, 평균적인 영국인은 영국적인 것을 "자랑"하고 영국적이지 않은 것을 싫어할 것이다. 이 중심적인 계층을 과도하게 높이 평가하는 경향이 자주 보인다. "100% 미국적"이라고 할 때가 그런 예이다. 보다 일반적으로 말하면, 이는 쇼비니즘에 지나지 않는데 말이다. 그러나 중심적인 계층을 긍정적으로 평가하는 것은 집단 충성의 논리적인 결과이며 집단을 단결시키는 데 매우 근본적인 요소이다. 그런 충성이 없으면, 어떠한 조직도 앞으로 나아가지 못하고 번 창하지 못할 것이다.

어떤 집단을 떠나고 싶어 하는 개인들은 이런 충성심을 갖고 있지 않다. 그럼에도 불구하고, 특권 없는 집단에서는 이런 개인들도 강제로 집단 안에 남는다. 그 결과, 특권 없는 모든 집단에서 그 집단의 구성원임을 수치스럽게 생각하는 사람들이 다수 발견된다. 유대인 집단의 경우, 그런 유대인은 유대인과 관련있는 것으로부터 가능한 한 멀리 떨어지기를 원할 것이다. 그는 자신의 가치체계에서 유대인의 습관과 외모, 태도로 여겨지는 것들에 특별히 높은 등급을 매기지 않고 낮은 등급을 매길 것이다. 말하자면 그는 "역(逆)쇼비니즘"(negative chauvinism)을 보일 것이다.

이 같은 상황은 다음과 같은 사실 때문에 더욱 악화된다. 유대인 집단을 떠나려는 마음이 강한 사람은 외부의 다수 집단이 허용하는 범위 안에서 유대인의 삶의 중심으로부터 최대한 멀리 벗어날 것이다. 그는 이 유대인과 다수 집단 사이의 장벽 위에 머물며 끊임없이 좌절감을 느낄 것이다. 실제로 그는 심리적으로 유대인 집단 안에 머무르는 구성원들에 비해 좌절감을 더 많이 맛볼 것이다. 실험 심리학과 정신병리학을 통해서, 우리는 그런 좌절이 높은 긴장 상태로 이어지고 그런 상태에서는 공격성이 강해진다는 사실을 알고 있다. 논리적으로 보면, 이 공격성은 소수 집단의 구성원이 자신의 집단을 벗어나지 못하도록 막는 다수 집단을 향해야 한다. 그러나 이런 사람의 눈에 다수 집단은 높은 지위를 누리고 있다. 게다가, 다수 집단은 엄청나게 막강하기 때문에 공격의 대상이 될 수 없다. 실험들에 따르면, 이런 조건에서 공격성은 자신의 집단이나 자기 자신에게로 향할 가능성이 커진다.

특권 집단의 태도가 휘두르는 힘

이런 환경에서, 자신의 집단에게 공격성을 보이는 경향은 추가적인 한 가지 요소에 의해 더욱 강화된다. 마크 트웨인(Mark Twain)은 백인으로 성장한 한 흑인의 이야기를 들려주고 있다. 이 흑인이 아주 사악하고 비열한 방법으로 자기 어머니와 맞설 때, 흑인의 어머니는 "그게 바로 네 안에 있는 검둥이란다."라고 말한다. 달리 말하면, 그녀는 최악의 특성을 흑인의 전형으로 규정하면서 다수 집단인 백인의 의견을 받아들이고 있다.

낮은 사회계층의 구성원들은 높은 계층의 패션과 가치, 이상을 받아들이는 경향을 보인다는 것이 사회학에서 정설로 통하고 있다. 특권 없는 집단의 구성원들이 자신들에 대해 품고 있는 의견은 다수 집단이 그들에게 품고 있는 낮은 평가의 영향을 강하게 받는다는 뜻이다. 모리스 페카스키(Maurice Pekarsky)가 "게이트키퍼"(gatekeeper)라고 부른 사람들의 견해와 가치가 이런 식으로 침투함에 따라, 유대인과 관련있는 것을 멀리하려는 유대인의 경향은 당연히 더 커질 것이다. 어떤 사람이 유대인의 전형적인 모습을 보일수록, 혹은 어떤 문화적 상징 또는 행동 패턴이 유대인의 전형을 강하게 보일수록, 이 사람이나 문화적 상징 또는 행동 패턴은 유대인 집단을 멀리하려는 유대인에게 더욱 혐오스럽게 다가올 것이다. 자기 자신을 유대인 집단이나 자신의 과거로부터 완전히 차단하는 것은 불가능하기 때문에, 그 혐오는 자기 자신에게로 돌려진다.

특권 없는 집단들의 조직

다수 집단의 구성원들은 소수 집단에 대해 "유대인"이나 "흑인" 같은 고정관념으로 묶어도 좋을 만큼 동질적인 집단이라고 생각한다. 이 같은 고정관념은 자라나는 다수 집단의 아이의 내면에서 사회 분위기에 의해 생겨나는데, 이 편견의 강도는 다수 집단의 개인들이 소수 집단의 개인들을 실제로 접하는 경험의 횟수나 종류와는 거의 무관하다는 사실이 확인되고 있다.

실제로 보면, 경제적으로 또는 다른 방향으로 특권이 없는 집단을 포함한 모든 집단에는 다수의 사회적 계층이 존재한다. 그러나 특권 집단과 특권 없는 집단의 전형적인 구조에는 다음과 같은 차이가 있다. 특권 집단의 개인 구성원(m)에게 작용하는 힘들은 그 집단의 중심 쪽으로 향하고 있다. 반면에 특권 없는 집단의 구성원에게 작용하는 힘들은 중심적인 영역에서 멀어지며 주변부 쪽으로, 그러다 가능하면 다수 집단의 보다 높은 지위 쪽으로 향한다. 다수 집단이 세운 장벽이 가로막지 않는다면, 그 구성원은 소수 집단을 떠날 것이다. 다음 도표는 특권 없는 집단의 구성원의 심리적 상황을 보여주고 있다. 이 구성원에게는 기본적으로 집단을 떠나려는 힘이 더 강하게 작용하고 있다. 이 도표는 자기 자신에게 호의적이지 않은 사람들로 이뤄진 집단의 구조를 나타내고 있다.

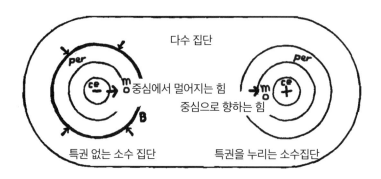

m: 개별 구성원
per: 집단의 주변 계층
ce: 집단의 중심 계층
B: 통과를 가로막고 있는 장벽

집단 안에 그 집단에서 벗어나려는 구성원들이 많을수록, 집단을 효과적으로 조직하는 일은 더욱 어려워진다. 경제적으로나 다른 쪽으로 특권을 누리지 못하는 집단을 조직하는 노력이 집단을 촉진하려 하지 않고 떠나려 하는 구성원들 때문에 심각한 방해를 받는다는 것은 잘 알려진 사실이다. 특권 없는 집단 안에서 일어나고 있는 이런 고질적인 목표의 충돌은 구성원들에게 언제나 분명하게 드러나지는 않는다. 그럼에도 특권 없는 집단들 중에서, 행동의 일치만 이루기만 하면 평등한 권리를 확보할 수 있는 그런 큰 집단조차도 열등한 지위에서 벗어나지 못하게 막는 한 가지 이유가 바로 이런 목표의 충돌이다.

주변부 출신 리더들

소수 집단 안에서 특정한 어떤 유형의 지도자들이 나타나게 되어 있다는 사실은 소수 집단의 조직과 활동에 특별히 큰 피해를 안긴다. 어떤 집단이든, 전반적으로 성공을 거둔 부류가 지도자의 자리를 차지하기 쉽다. 소수 집단 안에서 경제적으로 성공을 거둔 구성원들이나 직업적으로 두각을 나타내는 구성원들은 대체로 다수 집단에 보다 쉽게 받아들여지게 된다. 이 같은 사실 때문에 문화적으로 그런 개인들은 특권 없는 집단의 주변부에 위치하게 되며 "주변인"이 되기 쉽다. 그들은 대체로 소수 집단에서 벗어나려는 성향을 갖고 있으며, 특권 없는 집단 중에서 특히 다수 집단에게 받아들여지지 않는 계층과의 밀접한 접촉으로 인해 다수 집단과의 "좋은 연결"이 위험해지는 일이 없도록 노심초사한다. 그럼에도 불구하고, 그들은 특권 없는 집단으로부터 자신들의 지위와 파워 때문에 지도자의 자리에 서달라는 부름을 자주 받는다. 그들도 언제든 소수 집단 안에서 지도자의 지위를 받아들일 준비가 되어 있다. 부분적인 이유는 이 지위가 다수 집단 안에서의 지위를 대체하고, 또 다른 부분적인 이유는 그런 리더십을 통해서 다수 집단과의 접촉을 추가로 더 확대할 수 있기 때문이다.

그 결과, "주변부 출신 리더"라 부를 수 있는 다소 역설적인 현상이 나타난다. 자신의 집단을 자랑스러워하는 사람이나 집단 안에 머물면서 집단을 향상시키길 간절히 바라는 사람이 소수 집단을 이끄는 것이 아니라, 자신의 집단에 대해 미온적이거나 얇은 충성심 밑으로 집단을 떠나려는 마음을 간절히 품고 있거나 "역(逆) 쇼비니즘"을 위해 자신의 권력을 노골적으로 이용하려 하는 사람들이 소수 집단을 이끌게 되는 것이다. 이런 개인들은 비유대인들 사이에서 비교적 만족스런 지위를 확보했기 때문에 주로 현재 상태를 지키는 일에 관심을 기울이게 된다. 그러다 보니 비유대인의 주목을 끌 만한 행동은 가급적 하지 않으려 들 것이다. 이런 유대인들은 유대인 관련 사건들을 반유대주의 시각에서 보는 일에 아주 익숙해져 있다. 그러다 보니 그들은 유대인의 솔직한 행동 앞에서도 이중적인 충성이라는 비난을 들을까 걱정한다. 만약에 유대인이 미국 연방 대법원 법관에 지명될 "위험"이 있으면, 그들은 서슴지 않고 대통령에게 그런 조치를 취하지 말라고 경고하고 나설 것이다.

서두에 언급한 바와 같이, 어떤 구체적인 사건에서 유대인 쇼비니즘과 정상적인 충성, "역(逆) 쇼비니즘" 사이에 경계선을 긋기가 대단히 어려울 수 있다. 그러나 은밀히 접근하는, 비겁하고 바보스러운 정책은 유대인의 자기혐오를 낳는 것과 똑같은 공포 또는 "역(逆) 쇼비니즘"에서 나온다는 것이 우리의 분석을 통해 분명해졌다.

미국 유대인 공동체의 지도적인 구성원들 중에서 유대인 문제에 은밀히 접근하길 원하는 사람들의 비율이 제1차 세계대전 이후로 높아진 것으로 전해지고 있다. 이 같은 정책이 독일 유대인들에게 큰 재앙을 안겼음에도, 오늘날 미국에는 유대인 집단을 멀리하고 싶은 마음이 강한 유대인들이 1910년보다 더 많을 것이다.

한편, 팔레스타인에서 전개되고 있는 상황과 유럽 유대인들의 최근 역사, 그리고 히틀러주의의 위협은 이 문제를 더욱 선명하게 부각시켰다. 독일의 악명 높은 캡틴 나우만(Captain Naumann: 막스 나우만(Max Naumann)을 일컫는다. '독일 유대인 연맹'을 설립했으며 동화(同化)를 통해 유대인의 민족적 정체성을 없애버리자고 주장했다. 제1차 세계대전 동안에

바이에른 군대의 지휘관이었다/옮긴이) 같은 소수의 유대인들은 파시즘의 위협 아래에서 스스로 파시스트 신봉자가 되었다. 그러나 유대인과 접촉을 끊었던 많은 유대인들은 나치주의의 위협을 받는 상황에서 다시 유대인 집단으로 돌아왔다. 혁명의 역사는 특권 없는 집단의 가장 적극적이고 효과적인 지도력은 특권 집단을 떠났다가 자발적으로 소수 집단의 운명과 자신의 운명을 다시 결합시킨 사람들로부터 나왔다는 사실을 가르쳐주고 있다. 이 사람들은 이런저런 이유로 소수 집단에서 멀어지려는 힘보다 가까워지려는 힘을 특별히 더 강하게 느낀다. 만약에 의식 있는 유대인의 계층으로 다시 들어온 사람들 중에서 효과적인 지도자들이 발견된다면, 앞에 말한 내용은 역사적 경험과도 일치할 것이다.

유대인의 자기혐오를 어떻게 할 것인가?

자기혐오는 정신병리학적 현상으로 보이며, 그것을 예방하는 것은 주로 정신과의사의 임무인 것 같다. 그러나 현대 심리학은 많은 심리적 현상이 개인이 처한 사회적 상황을 표현하는 것에 지나지 않는다는 사실을 알고 있다. 유대인의 자기혐오도 마찬가지이다. 신경증적이거나 다른 비정상적인 성격 때문에 생긴 예도 극소수 있지만, 대부분의 예는 정신 건강이 정상적인 사람들에게서 나타나는 현상이다. 달리 말하면, 유대인의 자기혐오는 그 사람의 전체 성격에 깊이 영향을 미칠지라도 어디까지나 사회심리학적인 현상인 것이다. 유대인들의 신경증적 경향들이 그런 집단적인 문제에 제대로 적응하지 못해 생기는 경우가 실제로 자주 있다.

유대인의 자기혐오는 유대인과 비유대인의 사회적 지위가 똑같아질 때에만 사라질 것이다. 그렇게 될 때에만, 자신의 집단에 대한 증오가 무의미한 수준으로 약화될 것이다. 그러면 건전한 자기비판이 자기혐오를 대체할 것이다. 그렇다고 그렇게 될 때까지 할 수 있는 일이 아무것도 없다는 뜻은 아니다. 어쨌든, 주변에는 반유대주의자로 분류되지 않을 유대인들이 아주 많다.

다양한 형태로 나타나는 유대인의 자기혐오를 피할 유일한 길은 유대인 집단에 대해 반감보다 애착을 더 강하게 키우는 것뿐이다. 유대인들은 유대인이라는 사실 때문에 생기는 장애로부터 동료 유대인이나 자라나는 아이들을 보호하지 못한다. 그러나 유대인 집단을 멀리하게 만드는 열등감과 불안감을 퇴치할 수 있는 교육은 아이들의 수준에서나 어른들의 수준에서나 똑같이 가능하다.

유대인의 열등감은 그 유대인이 유대인다운 것들을 그런 것들에 비우호적이게 마련인 다수 집단의 눈으로 본다는 점을 암시하는 데에 지나지 않는다. 나도 청년기에 유대인은 건설적인 일을 할 줄 모른다는 비난이 사실일 수 있겠다는 생각에 큰 혼란을 겪었던 기억이 있다. 편견 속에서 성장하고 있는 많은 유대인 청소년들도 비슷한 감정을 느낄 것이라고 나는 생각한다. 오늘날, 팔레스타인 정착민이 점점 늘어나는 것을 목격하고 있는 유대인 젊은이는 훨씬 더 나은 상황에 처해 있다. 정치적인 프로그램으로서의 시오니즘에 대한 의견이야 어떠하든, 히틀러가 권력을 잡은 뒤 운명적인 첫 몇 주일 동안 독일 유대인들을 가까이서 관찰했던 사람들은 누구도 수천 명의 독일 유대인이 '유대인 평론'(Jüdische Rundschau)에 '유대인이라는 사실에 예스라고 대답하라'라는 제목으로 쓴 유명한 칼럼 때문에 자살을 피했다는 사실을 부인하지 못할 것이다. 거기에 실린 생각들은 시오니스트와 비(非)시오니스트 모두를 결집시키는 힘이 되어 주었다.

개인을 두려움 앞에서도 미래에 닥칠 일을 직시할 만큼 강하게 만드는 데에는, 어떤 집단에 확고히 소속되는 것보다 더 중요한 것은 없다. 이 집단의 운명이 개인에게 긍정적인 의미를 지닐 수 있어야 하는 것은 말할 필요도 없다. 유대인의 삶의 과거와 미래까지 포용하고 또 소수 집단 문제의 해결과 인간 존재의 행복 문제를 서로 연결하는 폭넓은 시각은 바로 그런 힘이 나올 원천이다. 아이들이나 어른들이나 똑같이, 집단의 일원이라는 소속감과 집단에 대한 긍정적인 태도를 강하게 보이는 것이 자기혐오의 태도를 피하는 충분조건이다.

동료 유대인에 대한 책임을 바탕으로 집단 소속감을 구축하는 것이 유대인 교육의 두드러진 방침이 되어야 한다. 그렇다고 유대인 아이들에게 주일학교에 강제로 참석하도록 하기만 하면 아이들의 내면에 소속감이 일어난다는 뜻은 아니다. 그런 식으로 강요하면, 맹목적인 애국자를 낳는 심리적 상황의 특징인, 강요된 집단 소속감을 어린 시절부터 강제로 확립하는 결과밖에 더 낳지 못할 것이다. 주일학교를 지나치게 강조한 탓에 유대교로부터 멀어지는 젊은 유대인이 아주 많다. 유대인 아이들은 "유대인 같다"거나 "유대인처럼 행동한다"는 말을 부정적인 쪽보다는 긍정적인 쪽으로 받아들일 수 있을 만큼은 유대인의 삶을 가까이 해야 한다. 이는 곧 유대인의 종교 학교도 나머지 다른 학교의 교육적 기준과 비슷한 수준에서 꾸려져야 한다는 뜻이다.

조직의 차원에서 보면, 집단은 광신적인 애국주의자들이 배제될 수 있을 때에 크게 강화될 것이다. 그런 사람들을 배척하는 것은 가능하지 않지만, 유대인 집단에 소속되는 기준을, 집단에 대한 책임을 적극적으로 받아들이고 집단을 위해 개인을 희생하려는 의지를 바탕으로 하는 방향으로 나아갈 수 있을 것이다. 나의 의견엔, 유대인들이 구성원을 늘리기 위해 개인에게 최소한의 것만을 요구해야 한다는 주장은 큰 실수인 것 같다. 그런 식으로 해서는 강력한 집단이 구축될 수 없다. 오히려 그와 반대되는 정책에 의해 강력한 집단이 가능해진다. 이 대목에서 유대인은 가톨릭 집단으로부터 무엇인가를 배울 수 있다. 실제로 보면, 개인에게 자기희생의 정신을 요구하는 것이 자기혐오를 누그러뜨릴 가능성이 훨씬 더 크다.

　여기서 마지막으로 언급할 사항이 하나 있다. 많은 유대인들은 모든 개인이 처신을 적절히 하면 유대인에 대한 편견이 사라질 것이라고 믿는 것 같다. 유대인의 적절한 처신과 다수 집단이 유대인에게 품고 있는 편견은 서로 거의 아무런 관련이 없다. 유대인 부모들은 다른 부모들에 비해 아이들에게 대중 앞에서 훌륭하게 처신해야 한다는 점을 지나치게 강조한다. 이 같은 강조가 앞에서 언급한 바와 같이 유대인들이 동료 유대인들의 행동에 지나치게 민감하게 반응하도록 만들 뿐만 아니라 자의식과 긴장을 끊임없이 느끼도록 만든다. 유대인 문제를 훌륭한 품행이라는 개인적인 문제보다는 사회적인 문제로 봐야 하는 이유를 분명히 알아야 한다. 그러면 유대인은 더 정상적으로, 더 자유롭게 행동할 수 있을 것이다. 긴장의 수준을 그런 식으로 정상으로 돌려놓는 것이 아마 유대인의 자기혐오를 제거하는 데 가장 중요한 조건일 것이다.